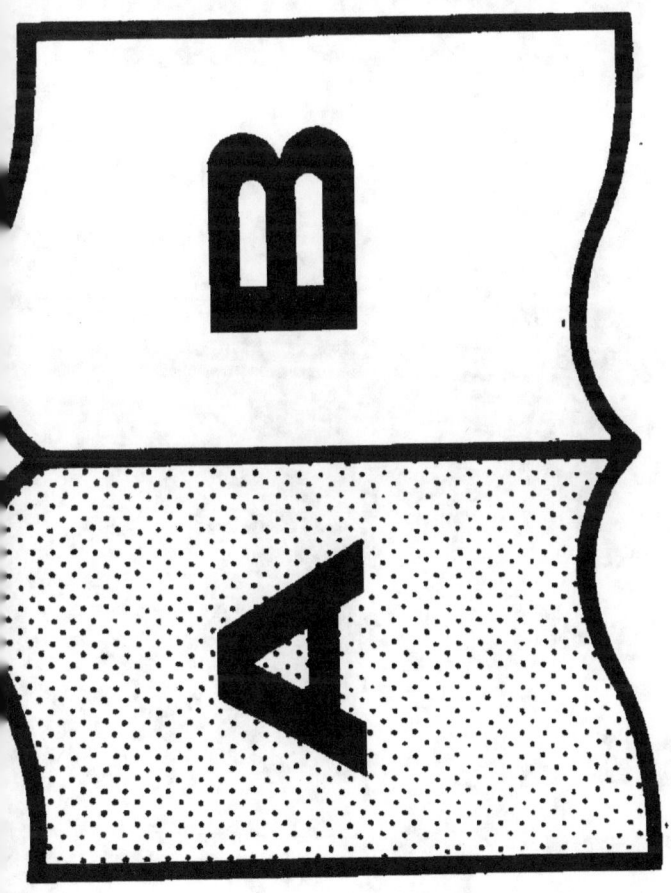

Contraste insuffisant

NF Z 43-120-14

V

L'ART

DU

DIX-HUITIÈME SIÈCLE

I

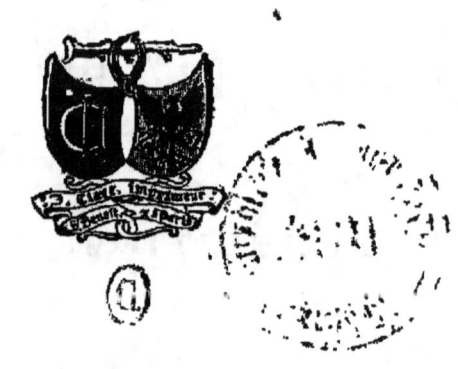

L'ART

DU

DIX-HUITIÈME SIÈCLE

PAR

EDMOND & JULES DE GONCOURT

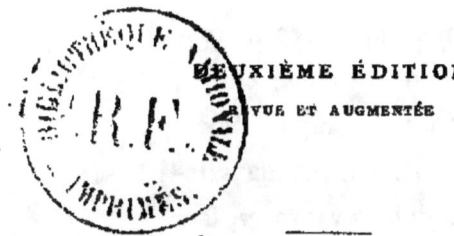

DEUXIÈME ÉDITION

REVUE ET AUGMENTÉE

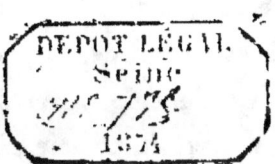

TOME PREMIER

PARIS

RAPILLY, LIBRAIRE & MARCHAND D'ESTAMPES

5, QUAI MALAQUAIS, 5

1873

PRÉFACE

DE

LA PREMIÈRE ÉDITION

Ce livre a été commencé par deux frères, en des années de jeunesse et de bonne santé, avec la confiance de le mener à sa fin. Tout un mois, chaque année, au sortir des noires et mélancoliques études de la vie contemporaine, il était le travail dans lequel se récréait, comme en de riantes vacances, leur goût du temps passé. Et il y avait entre eux deux une émulation pour définir dans une phrase, pour faire dire à un mot le *cela* presque inexprimable qui est dans un objet d'art.

C'était leur livre préféré, le livre qui leur avait donné le plus de mal.

Deux années encore, et l'*Histoire de l'Art français du* XVIIIe *siècle* — dans toutes ses manifestations véritablement *françaises* — était terminée. Une année, allait paraître l'ÉCOLE DE WATTEAU contenant les biographies de Pater, de Lancret, de Portail, encadrées dans un historique de la domination du Maître pendant tout le siècle. A cet avant-dernier fascicule devait succéder, l'année suivante, un travail général sur la sculpture du temps, d'où se serait détachée, comme l'expression la plus originale de la sculpture rococo, la petite figure du sculpteur CLODION.

Ces deux années n'ont pas été données à la collaboration des deux frères. Le plus jeune est mort. Le vieux ne se sent pas le courage, et pourquoi ne le dirait-il pas, le talent d'écrire, lui tout seul, les deux études qui manquent au livre. Du reste, s'il s'en croyait capable, un sentiment pieux, que comprendront quelques personnes, le pousserait, le pousse aujourd'hui à vouloir qu'il en soit de ce livre ainsi que de la chambre d'un mort bien-aimé, où les choses demeurent telles que les a trouvées la Mort.

EDMOND DE GONCOURT.

Janvier 1873.

WATTEAU

WATTEAU

E grand poëte du XVIIIe siècle est
Watteau. Une création, toute
une création de poëme et de
rêve est sortie de sa tête, emplissant son Œuvre de l'élégance d'une vie surna-
turelle. De la fantaisie de sa cervelle, de son
caprice d'art, de son génie tout neuf, une
féerie, mille féeries se sont envolées. Le
peintre a tiré des visions enchantées de son
imagination, un monde idéal, et au-dessus
de son temps, il a bâti un de ces royaumes
shakespeariens, une de ces patries amoureuses et lumineuses, un de ces paradis
galants que les Polyphile bâtissent sur le

nuage du songe, pour la joie délicate des
vivants poétiques.

Watteau a renouvelé la grâce. La grâce,
chez Watteau, n'est plus la grâce antique : un
charme rigoureux et solide, la perfection de
marbre de la Galatée, la séduction toute plas-
tique et la gloire matérielle des Vénus. La
grâce de Watteau est la grâce. Elle est le
rien qui habille la femme d'un agrément,
d'une coquetterie, d'un beau au delà du beau
physique. Elle est cette chose subtile qui
semble le sourire de la ligne, l'âme de la forme,
la physionomie spirituelle de la matière.

Toutes les séductions de la femme au repos :
la langueur, la paresse, l'abandon, les adosse-
ments, les allongements, les nonchalances,
la cadence des poses, le joli air des profils
penchés sur les *gammes d'amour*, les retraites
fuyantes des poitrines, les serpentements et
les ondulations, les souplesses du corps féminin, et le jeu des longs doigts sur le manche
des éventails, et les indiscrétions des hauts
talons dépassant les jupes, et les heureuses
fortunes du maintien, et la coquetterie des
gestes, et le manége des épaules, et tout

ce savoir que les miroirs du siècle dernier ont appris à la femme, la mimique de la grâce! elle vit en Watteau avec sa fleur et son accent, immortelle et fixée en une épreuve mieux vivante que ce sein de la femme de Diomède moulée par la cendre de Pompéï. Et que, cette grâce, si Watteau l'anime, s'il la délie du repos et de l'immobilité, s'il l'a fait agissante et remuée, il semble qu'elle s'agite sur un rhythme, et que sa marche balancée soit une danse menée par une harmonie.

Quel décor a la femme, a la grâce! O nature, où le peintre promenait ses poésies! O campagne! ô théâtre accommodé pour une désirable vie! une terre complice, des bois galants, des champs emplis de musique, des bosquets propices aux jeux d'Écho! des arbres en berceaux où pendent les paniers de fleurs! des déserts, loin du monde jaloux, touchés du pinceau magique d'un Servandoni, rafraîchis de fontaines, peuplés de marbres et de statues, et de naïades, que tache l'ombre tremblante des feuilles! jets d'eau jaillissant soudain du milieu des cours des fermes! le pays aimable et radieux! Soleils d'apothéoses, belles lumières

dormantes sur les pelouses, verdures péné-
trées et translucides, sans une ombre où s'en-
dorment la palette de Véronèse, le tapage des
zinzolins et des chevelures blondes! Délices
champêtres! décorations murmurantes et pa-
rées! jardins embuissonnés de ronces et de
roses! paysages de France, plantés de pins
d'Italie! villages égayés de noces et de carrosses, de cérémonies, de toilettes et de fêtes,
étourdis de violons et de flûtes qui mènent
à un temple jésuite l'hymen de la Nature
et de l'Opéra! scène agreste au rideau vert.
à la rampe de fleurs, où monte la Comédie
Française, où gambade la Comédie Italienne.

Alerte, pour égayer le printemps en costume de bal, le ciel et la terre de Watteau,
alerte, les *Gelosi!* Un rire bergamasque sera le
rire et l'entrain et l'action et le mouvement du
poëme. Voilà qu'elle court et qu'elle éveille la
gaieté, les zéphyrs et le bruit, la Folie enca-
puchonnée de grelots sonnants! Fraises et
bonnets, buffles et dagues, petites vestes et
courts manteaux, vont et viennent. La troupe
des bouffons est accourue, amenant sous les

ombrages le carnaval des passions humaines
et l'arc-en-ciel de ses habits. Famille bariolée,
vêtue de soleil et de soie rayée! celui-ci qui se
masque avec la nuit! celui-là qui se farde avec
la lune! Arlequin, gracieusé comme un trait de
plume du Parmesan! Pierrot, les bras au corps,
droit comme un I! et les Tartaglias, et les Sca-
pins, et les Cassandres, et les Docteurs, et le
favori Mezzetin « le gros brun au visage riant »
toujours au premier plan, la toque fuyant du
front, zébré du haut en bas, fier comme un
dieu et gras comme un Silène! C'est la Comédie
Italienne qui tient la guitare dans tous ces
paysages. Bien campée et le nez au vent, c'est
la Comédie Italienne qui sème glorieusement
au bord des sources, à la marge des forêts,
dans les clairières, les doux accents

« Enfants d'une bouche vermeille. »

C'est le duo de Gilles et de Colombine qui
est la musique et la chanson de la Comédie de
Watteau.

Comme cette mode d'Italie, étincelante
et bizarre, se marie heureusement à la mode

française du xviiie siècle enfant! Et quelle
mode adorable naît de ces modes alliées
et brouillées : la mode de Watteau! une mode
d'aventure et de liberté, errante et bénie, qui
attrape le neuf, le piquant, le provoquant; des
ciseaux d'artiste qui trouvent en se jouant la
négligence et la parure, l'abandon du matin,
et le bel habillé des après-midi; ciseaux de fée
dotant le temps qui viendra des patrons des
Mille et une Nuits, madame de Pompadour, du
negligé qu'elle baptisera, la Bertin de la fortune! Ils couraient et coupaient en pleine
volupté, dans l'argent du satin, ne ménageant
ni l'étoffe, ni l'œil des galants. Jolis retroussis
de jupes, ravissante rocaille des plis, étroits
corsages, prisons friponnes, corbeilles de soie
d'où se sauvait la chair fleurie! O ciseaux
enrubannés de Watteau, quel joli royaume de
coquetterie vous tailliez dans le royaume
embéguiné de la Maintenon!

Ce tailleur divin était un merveilleux utopiste, un embellisseur de toutes choses, le plus
aimable et le plus déterminé menteur. Touche-
t-il à la guerre? Loin le sang, le carnage,
l'horreur et la terreur! Vive la gloire parée

pour l'Opéra! vive le fracas des galons et des chamarrures, le bruit des couleurs et des uniformes, la guerre endimanchée qui passe, emplissant de visions sonores les yeux des enfants; et le coup de l'étrier de l'amour, l'espoir én croupe, les regrets qui se grisent, un choc de verres et de poignées de main, les mulets empanachés, les enfants de hasard au sein des mères, les jeux de cartes, les cuisines en plein vent, les petits marmitons blancs, les malles d'officiers ouvertes pour la toilette, les beautés descendues des charrettes, toutes fraîches et sans rien de chiffonné à leurs coquets diadèmes de dentelles ; et tout le long du chemin de la Mort, les élégances de la ville charroyées sous la tente, des marches que mènent dans les coulisses les violons de Lérida, des la Tulipe pimpants, des Manon qui font les coquettes entre deux coups de canon, des caillettes qui sautent dans la discipline à pieds joints, de beaux hommes qui se dandinent sur un pied ; les héroïsmes à plat ventre autour du chaudron qui bout, l'art de tuer à la buvette, la guerre du xviiie siècle, l'armée de Denain, de Fontenoy et de Rosbach

croquée dans son joli train et son allure
déboutonnée!

Mais à quoi bon tirer son imagination du
spectacle du monde, quand on peut inventer
un monde et un poëme? poëme unique et
ravissant du Loisir qui se balance, des Entre-
tiens et des Chants du bel âge, de l'Amusement
pastoral et du Passe-temps assis! poëme de
paix et de tranquillité où le jeu de l'escarpo-
lette même se meurt, la corde traînant sur le
sable... Thélème partout! et partout Tempé!
Iles, îles enchantées, qu'un ruban de cristal
sépare de la terre! îles sans soin ni cure, où le
Repos cause avec l'Ombre! promenades sans
but et au petit pas; repos accoudé devant le
repos des nuages et devant le repos de l'onde!
Champs-Élysées du maître! L'heure dort là-
bas à l'horizon sous ce toit rustique. Dans un
lieu au hasard et sans place sur la carte de la
terre, il est une éternelle paresse sous les
arbres. La vue et la pensée s'y assoupissent
dans un lointain vague et perdu, comme
ces barrières profondes et flottantes dont
Titien ferme le monde et ses tableaux. Un
Léthé roule le silence par ce pays d'oubli,

peuplé de figures qui n'ont que des yeux et
des bouches : une flamme et un sourire! Sur
les lèvres ouvertes voltigent des pensées, des
musiques, des paroles semblables aux paroles
des comédies d'amour de Shakespeare; et les
voilà à l'ombre toutes ces âmes vêtues de
satin, charmeresses baptisées, habillées par
les poëtes : les Linda et les Gulboé, les Héro
et les Rosaline, les Viola et les Olivia, toutes
les reines du *Ce que vous voudrez*. Des marchandes de fleurs passent doucement qui fleurissent à la ronde les corsets et les bouquets
de cheveux noués au haut de la tête. Rien de
bruyant que des jeux d'enfants auxgrands yeux
noirs, sautant au pied des couples comme des
oiseaux; petits génies que le poëte jette au
seuil de ce rêve et de cet enchantement. Ne
rien faire qu'écouter son cœur, et laisser parler
son esprit, et laisser venir les rafraîchissements, et laisser marcher le soleil, et laisser
le monde aller, et laisser les petites filles tour-
menter des chiens qui n'aboient pas.

Voilà l'Olympe et la mythologie nouvelle;
l'Olympe de tous les demi-dieux oubliés par
l'antiquité. Voilà la déification des idées du

xviii° siècle, l'âme du monde et du temps
de Watteau amenée au Panthéon des passions et des modes humaines. Ce sont les
nouvelles humeurs de l'humanité vieillis-
sante, la Langueur, la Galanterie, la Rêverie que Watteau incarne en des allégories
habillées, et qu'il accoude sur le *pulvinar*
d'une nature divine; ce sont les muses
morales de nos âges dont il fait les femmes,
on pourrait dire, les déesses de ces divins
tableautins.

L'amour est la lumière de ce monde. Il le
pénètre et l'emplit. Il en est la jeunesse et la
sérénité; et passez les fleuves et les monts, les
promenades et les jardins, les lacs et les fontaines, le paradis de Watteau s'ouvre : c'est
Cythère. Sous un ciel peint des couleurs de
l'été, la galère de Cléopâtre se balance à la
rive. L'onde est morte. Le bois se tait. De
l'herbe au firmament, battant l'air sans haleine
de leurs ailes de papillon, un essaim de Cupidons vole, vole, qui se joue et danse, nouant
ici avec des roses les couples nonchalants,
nouant là-haut la ronde des baisers de la terre
montés au ciel. Ici est le temple, ici est la fin

de ce monde : « l'Amour paisible » du peintre,
l'Amour désarmé, assis à l'ombre, que le poëte
de Théos voulait graver sur une douce coupe
du printemps; une Arcadie sourieuse; un
Décameron de sentiments; un recueillement
tendre; des attentions au regard vague; des
paroles qui bercent l'âme; une galanterie pla-
tonique, un loisir occupé du cœur, une oisiveté
de jeune compagnie; une cour d'amoureuses
pensées; la courtoisie émue et badine de jeunes
mariés penchés sur le bras qu'ils se donnent;
des yeux sans fièvre, des enlacements sans
impatience, des désirs sans appétits, des
voluptés sans désirs, des audaces de gestes
réglées pour le spectacle comme un ballet,
et des défenses tranquilles et dédaigneuses de
hâte en leur sécurité; le roman du corps et de
la tête apaisé, pacifié, ressuscité, bienheureux;
une paresse de passion dont rient d'un rire de
bouc les satyres de pierre embusqués dans les
coulisses vertes... Adieu les bacchanales que
menait Gillot, ce dernier païen de la Renaissance, né des libations de la Pléiade aux dieux
agrestes d'Arcueil! Adieu l'Olympe du *Io Pæan*,
les chalumeaux enroués et les Dieux chèvre-

pieds, le rire du *Cyclope* d'Euripide et de
l'*evohe* de Ronsard; les licencieux triomphes,
les joies couronnées de lierre,

« Et la libre cadence
De leur danse. »

Ces dieux s'en sont allés, et Rubens, qui
revit dans cette palette de chair rose et blonde,
erre dépaysé dans ces fêtes où se tait l'émeute
des sens, — caprices animés qui semblent
attendre un coup de baguette pour perdre leur
corps et disparaître dans la patrie du caprice
comme un songe d'une nuit d'été! C'est Cythère; mais c'est la Cythère de Watteau. C'est
l'amour; mais c'est l'amour poëte, l'amour
qui songe et qui pense, l'amour moderne,
avec ses aspirations et sa couronne de mélan-
colie.

Oui, au fond de cette œuvre de Watteau, je
ne sais quelle lente et vague harmonie murmure derrière les paroles rieuses; je ne sais
quelle tristesse musicale et doucement conta-
gieuse est répandue dans ces fêtes galantes.
Pareille à la séduction de Venise, je ne sais

quelle poésie voilée et soupirante y entretient à voix basse l'esprit charmé. L'homme
passe au travers de son œuvre ; et cet
œuvre, vous venez à le regarder comme le jeu
et la distraction d'une pensée souffrante ,
comme les jouets d'un enfant malade et qui est
mort.

L'homme, — un portrait vous le dira. Le
voilà jeune, pris au vif : un masque inquiet,
maigre et nerveux, le sourcil arqué et fébrile,
l'œil noir, grand, remuant, le nez long, dé-
charné, la bouche triste, sèche, aiguë de contour; avec des ailes du nez aux coins des
lèvres, un grand pli de chair tiraillant la face.
Et de portraits en portraits, comme d'années
en années, vous le verrez aller maigrissant et
mélancolique, ses longs doigts perdus dans
ses amples manchettes, son habit plissé sur sa
poitrine osseuse, vieillard à trente ans, ne
gardant les yeux enfoncés, la bouche serrée,
le visage anguleux, que son beau front res-
pecté des longues boucles d'une perruque à la
Louis XIV.

Ou plutôt ouvrons son œuvre : *Lorgneur* ou
Flûteur, — c'est lui. Son regard négligent pose

sur le couple enlacé qu'il amuse de musique. Il
laisse aller le bruit qu'il fait. L'œil muet, il accompagne les embrassades, écoutant aimer,
versant les sérénades, insoucieux, indifférent
et morose, rongé d'ennui, comme un violon de
noces, las des fêtes qu'il mène, et sourd à son
violon qui chante.

Du grand peintre français, que reste-t-il,
qui le raconte? Quatre pages de d'Argenville
et les anecdotes d'un catalogue d'estampes.
Quel espoir nous était cette phrase de Caylus
en tête de l'éloge de Le Moyne adressée à
l'Académie : « Je crois vous avoir suffisamment
expliqué dans la vie de Watteau... » Mais les
éditeurs des *Mémoires de l'Académie* avaient
retourné tous les manuscrits de l'Académie des
beaux-arts; la précieuse vie de Watteau manquait. Qu'ils se réjouissent avec tous les amis
de Watteau, et avec nous. L'autre jour, chez
un bouquiniste, le hasard nous a mis la main
sur un manuscrit contenant cette infiniment
précieuse vie d'Antoine Watteau par M. de
Caylus, certifiée par le secrétaire de l'Académie, Lépicié. C'est cette vie que nous don-

nons ici textuellement et intégralement pour la première fois au public, protestant d'avance contre les sévérités et les préjugés de l'ancien ami du peintre.

LA VIE

D'ANTOINE WATEAU

PEINTRE DE FIGURES ET DE PAYSAGES

SUJETS GALANTS ET MODERNES

PAR M. LE COMTE DE CAYLUS, AMATEUR[1]

OIN *de blâmer ceux qui ont écrit avant moi la vie d'Antoine Wateau*[2], *je leur sçais au contraire bon gré des sentiments d'amitié & de recon-noissance qui les ont fait agir. Il me paroit seu-lement qu'ils ont un peu trop accordé à la loüange.*

1. Lue à l'Académie royale de peinture & de sculpture le 3 février 1748.

2. L'orthographe contemporaine s'accorde généralement à ne donner qu'un *t* à Watteau, quoique Watteau ait signé le plus souvent avec deux *t*.

La vie d'un homme qui a mérité dans la memoire des autres, doit, ce me semble, préfenter également l'exemple à fuivre & l'exemple à éviter. Ainfi je crois que dans ces fortes d'ouvrages les éloges & les critiques devroient être difpenfés dans un efprit d'équité ; & qu'enfin les uns & les autres devroient toujours être placés dans la vue de l'avancement de l'art.

Pour moi, Meffieurs, je regarde la vie des artiftes comme un tableau que la fincerité doit tracer aux peintres prefens & à venir, dans la vue de leur prefenter fans ceffe la louange & le blâme fous une forme auffi vive que celle de l'action, dout aucune efpece de recit ne peut approcher, & fans doute pour engager dans tous les tems les plus grands maîtres à redouter ces efpeces de tribunaux que cette même fincérité & furtout l'amour de l'art doivent élever. J'ef-père que vous ferés de mon fentiment, Mef-fieurs, vous qui concourés avec tant de zèle au progrès de la Peinture ainfi qu'à l'honneur de l'Academie.

Au refte je crois que cette fincérité, en toutes chofes fi recommandable, doit éloigner celui qui la profeffe de toute prévention, autant qu'il eft *poſſible à l'homme de n'y pas ſuccomber. Cette impartialité doit le conduire à une ſaine reflexion, toujours la baze du goût le plus vrai. Elle doit lui rappeler qne l'excès du blâme ou de l'approbation revolte également les caractères les plus dociles & les plus doux. Elle doit enfin lui faire garder ce juſte milieu ſi néceſſaire à la perſuaſion. Je ferai d'autant plus volontiers mes efforts pour ne me pas écarter de ce point, qu'il me paroît indiſpenſable dans un examen qui doit contribüer ſurtout à l'inſtruction des jeunes Peintres.*

C'eſt dans cet eſprit que je vais joindre les évenements de la vie de Wateau *à mes reflexions, ſur ſa maniere, ſon faire; enfin, sur tout ce qu'on appelle procedés, par rapport à l'art. Je blâmerai comme je loüerai, ſans avoir à me reprocher de bleſſer le tendre ſouvenir que je conſerve à* Wateau, *l'amitié que j'ai eu pour lui & la reconnoiſſance que je lui garderai toute ma vie de m'avoir découvert autant qu'il lui a été poſſible, les fineſſes de ſon art. Mais je me ſouviendrai toujours que dans le cas ou je me trouve, on doit plus aimer l'art que l'artiſte. Enfin, connoiſſant tout l'effort néceſſaire à la nature, pour la production d'un grand Peintre d'hiſtoire,*

*je n'imiterai point l'enthoufiafme de ceux qui
mettent les auteurs de quelques nouvelles Efpa-
gnoles & de quelques petites pieces données aux
Italiens, en comparaifon avec M. de Thou ou
avec Pierre Corneille.*

Antoine Wateau *naquit à Valenciennes en
1684[1]. Il étoit fils d'un couvreur. La naif-
fance n'eft confidérable aux yeux des philofophes
& des artiftes que par rapport aux fecours qu'elle
peut fournir à l'éducation, mais quand elle eft de
l'efpece de celle-ci, elle donne une preuve convain-
cante du génie & du don que la nature a fait.*

Cette preuve *fe trouve encore augmentée ici
par la dureté qui étoit le caractère dominant du
pere dont* Wateau *dépendoit. Ce fut avec peine
qu'il fe réfolut de mettre ce fils, à qui la nature
infpiroit deja le defir de l'imiter, chez un peintre
de fa même ville. Ce qu'il fit chez ce peintre ne*

1. Nougaret, dans ses *Anecdotes de Beaux-Arts,* met en
note : « Le manufcrit de M. de S*** dit en 1686. » — M. de
S*** avoit été trompé. Voici l'extrait de baptême de Watteau
tel que M. Dinaux l'a copié sur les registres de la paroisse
Saint-Jacques de Valenciennes : « Le 10 octobre 1684, fut
baptizé *Jean-Antoine,* fils légitime de *Jean-Philippe Watteau*
et de *Michelle Lardénois,* sa femme. — Signé : le parin, *Jean-
Antoine Baiche.* La marène, *Anne Maillion.* »

nous eſt pas connu & nous ne devons pas le regret-
ter : car je crois me ſouvenir que ce maître ne
peignit qu'à la toiſe, ou du moins il s'en falloit ſi
peu que cela ne vaut pas la peine d'être diſcuté.

Quoi qu'il *en ſoit, le pere ne voulut pas four-*
nir longtems aux frais de cette éducation. Non
qu'il fut en etat de la trouver peu profitable du
coté de l'art, mais parce qu'il vouloit forcer ſon
fils à embraſſer ſa même profeſſion[1]. Wateau
avoit des idées plus élevées ou du moins la pein-
ture ſe le deſtinoît : ainſi pluſtôt que de ſe ranger
à la profeſſion de ſon pere, il le quitta & vint à
Paris[2], *dans l'équipage qu'on peut s'imaginer,*
pour cultiver une Muſe qu'il chériſſoit ſans trop
la connoître.

Peu ſcavant *& ſans ſecours, le Pont Notre-*
Dame fut une reſſource qu'il fut trop heureux de

1. Le goût qu'il eut pour l'art de la peinture se déclara dès sa plus tendre jeunesse; il profitoit dans ce temps de ses momens de liberté pour aller dessiner ſur la place les diffé-rentes scènes comiques que donnoient ordinairement au public les marchands d'orviétan et les charlatans qui courent le pays. (*Catalogue raiſonné des diverſes curioſités du cabinet de feu M. Quentin de Lorangère, par Gerſaint, 1744.*)

2. Son premier maître à Paris fut Métayer, peintre mé-diocre, qu'il quitta bientôt faute d'ouvrage. (*Catalogue de Lorangère.*)

trouver[1]*. Cette triste manufacture de copies à la*
centieme generation faites avec des couleurs crues
& mises à plat, plus ennemie du gout que l'enlu-
minure qui du moins conserve les formes de
l'estampe, ne lui convenoit gueres avec le senti-
ment dont la nature lui avoit donné le germe.
Mais à quoi ne nous reduit pas la nécessité? Pour

1. On débitoit dans ce temps-là beaucoup de petits portraits et de sujets de dévotion aux marchands de province, qui
les achetoient à la douzaine ou à la grosse. Le peintre chez
lequel il venoit d'entrer étoit le plus achalandé pour cette sorte
de peinture, dont il faisoit un débit considérable. Il avoit quelquefois une douzaine de misérables élèves qu'il occupoit
comme des manœuvres; le seul mérite qu'il exigeoit de ses
compagnons étoit la prompte exécution. Chacun y avoit son
emploi. Les uns faisoient les ciels, les autres faisoient les têtes;
ceux-ci les draperies, ceux-là posoient les blancs; enfin le
tableau se trouvoit fini quand il pouvoit parvenir entre les
mains du dernier.

Watteau ne fut alors occupé qu'à ces ouvrages médiocres,
il fut cependant distingué des autres, parce qu'il se trouva
propre à tout, et en même temps d'expédition. Il répétoit souvent les mêmes sujets : il avoit surtout le talent de
rendre si bien son *saint Nicolas*, qui est un saint que l'on
demandoit souvent, qu'on le réservoit particulièrement pour
lui « *Je sçavois*, me dit-il un jour, *mon saint Nicolas* par
cœur, & je me passois d'original. »

Il s'ennuyoit de ce travail désagréable & infructueux, mais
il falloit vivre. Quoique occupé toute la semaine, il ne recevoit
que trois livres le samedi, et, par une espèce de charité, on
lui donnoit de la soupe tous les jours. (*Catalogue de Lorangère*.)

vous donner une idée du talent & de la disposition qui lui etoient naturels, je vous rapporterai le trait suivant.

Il travailloit *depuis quelque tems chez le marchand de cette espece de tableaux, auquel le hazard l'avoit adressé, lorsque la peinture qui aide à soutenir les adversités par l'imagination & consequemment par la gaïeté dont elle scait quelquefois les assaisonner, lui fit faire une plaisanterie qui le consola du moins pour le moment de l'ennui de faire toujours la même figure. Il étoit à la journée & sur le midi, il n'étoit point encore venu demander ce qu'on appeloit l'original. Car la maîtresse avoit grand soin de l'enfermer tous les soirs. Elle s'apperçut de sa négligence, elle l'appela. Elle cria plusieurs fois toujours inutilement, pour le faire descendre du grenier, ou depuis le matin il travailloit & ou en effet il avoit fini de memoire l'original en question. Quand elle eut bien crié, il descendit & d'un grand sang froid, accompagné d'un air doux qui lui étoit naturel, il le lui demanda, dit-il, pour y placer les lunettes; car c'etoit je crois une vieille d'après* Gerard Douw *qui consulte ses registres, & cette composition étoit alors en regne dans ce genre de marchandife.*

Je ne *rapporte ces détails que pour faire fentir les difficultés, les peines & les défagremens qu'il a eu à foutenir pour faire éclore fon genie, & pour vous reprefenter que fi la nature nous en a donné, il profite de tout, rien ne l'altere, tout avec lui fe tourne en nourriture.* On voit bien ici la preuve de cette verité dans Wateau. *Loin de fe rebuter d'un exercice fi miferable il redoubla d'efforts pour s'élever au deffus. Tous les momens de liberté dont il pouvoit jouir, les fetes, les nuits même, il les emploïoit à deffiner d'apres nature. Exemple qu'on ne fcauroit trop propofer à la jeuneffe : exemple fort beau fur le papier, diront les pareffeux & qu'il eft vrai que l'amour de l'art peut feul infpirer. Quoi qu'il en foit, ces études continüelles ne fe font jamais fans fruit & fans augmenter la difpofition naturelle. Auffi nous avons peu vu de pareilles ferveurs de travail n'avoir point un fuccès marqué.*

Avec ce *fonds d'étude & cet excès d'application, il fe mit en etat de fortir de la trifte occupation à laquelle il étoit reduit. Il fit la rencontre de* Gillot[1], *qui vers ce temps fut agreé en cette*

1. Gillot ayant vu quelques deffins et tableaux de la main

académie. *Ce Peintre après avoir executé des bacchanales, plusieurs idées fantastiques, de l'ornement, des chofes de mode, & même de l'histoire, s'étoit alors renfermé à représenter des fujets de la comédie Italienne. Cette rencontre fut une véritable fortune pour* Wateau. *Ce genre de composition détermina abfolument fon goût, & les tableaux de fon nouveau maître lui ouvrirent les yeux fur plusieurs parties de la peinture dont il ne faisoit encore que fe douter.*

Un rapport *de goût, de caractere & d'humeur produisit d'abord l'intimité du maître & de l'éleve. Mais ce même rapport, joint aux talens qui fe développoient chaque jour dans le dernier, les empecha de vivre long tems enfemble. Ils fe quiterent mal, & toute la reconnoiffance que* Wateau *ait pû témoigner à fon maître pendant le refte de fa vie, s'eft bornée à un profond filence. Il n'aimoit pas même qu'on lui demandât des details fur leur liaifon & fur leur rupture ; car pour fes ouvrages il les vantoit & ne laiffoit point ignorer les obligations qu'il lui avoit.*

de Watteau qui lui plurent l'invita à venir demeurer avec lui. (*Abrégé de la vie d'Antoine Watteau, par M. de Julienne, en tête du volume d'eaux-fortes d'après les deffins de Watteau.*)

D'un autre *coté, soit que* Gillot *en eut agi
par le motif d'une jaloufie que bien des gens lui
ont attribuée, soit qu'à la fin il se rendit justice,
& convint que son éleve l'avoit surpassé, il quita
la peinture, & se livra au deffein & à la gravure
à l'eau-forte dans laquelle il sera à jamais célebre
par l'intelligence & l'agrement de la compofition,
avec lesquelles il a reprefenté la plus grande
partie des Fables de la Motte.*

Le talent *de* Wateau *commencoit à percer,
foiblement à la vérité, cependant il avoit befoin
d'être encore éclairé. Il trouva les lumières dont
il avoit befoin. En fortant de chez* Gillot, *il fut
accueilli par* Claude Audran, *concierge du
Luxembourg. C'etoit un galant homme, qui deffinoit & peignoit lui même très bien l'ornement
& qui dans cette partie foutenoit le nom d'une
famille qui a produit un grand nombre d'habiles
gens à votre Academie.*

Ce galant *homme avoit donc un goût naturel.
Il avoit étudié principalement les ornemens; tels
qu'ils avoient été emploïés par* Raphael *au Vatican
& par fes éleves, en divers endroits; comme auffi
par le* Primatice *à* Fontainebleau. *Il avoit remis
ces compofitions en honneur; & avoit fait oublier*

le goût lourd & affommant de fes prédeceffeurs
dans ce talent. Elles étoient fufceptibles par les
places qu'il y refervoit, de recevoir diferens fujets
de figures & autres, à la volonté des particu-
liers qu'il avoit fçu mettre dans le goût d'en
faire décorer leurs plafonds & leurs lambris, en
forte que plufieurs artiftes de divers genres y
trouvoient de l'emploi.

Ce fut la que Wateau forma fon gout pour
l'ornement ; & qu'il acquit une legèreté de pinceau
qu'exigent les fonds blancs ou les fonds dorés fur
lesquels Audran faifoit exécuter fes ouvrages. On
en peut voir de très bien entendus à la ména-
gerie de Verfailles, & de très beaux platfonds de
fon ordonnance au chateau de Meudon.

Mais c'eft à regret, je l'avoue, que j'en fais
une forte d'éloge ; puifque ce genre a non feule-
ment fait détruire les platfonds des appartemens
que les plus habiles peintres avoient exécutés ; mais
que ce changement de mode, auquel les ornemens
de plâtre ont fuccédé vous prive encore tous les
jours d'une occupation qui vous permettoit
d'emploïer votre talent dans le grand & dans le
héroïque.

Je reviens à Wateau. Ce fut alors qu'habitant

le palais du Luxembourg, il copioit & étudioit
avec avidité les plus beaux ouvrages de Rubens.
Ce fut encore là qu'il deſſinoit ſans ceſſe les arbres
de ce beau jardin, qui brût, & moins peigné que
ceux des autres maiſons roïales, lui fourniſſoit
des points de vue infinis; & que les ſeuls païſa-
giſtes trouvent avec tant de varieté dans le même
lieu, tantôt par la diférence des aſpeɕs & des
endroits ou ils ſe placent; tantôt par la réunion
de pluſieurs parties éloignées; tantôt enfin par
les diférences que le ſoleil du ſoir ou du matin
apporte dans les mêmes places & ſur les mêmes
terrains.

 Juſques ici nous ne voïons qu'un jeune homme,
ſans ſecours, qui cherche à perfeɕionner ſon
talent, qui s'applique & qui eſt lui-même l'artiſan
de ſa réputation, ainſi que le conduɕeur de ſes
études. Dans la ſuite nous allons voir ce même
talent développé; mais au milieu d'une vie agitée
par l'inconſtance & par le dégout que Wateau
avoit de lui même & de tous les hommes. .

 Il ſortit *de che* Audran [1] *apres avoir acquis*

---

1. Watteau cependant, qui ne vouloit pas en demeurer là,
ni passer sa vie à travailler pour autrui, et qui se sentoit en
état d'imaginer, hazarda un tableau de genre qui représente

les parties de la peinture dont je viens de vous donner l'idée par le détail de ses études. Il les mit si bien en pratique qu'il abandonna tout à fait la manière de Gillot. Il fit des marches & des repos de soldats, d'un faire absolument opposé à celui de ce maître ; & ces premiers tableaux ont peut être égalé ce qu'il a fait de plus beau dans la suite. On y voit en effet de la couleur, de l'harmonie, des têtes fines & pleines d'esprit, & un pinceau qui conserve le gout de son dessein, prononcé jusque dans les extrémités & les draperies, & dans ce qu'il veut exprimer.

un départ de troupes et qu'il fit à ses temps perdus : il le montra au sieur Audran pour lui en demander son avis. Ce tableau est un de ceux que Cochin le père a gravés. Le sieur Audran, habile homme et en état de juger d'une belle chose, fut effrayé du mérite qu'il reconnut dans ce tableau, mais la crainte de perdre un sujet qui lui étoit utile, et sur lequel il se reposoit assez souvent pour l'arrangement et même pour la composition des morceaux qu'il avoit à exécuter, lui conseilla légèrement de ne point passer son temps à ces sortes de pièces libres et de fantaisies, qui ne pourroient que lui faire perdre le goût dans lequel il donnoit. Watteau n'en fut point la dupe ; le parti ferme qu'il avoit pris de sortir, joint à un petit desir de revoir Valenciennes le déterminèrent totalement. Le pretexte d'aller voir ses parents lui servit de moyen honnête ; mais comment faire ? L'argent lui manquoit et son tableau devenoit son unique ressource : il ignoroit comment il falloit

Au reſte, *je ne puis me réſoudre à attribuer
à ſon inconſtance ſa ſeparation avec* Audran.
Wateau *ſentoit ſes forces. Il avoit de l'eſprit,
& n'étoit point la dupe de celui de ſon ſecond
maître, qui en avoit autant que de connoiſſance
du monde; & qui bien aiſe de le retenir chez lui
pour ſon propre intérêt, vouloit le dégouter de
tout autre travail que de celui dont il le chargeoit.*

Cependant *pour quiter un homme qui l'avoit
comblé d'égards & d'attentions, & réſiſter aux
offres & aux inſtances qu'il lui faiſoit pour le retenir, il autoriſa ſa ſéparation d'un voïage à*

s'y prendre pour s'en procurer le débit. Dans cette occasion il
eut recours à M. Spoude actuellement vivant, peintre à peu
près des mêmes cantons que lui, et son ami particulier : le
hazard conduisit M. Spoude chez le sieur Sirois mon beau-
père à qui il montra ce tableau, le prix en étoit fixé à 60 livres
et le marché fut conclu sur-le-champ. Watteau vint recevoir
son argent; il partit gayement pour Valenciennes comme cet
ancien sage de la Grèce; c'étoit là toute sa fortune et surement
il ne s'étoit jamais vu si riche. Ce marché fut l'origine de la
liaison que feu mon beau-père a toujours eu avec lui jusqu'à
sa mort, et il fut si satisfait de ce tableau qu'il le pria instamment d'en faire le pendant qu'il lui envoya effectivement de
Valenciennes : c'est le second morceau que le sieur Cochin a
gravé, il représente une alte d'armée; le tout en étoit d'apres
nature, il en demanda 200 livres qui lui furent données. (*Catalogue de Lorangère.*)

Valenciennes, qu'il fit en effet. Je ne l'ai jamais regardé comme un prétexte. Wateau *étoit trop entier dans ses volontés pour en emploïer. Car enfin quoi de plus naturel que de retourner dans son païs, d'y reparoitre avec des talens, de contredire si honorablement & par des preuves incontestables ceux qui avoient traversé ses dispositions & de se montrer plus habile que son premier maître?*

Voila *bien des raisons pour le porter à ce départ. Elles ont sans doute existé. Elles lui ont procuré les plaisirs qu'il se promettoit. Mais indépendamment de la courte durée dont étoit toute espèce de satisfaction dans la tête de* Wateau, *tous les talens qui émanent de l'esprit ont un égal besoin, tant pour leur avancement que pour leur soutien, de la critique, de l'émulation, de la communication des ouvrages & des artistes. En un mot leurs productions ne sont faites que pour être vues & jugées, &* Wateau *ne trouvoit rien de tout cela à Valenciennes. C'étoit une forte raison pour en sortir.*

Il quita *donc sa patrie (il n'y fit pas un long séjour), & revint a Paris. Le désir d'aller a Rome & de profiter du bel établissement que*

Louis XIV y a fait pour le progrès des arts & des éleves, l'engagea quelque tems après à se mettre sur les rangs pour disputer le prix de votre école. Il gagna le second en l'année 1709[1], mais ne fut point admis pour le voïage : il fallut donc se contenter de poursuivre ses études à Paris, ce qu'il fit sans renoncer à ce projet.

En 1712, il vous présenta dans cette vue quelques uns des tableaux de sa manière, fort supérieurs à celui qui lui avoit fait mériter le prix. Un talent formé & très distingué, l'inutilité du voïage qu'il sollicitoit, furent des motifs pour engager l'Académie à l'agréer. Il le fut avec d'autant plus de distinction que M. De la Fosse, ce galant homme par lui même, si recommandable par plusieurs parties de la peinture dans lesquelles il a excellé, appuïa sur son mérite, le fit valoir ; &, sans le connoître que par ses ouvrages, s'interessa vivement pour lui[2].

1. Sur le sujet de David accordant à Abigaïl le pardon de Nabad. Le premier prix avoit été décerné à Antoine Grison.

2. La façon singulière avec laquelle il fut reçu à l'Académie royale de peinture et de sculpture est fort honorable ; il eut quelque envie d'aller à Rome pour y étudier d'après les grands maîtres, surtout d'après les Vénitiens, dont il aimoit beaucoup le coloris et la composition. Il n'étoit point en état

C'eft ainfi *que la vérité doit agir dans les délibérations de l'Académie, fans faire acception, ou donner d'exclufion par aucunes vues particulières. La prévention pour ou contre les perfonnes, & par rapport à leurs liaifons eft un inconvénient redoutable. Le talent feul nous doit décider, & le talent feul doit donner la couleur à nos fèves. Ce fut quelque tems après cette juftice que l'Académie rendit à* Wateau *que je fis connoiffance avec lui.*

Cependant *l'honneur que vous lui aviés fait,*

de faire sans secours ce voyage : c'est pourquoi il voulut solliciter la pension du roi ; et pour en venir à bout, il prit un jour la résolution de faire porter à l'Académie les deux tableaux, qu'il avoit vendus à mon beau-père, pour tacher d'obtenir cette pension. Il part sans autres amis ni protection que ses ouvrages et les fait exposer dans la salle par ou passent ordinairement Messieurs de l'Académie de Peinture et de Sculpture qui tous jettent les yeux dessus, et en admirent le travail sans en connoître l'auteur. M. de la Fosse, célebre peintre de ce tems la, s'y arrèta même plus que les autres et étonné de voir deux morceaux si bien peints il entra dans la salle de l'Académie et s'informa par qui ils avoient été faits. Ces tableaux avoient un coloris vigoureux et un certain accord qui les faisoit croire de quelqu'ancien maître ; on lui répondit que c'étoit l'ouvrage d'un jeune homme qui venoit supplier ces Messieurs de vouloir bien intercéder pour lui, afin de lui faire obtenir la pension du roi pour aller étudier en Italie. M. de la Fosse surpris, donne ordre qu'on fasse entrer ce jeune

sa manière nouvelle & pleine d'agrément, lui attirèrent bientôt plus d'ouvrages qu'il n'en vouloit & qu'il n'en pouvoit faire. Il ne tarda pas en même tems d'éprouver l'importunité que les talens marqués causent souvent dans les grandes villes, où les demi-connoisseurs & les desœuvrés abondent & s'empressent à s'introduire dans les cabinets & dans les ateliers. Et pourquoi faire? pour y déraisonner sans cesse & pour troubler & intervertir ces méditations & ces recherches qui seules font

homme. Watteau paroit : sa figure n'étoit point imposante; il explique modestement le sujet de sa demarche, et prie avec instance qu'on veuille bien lui accorder la grace qu'il demande, s'il a assez de bonheur pour en être digne. Mon ami, lui répond avec douceur M. de la Fosse, vous ignorez vos talents et vous vous méfiez de vos forces; croyez-moi, vous en scavez plus que nous, nous vous trouvons capable d'honorer notre Académie; faites les démarches nécessaires, nous vous regardons comme un des notres. Il se retira, fit ses visites et fut agreé aussitot. *Cat. de Lorangère.* — Voici le procès-verbal d'admission qu'a donné l'*Histoire des Peintres,* d'après les registres de l'Académie : «... L'Académie après avoir pris les suffrages en la manière accoutumée, elle a reçu le dit sieur Watteau académicien, pour jouir des priviléges attachés à cette qualité, et qu'il a promis, en prêtant serment entre les mains de M. Coypel écuyer, premier peintre du roi et de S. A. R. Monseigneur le duc d'Orléans, président, étant à l'assemblée. *Quant au présent pecuniaire, il a été modéré à la somme de* 100 *livres.* »

le bon ouvrage. *Le mieux qui leur puiſſe arriver eſt de louer mal. Car la louange en face eſt leur grand rôle. Quel tourment, quel ennui pour un homme d'art de voir arriver & s'établir che₂ lui de pareils perſonnages ſans pouvoir s'en défaire! Car ils ſont tenaces, & auſſi ardens à ſe produire que difficiles à congédier.*

Leur foule *eſt ordinairement ſuivie de ces brocanteurs, ſoi diſans curieux, qui ſcavent faire païer, aux peintres faciles dans leur talent, une eſpèce d'uſage du monde qu'ils ont quelquefois cruellement acquis. Il s'emparent des eſquiſſes, ſe font donner les études ; & qui pis eſt propoſent la retouche des croûtes qu'ils amaſſent en pile ; le tout pour avoir un tableau complet d'un maître qui ne leur coute rien ou du moins peu de choſe. Il n'eſt ſorte de ſoupleſſes qu'ils n'emploient pour parvenir à ce but.*

Wateau *en fut aſſailli vivement. Il démeloit aiſément ces deux genres d'importuns, & les connoiſſoit à merveilles, & comme il étoit né cauſtique, il s'en vengeoit en peignant le caractère & le manége de ceux dont il étoit le plus obſédé. Il n'en étoit pas moins leur dupe dans le détail. D'ailleurs cette peinture vive qu'il en*

*ſcavoit faire, ne le confoloit point de l'ennui
dont à la longue ils finiſſoient par l'accabler. Je
l'en ai ſouvent vu peiné au point de vouloir tout
quiter.*

Il ſemble *que les ſuccès brillants qu'il eut dans
le public auroient du aſſés flatter ſon amour-
propre pour le mettre au deſſus de ces petits inci-
dens. Mais il étoit fait de manière à ſe dégouter
preſque toujours de ce qu'il faiſoit. Je crois
qu'une des plus fortes raiſons de ce dégout,
avoit pour principe les grandes idées qu'il avoit
de la Peinture. Car je puis aſſurer qu'il voïoit
l'art beaucoup au deſſus de ce qu'il le pratiquoit.
Cette diſpoſition le rendoit en tout fort peu prévenu pour ſes ouvrages. Le prix qu'il en retiroit
ne le touchoit pas davantage, & étoit fort au deſſous
de ce qu'il auroit pu en retirer. C'eſt qu'il
n'aimoit point l'argent, & qu'il n'y étoit nullement attaché. Ainſi il n'étoit pas même ſoutenu
par cet amour du gain, ſi puiſſant ſur tant
d'autres. Je vais en rapporter un exemple
& qui vous prouvera ſon indifférence ſur l'un
& l'autre de ces points.*

Un perruquier *lui apporta une perruque naturelle, qui n'avoit rien de recommandable, mais*

dont cependant il fut enchanté. Elle lui parut le chef-d'œuvre de l'imitation de la nature. Certainement, ce n'étoit pas celui de la nature frizée; car je la vois d'ici dans toute sa longueur & toute sa platitude. Il en demanda le prix; mais le perruquier, plus fin que lui, l'assura qu'il seroit trop content s'il vouloit lui donner quelque chose de sa façon. Quelques études l'auroient satisfait, Wateau crut n'avoir jamais fait un si bon marché, & proportionnant son présent au bonheur de sa possession, il lui donna deux petits tableaux pendans, & peut-être des plus piquans qu'il ait fait. J'arrivai peu de tems après la conclusion de cette bonne affaire. En vérité il en avoit du scrupule. Il vouloit encore faire un tableau pour le Perruquier, & ce fut avec peine que je rassurai sa conscience[1].

En même tems qu'il étoit né caustique, il étoit né timide, deux choses que la nature ne réunit pas ordinairement. Il avoit de l'esprit, & quoiqu'il n'eut point reçu d'éducation, il avoit

---

1. Gersaint dit : «..... et son desintéressement étoit si grand, que plus d'une fois il s'est fâché vivement contre moi, pour lui avoir voulu donner un prix raisonnable de certaines choses que par générosité il refusoit. » (*Cat. de Lorangère.*)

de la *fineſſe*, & même de la *délicateſſe pour juger
de la muſique & de tous les ouvrages d'eſprit. La
leĉture étoit ſon plus grand délaſſement. Il ſavoit
mettre à profit ce qu'il avoit lu; & quoiqu'en
général il démêlat & rendit à merveilles les ridi-
cules de ceux qui venoient l'interrompre, je l'ai
déjà dit, il étoit faible, & ſe laiſſoit ſurprendre
facilement.*

Ce fut ce qui donna occaſion à ſon avanture
avec un Peintre en miniature que vous me diſ-
penſerés de vous nommer. Cet homme parloit
aſſés bien, mais trop abondamment de la Peinture. Apparamment qu'il s'étoit contraint ſur la
parole le jour qu'il fut chez Wateau ou que celui-
ci, pour racourcir l'importunité, n'avoit cherchĕ
qu'à s'en debaraſſer; car il ſcut lui tirer un
tableau, comme Patelin tire la pièce de drap de
M. Guillaume.

Ce miniaturiste étoit ſi perſuadé de ſon
mérite, qu'il s'arrogeoit la perfeĉtion & la réuſſite
des plus beaux ouvrages, par les conſeils qu'il
prétendoit avoir donné à leurs auteurs, & la
façon dont il diſoit les avoir conduits ſur
l'àccord, l'harmonie & la diſpoſition. Il ne
s'adreſſoit pas mal pour ſe faire honneur. Car il

choififfoit Meffieurs de Troy, de Largilliere *& Rigaud, qui dans ce tems étoient dans toute leur force. J'étois jeune. Il ne fe mefioit pas de moi. Il ignoroit même mon goût pour la Peinture. Un jour, avec la confiance & le faux enthoufiafme d'un bavard, quand on lui donne audience, il parla pendant plus de deux heures des corrections qu'il avoit fait faire à ces grands hommes, & de la déférence qu'ils avoient pour la juftreffe de fon goût. Je fus indigné de fon orgueil & de fa fuffifance; mais toute bonne qu'étoit la caufe à défendre, je n'ofai parler : je ne me fentis pas affez fort, & je ne voulus point ajouter ma défaite au triomphe que lui affuroient l'abondance de fes paroles & l'ignorance de fes auditeurs.*

Quelques jours *après caufant avec* Wateau *fur le malheur des artifies, qui font injuftement déchirés, & qui fouvent éprouvent la peine d'une mauvaife impreffion donnée aux fots & aux ignorants, qui compoferont toujours le plus grand nombre, je lui fis le recit de la converfation que j'avois entendue & je lui en nommai l'auteur. Si je l'avois fçu d'un tel caractère, me dit-il, je ne lui aurais pas donné un tableau ces jours ci. Alors il me conta très plaifamment ce qui lui étoit*

*arrivé avec ce même homme, bien résolu d'en
faire son profit.*

Au bout *de quelque tems, il vint voir* Wateau,
*le remercia du magnifique présent qu'il lui avoit
fait, l'éleva fort au dessus des plus grands
ouvrages; & ajouta que cependant, après l'avoir
examiné avec soin, il avoit remarqué plusieurs
corrections qu'il y croïoit nécessaires.* Wateau,
*intérieurement charmé de le voir s'enferrer de
lui même, lui dit qu'il les feroit avec plaisir.
L'autre repliqua que s'il vouloit les faire sous
ses yeux, il le conduiroit.* Wateau *y consentit.
Celui là, flatté d'une docilité dont il doutoit peut
être en arrivant, tira le tableau qu'il avoit
apporté à tout hazard sous son manteau,
&* Wateau, *d'un grand sang froid, prit de l'huile
d'aspic, & ne le fit pas attendre pour lui rendre
la toile ou le bois d'une netteté charmante. Il
voulut se fâcher, mais* Wateau *lui parla ferme,
& vengea par merveille les grands hommes dont
il lui fit sentir la supériorité; ajoutant qu'il ne
lui convenoit pas d'en parler comme il faisoit.*

Je ne *crois pas qu'une si bonne leçon l'ait cor-
rigé; mais je scais qu'il étoit assés connaisseur,
& assez attentif à ses interéts pour avoir regretté*

toute *fa vie la perte d'un morceau que l'auteur
qui ne fe louoit pas ordinairement, m'a dit n'être
pas un de fes plus mauvais. Tout ce que je puis
dire c'eft que jamais il n'a eu autant de plaifir à
faire aucun tableau qu'il en eut à effacer celui-la.*

*Jouissant d'une agréable reputation, il n'avoit
d'autre ennemi que lui même, & certain efprit
d'inflabilité qui le dominoit. Il n'étoit pas fitôt
établi dans un logement qu'il le prenoit en
déplaifance. Il en changeoit cent & cent fois,
& toujours sous des prétextes que par honte d'en
ufer ainfi il s'étudioit à rendre fpécieux. Là où
il fe fixoit le plus, ce fut en quelques chambres
que j'eus en diferens quartiers de Paris, qui ne
nous fervoient qu'à pofer le modelle, à peindre
& à deffiner. Dans ces lieux uniquement confa-
crés à l'art, dégagés de toute importunité, nous
éprouvions lui & moi, avec un ami commun que
le même goût entrainoit, la joie pure de la jeuneffe, jointe à la vivacité de l'imagination, l'une
& l'autre unies fans ceffe aux charmes de la
Peinture. Je puis dire que* Wateau, *fi fombre,
fi atrabilaire, fi timide, & fi cauflique partout ailleurs n'étoit plus alors que le Wateau
de fes tableaux : c'eft à dire l'auteur qu'ils font*

*imaginer agréable, tendre & peut être un peu
berger.*

Ce fut *dans ces retraites que je reconnus pour
mon profit combien* Wateau *penſoit profondément
ſur la Peinture; & combien ſon exécution étoit
inférieure à ſes idées. En effet, n'aïant aucune
connoiſſance de l'anatomie, & n'aïant preſque
jamais deſſiné le nud, il ne ſçavoit ni le lire, ni
l'exprimer; au point même que l'enſemble d'une
Academie lui coutoit & lui déplaiſoit par conſé-
quent. Les corps des femmes exigeant moins
d'articulation, lui étoient un peu plus faciles.
Cela revient à ce que j'ai déja obſervé ci deſſus
que les dégouts qu'il prenoit ſi ſouvent pour ſes
propres ouvrages, partoient de la ſituation d'un
homme qui penſe mieux qu'il ne peut executer.*

En particulier *cette inſuffiſance dans la pratique du deſſin le mettoit hors de portée de
peindre ni de compoſer rien de héroïque ni
d'allégorique encore moins de rendre les figures
d'une certaine grandeur. Les quatre Saiſons
qu'il a peintes dans la ſalle a manger de*
M. Crozat *en ſont une preuve. Elles ſont preſque
demie nature; &, quoi qu'il les ait exécutées
d'après les eſquiſſes de* M. de la Foſſe, *on y voit*

*tant de maniere & de fechereſſe qu'on n'en ſçau-
roit rien dire de bon. Ces tableaux cependant ne
difèrent de ſa facon de traiter ſes petits ſujets
que par le nud & par les draperies qui ſont d'un
genre diférent; mais cette touche fine & legère,
qui fait ſi bien dans le petit, perd tout ſon
mérite & devient inſupportable quand elle eſt
emploïée dans cette plus grande étendue qu'il a
fallu l'emploïer ici.*

Au fonds, *il en faut convenir,* Wateau *étoit
infiniment maniéré. Quoique doué de certaines
graces, & ſéduiſant dans ſes ſujets favoris, ſes
mains, ſes têtes, ſon païſage même tout s'y
reſſent de ce défaut. Le goût & l'effet forment
ſes plus grands avantages & produiſent, il eſt
vrai, d'agréables illuſions d'autant que ſa couleur eſt bonne, qu'elle eſt juſte dans l'expreſſion de ſes étoffes, qui ſont deſſinées d'une facon
piquante. Il faut dire encore qu'il n'a gueres peint
que des étoffes de ſoie toujours ſujettes à donner
des petits plis. Mais ſes draperies étoient bien jet-
tées, l'ordre des plis étoit vrai parce qu'il les deſſinoit toujours ſur le naturel; & qu'il ne s'eſt
jamais ſervi de mannequin. Le choix des couleurs
locales de ſes draperies étoit bon, & ne choquoit*

*jamais l'accord. Enfin fa touche fine & légère
donnoit à toute fon exécution un air piquant
& animé. A l'égard de fon expreffion je n'en puis
rien dire : car il ne s'eft jamais expofé à rendre
aucune paffion.*

    Cependant M. Crozat *qui aimoit les artiftes,
lui offrit fa table & un logement che\z lui. Il les
accepta. Cette belle maifon, qui renfermoit alors
un plus grand nombre de tréfors pour la Peinture & pour la Curiofité que jamais particulier
a peut être réuni fous fa main, fournit mille
nouveaux fecours à* Wateau. *Mais ce qui piqua
le plus fon goût ce fut cette belle & nombreufe
collection de deffins des plus grands maîtres qui
faifoit partie de ces tréfors. Il étoit fenfible a
ceux de* Giacomo Baffan. *Mais plus encore aux
études de* Rubens *& de* Van Dyck. *Les belles
fabriques, les beaux fites, & le feuillé plein de goût
& d'efprit des arbres du* Titien *& du* Campagnol,
*qu'il voïoit, pour ainfi dire, à découvert, le
charmèrent. Et, comme il eft naturel de voir les
chofes par rapport à l'utilité qu'on en peut retirer,
il donnoit volontiers la préference à ces der-
nieres parties fur l'ordonnance, la compofition
& l'expreffion des grands peintres d'Hiftoire dont*

l'objet & les talents etoient si éloignés du sien. Il se contentoit de les admirer, sans chercher à se les appliquer par aucune étude particuliere, dont aussi bien il n'auroit pu tirer beaucoup de secours.

Ce fut là que nous lui préparions, M. Henin, cet ami dont j'ai parlé ci dessus & moi, un nombre infini de desseins, d'après les Etudes des meilleurs maîtres flamans, & de ces grands Païsagistes Italiens, & que nous avancions assés pour qu'en y donnant quatre coups il en avoit l'effet. C'etoit le servir selon son inclination : car il aimoit en tout à l'avoir promptement. C'etoit aussi, je le dirai toujours, la partie de la Peinture a laquelle il étoit le plus sensible.

Le genre du petit y conduit à peu de frais. Un rien en produit ou en altère l'expression. La chose est au point que quelquefois on pourroit soupçonner le hazard d'en avoir le principal honneur. Wateau, pour accélérer son effet & son exécution, aimoit à peindre à gras. Cette manœuvre a eu toujours beaucoup de partisans, & les plus grands maîtres en ont fait usage. Mais pour l'emploïer avec succès il faut avoir fait de grandes & d'heureuses préparations, & Wateau n'en faisoit presque jamais. Pour y suppleer en

quelque façon, il étoit dans l'habitude, quand il
reprenoit un tableau, de le frotter indiferemment
d'huile graffe & de repeindre par deffus. Cet
avantage momentané a par la fuite fait un tort
confiderable à fes tableaux : à quoi a encore beau-
coup contribué une certaine malpropreté de pra-
tique qui a du faire tourner fes couleurs. Rare-
ment il nettoïoit fa palette & étoit fouvent plu-
fieurs jours fans la charger. Son pot d'huile
graffe dont il faifoit un fi grand ufage, étoit
rempli d'ordures & de pouffiere & melé de toutes
fortes de couleurs qui fortoient de fes pinceaux a
mefure qu'il les y trempoit. Combien cette
maniere de proceder n'etoit-elle point éloignée des
foins extraordinaires qu'ont pris certains peintres
Hollandois pour travailler proprement. L'on cite
entre autres fur ce point Gerard Douw *& l'on*
remarque qu'il broïoit fes couleurs fur une glace,
qu'il prenoit des précautions infinies pour empê-
cher qu'elles fuffent altérées par le moindre atôme
de pouffiere & nettoïoit toujours lui-même fa
palette & jufqu'à la hante de fes pinceaux, ce que
le dernier auteur de la Vie des peintres a plai-
famment entendu de fon manche à balai, trompé
par la double fignification du mot hollandois qui

suivant l'endroit & les circonstances où on l'em-
ploie, signifie tantôt une hante de pinceau, tantôt
un manche à balai, mais qui ne devoit pas faire
d'équivoque ici.

 Au reste, je ne crois pas que vous regardiés ces
détails comme des minuties. Il m'ont paru nécef-
faires à rapporter pour recommander ce foin
& cette propreté dans l'emploi des couleurs; con-
dition trop effentielle pour la confervation & la
durée des tableaux, pour n'en point relever hau-
tement le défaut à ceux qui y ont manqué auffi
fortement qu'a fait Wateau. C'étoit fa pareffe
& fon indolence qui l'y conduifoient encore plus
que certaine vivacité, que le defir & même le
befoin de jetter promptement fur la toile quelque
effet conçu, peut infpirer. Il en étoit faifi quelque-
fois mais beaucoup moins que du plaifir de deffiner.
Cet exercice avoit pour lui un attrait infini,
& quoique la plupart du tems la figure qu'il def-
finoit d'après le naturel n'avoit aucune deftination
determinée, il avoit toute la peine du monde à
s'en arracher.

 Je dis que le plus ordinairement il deffinoit
fans objet. Car jamais il n'a fait ni efquiffe ni
penfée pour aucun de fes tableaux quelques legéres

I.   4

& quelques peu arrêtées que c'a pû être. Sa cou-
tume étoit de deſſiner ſes etudes dans un livre
relié, de façon qu'il en avoit toujours un grand
nombre ſous ſa main[1]. *Il avoit des habits galans*
& quelques uns de comiques dont il revêtoit les
perſonnes de l'un & de l'autre ſexe ſelon qu'il en
trouvoit qui vouloient bien ſe tenir & qu'il prenoit

1. Watteau laissa en mourant une grande quantité de dessins. Il les légua à quatre de ses amis : M. de Julienne, l'abbé
Haranger, chanoine de Saint-Germain-l'Auxerrois, MM. Hénin
& Gersaint. (*Cat. de Lorangère.*) M. de Julienne, fort grand
amateur des dessins de Watteau, — il y en eut près de 400 à
sa vente, — M. de Julienne, qui ne manqua jamais à la gloire
de son ami mort, voulut que Watteau fût montré tout entier
au public. Il fit graver un recueil de ses dessins et écrivit en
tête : « On ne s'est guère avisé de faire graver les études des
peintres... Cependant on espère que le public verra d'un œil
favorable les dessins du célèbre Watteau qu'on luy présente
ici, ils sont d'un goust nouveau : ils ont des graces tellement
attachées à l'esprit de l'auteur qu'on peut avancer qu'ils sont
inimitables. » Cet éloge n'est que justice. Le crayon de Watteau n'a pas de maître. Quelle liberté! quelle aisance! quel
accent! quelle grande allure dans l'aimable! quel badinage
de génie! L'adorable main! qui attrapait au vol la vie, la
lumière, la grâce, le mouvement, et les jetait, toutes vives, au
papier! Quel don, pour être Watteau jusque dans un bout
d'étude, jusque dans le hasard du croquis, jusque dans le
rien! Et quels tableaux, ces jeux de la sanguine grasse et rouge,
du blanc, de la pierre d'Italie, sur un papier chamois : chefs-
d'œuvre d'un moment et d'un coup d'œil, confidences du
peintre qui le feront éternellement aimer!

dans les attitudes que la nature lui préſentoit, en
préferant volontiers les plus ſimples aux autres.
Quand il lui prenoit en gré de faire un tableau
il avoit recours à ſon recueil. Il y choiſiſſoit les
figures qui lui convenoient le mieux pour le
moment. Il en formoit ſes groupes le plus ſouvent
en conſequence d'un fonds de païſage qu'il avoit
conçû ou préparé. Il etoit rare même qu'il en uſât
autrement.

Cette façon de compoſer qui n'eſt aſſurement
pas à ſuivre, eſt la veritable cauſe de cette uni-
formité qu'on peut reprocher aux tableaux de
Wateau. Independamment de ce que ſans s'en
apercevoir il répétoit très ſouvent la même figure ;
ou parce qu'elle lui plaiſoit, ou parce qu'en cherchant c'avoit été la premiere qui s'étoit préſentée
à lui. C'eſt encore ce qui donne aux eſtampes
gravées d'après lui une eſpece de monotonie & de
rapport general qui n'en permettent nullement
la quantité. En un mot à la reſerve de quelques
uns de ſes tableaux tels que l'Accordée ou la noce
de village, le Bal, l'Enſeigne faite pour le sieur
Gerſaint[1], l'Embarquement de Cythère, qu'il a

1. « A son retour à Paris, qui étoit en 1721, dans les premières années de mon établissement, il vint chez moi me

*peint pour fa reception dans votre Academie
& qu'il a répétée, fes compofitions n'ont aucun
objet. Elles n'expriment le concours d'aucune
paffion & font par confequent dépourvues d'une
des plus piquantes parties de la peinture, je veux
dire l'action. Elle feule comme vous fcavés Meffieurs peut communiquer à votre compofition,
furtout dans l'Heroïque, ce feu fublime qui parle
à l'efprit, le faifit, l'entraine & le remplit
d'admiration.*

N'oublions *point de remarquer ici que* Wateau

demander si je voulois bien le recevoir et lui permettre, pour
se *dégourdir les doigts,* ce sont ses termes, si je voulois bien,
dis-je, lui permettre de peindre un plafond, que je devois
exposer en dehors : j'eus quelque repugnance à le satisfaire,
aimant beaucoup mieux l'occuper à quelque chose de plus
solide; mais, voyant que cela lui feroit plaisir, j'y consentis.
L'on scait la réussite qu'eut ce morceau : le tout étoit fait
d'après nature, les atitudes en étoient si vraies et si aisées;
l'ordonnance si naturelle; les groupes si bien entendus qu'il
attiroit les yeux des passants; et même les plus habiles peintres
vinrent à plusieurs fois pour l'admirer : ce fut le travail de
huit journées, encore n'y travailloit-il que les matins, sa
santé délicate ou pour mieux dire sa foiblesse, ne lui permettant pas de s'occuper plus longtemps. C'est le seul ouvrage qui
ait un peu aiguisé son amour-propre; il ne fit point difficulté
de me l'avouer. M. de Julienne le possède actuellement dans
son cabinet et il a été gravé par ses soins. » (*Catalogue de
Lorangère.*)

ne fut reçu en votre Academie que plus de cinq
ans après y avoir été agréé; c'eſt-à-dire le
28 aout 1717. Son indolence à faire & à fournir le tableau requis pour conſommer cet ouvrage
fut la ſeule cauſe de ce retardement. Il avoit
même fallu pluſieurs citations pour le mettre en
regle à cet égard.

Les agrements & les commodités ſans nombre
qu'il trouva chez M. Crozat, ne purent empêcher
qu'il ne ſe degoutât encore de ce déſirable
ſejour[1]. Il en ſortit pour aller demeurer avec
M. Vleughels ſon ami qui depuis eſt mort,
directeur de l'Académie de Rome. Mais il en
emporta un fonds précieux de connoiſſances qu'il
s'y étoit fait par cette etude aſſidue & reflechie
des deſſeins des grands maîtres. Ses ouvrages
ont donné dans la ſuite de ſa vie d'amples preuves
de cette augmentation de ſcavoir.

Cependant frappé de la malheureuſe inconſtance d'un homme de ce mérite j'étois faché de voir

---

1. L'amour de la liberté et de l'independance le fit sortir de
chez M. Crozat : il voulut vivre à sa fantaisie et même obscurement : il se retira chez mon beau-père dans un petit logement et défendit absolument de découvrir sa demeure à ceux
qui la demanderoient. (*Catalogue de Lorangère.*)

que fa legereté ne lui permettoit pas de jouir d'au-
cun bien-être prefent & en baniffoit même toute
efperance pour l'avenir. Je remarquois avec une
véritable peine qu'il étoit continuellement la dupe
de tout ce qui l'entouroit. Et en cela d'autant plus
à plaindre que fon efprit déméloit tout tandis que
fa faibleffe l'emportoit, enfin que la délicateffe de
fon temperament augmentoit de jour en jour
& tendoit à un deperiffement capable de le mettre
fort mal à fon aife. Je lui reprefentai fur tout
cela qu'il avoit de bons amis, mais que l'ufage du
monde apprenoit le peu de fonds qu'il falloit
faire fur les hommes quand on éprouvoit l'adver-
fité : J'ajoutai que ceux qui penfoient plus digne-
ment pouvoient mourir. J'emploïai toutes les rai-
fons que fa fituation ne fourniffoit que trop à mon
amitié. Je les appuïai même fur le gout de l'inde-
pendance que la nature fembloit lui avoir
imprimé, & que pour l'ordinaire les talens fe
plaifent affés à adopter... A tout ce beau fermon
je n'eus d'autre reponfe que celle-ci, à la verité
apres un remerciment perfonnel : Le pis aller,
n'eft-ce pas l'hopital? On n'y refufe perfonne.
J'avoue que je reftai tout court à cette folution
& que je gardai le filence. J'eus lieu de me flater

*cependant que mes reprefentations n'avoient point
abfolument porté à faux & qu'elles avoient du
moins fait en lui une de ces impreffions qui pour
etre fourdes pendant quelque tems n'en font pas
moins fruélueufes dans la fuite. Car il eut plus
d'attention à fes affaires & dans l'occafion con-
fulta des amis eclairés tels que M. de Julienne* [1]
qui lui fauva & lui conferva des effets que fa
fucceffion a recueillis, & qui fans compter les*

1. A l'appui de cette bonne amitié de Watteau et de
M. de Julienne, nous empruntons aux *Archives des Arts* trois
précieuses lettres de Watteau à M. de Julienne, publiées sur
copies; et le public ne se fâchera pas que nous empruntions à
la suite une autre lettre de Watteau à Gersaint :

A M. DE JULIENNE DE LA PART DE WATTEAU,
PAR EXPRÈS.

Monfieur !   *De Paris, le 3 de mai.*

*Je vous fais le retour du grand tome premier de l'Ecrit de Leo-
nardo de Vincy, & en mefmes temps je vous en fais agreer mes fin-
ceres remerciements. Quand aux Lettres en manufcrit de P. Rubens,
je les garderai encore devers moi, fi cela ne vous eft pas trop défa-
greable, en ce que je ne les ai pas encore achevées! Cette douleur
au côté gauche de la tête ne m'a pas laiffé fomeiller depuis mardi
& Mariotti veut me faire prendre une purge dès demain au jour, il
dit que la grande chaleur qu'il fait l'aidera à fouhait. Vous me
rendrez fatisfait au delà de mon fouhait, fi vous me rendez vifite
d'ici à dimanche; je vous montrerai quelques bagatelles comme les
païfages de Nogent que vous eftimés affez par cette raifon que j'en*

*deſſeins qu'il laiſſa à ſes amis ſe ſont montés à plus
de neuf mille livres.*

Mais ſon inſtabilité naturelle l'aïant encore

*fis les penſees en preſence de madame de Julienne à qui je baiſe les
mains tres reſpectueuſement.*

*Je ne fais pas ce que je veux, en ce que la pierre griſe & la pierre
de ſanguine ſont fort dures en ce moment, je n'en puis avoir d'autres.*

A. *WATTEAU.*

A MONSIEUR DE JULIENNE, DE LA PART DE WATTEAU.

De Paris, le 3 de ſeptembre.

Monſieur !

*Par le retour de Marin qui m'a apporté la venaiſon qu'il vous a
pleu m'envoier dès le matin, je vous adreſſe la Toile ou j'ai peinte
la teſte du ſanglier & la teſte du renard noir, & vous pourreꝛ les
depecher vers M. de Loſmenil, car j'en ai fini pour le moment. Je ne
puis m'en cacher, mais cette grande toile me resjouit & j'en attends
quelque retour de ſatisfaction de voſtre part & de celle de madame de
Julienne qui aime auſſi infiniment ce ſujet de chaſſe comme moi-
meſme. Il a fallu que Gerſaint m'ammenat le bon homme La Serre
pour agrandir la toile au coſté droit, ou j'ai ajouſté les chevaux
deſſous les arbres, car j'y éprouvais de la geſne depuis que j'y ai
ajouſté tout ce qui a eſté décidé ainſi. Je pense reprendre ce coſté la
dès lundi a midi paſſé, parce que dès le matin je m'occupe des pen-
ſées à la ſanguine. Je vous prie de ne pas m'oublier anvers madame
de Julienne à qui je baiſe les mains.*

A. *WATTEAU.*

A MONSIEUR DE JULIENNE.

Monſieur !

*Il a pleu à Monſieur l'Abbe de Noirterre de me faire l'envoi de
cette toile de P. Rubens où il y a les deux teſtes d'anges, & au deſſous*

fait quitter M. Vleughels il ne faifoit plus qu'errer de differens cotés. Elle le livroit auffi chaque jour à des connoiffances nouvelles. Le malheur voulut que parmi celles-ci il s'en trouva qui lui exagerèrent le fejour de l'Angleterre avec

fur le nuage cette figure de femme plongée dans la contemplation. Rien n'auroit feu me rendre plus heureux affurement fi je ne reftois perfuadé que c'est par l'amitié qu'il a pour vous & pour M. votre neveu, que Monfieur de Noirterre se deffaifit en ma faveur d'une auffi rare peinture que celle-là. Depuis ce moment ou je l'ai reçue, je ne puis refter en repos, & mes yeux ne fe laffent pas de fe retourner vers le pupitre ou je l'ai placée comme deffus un tabernacle!! on ne fauroit fe perfuader facilement que P. Rubens aie jamais rien fait de plus achevé que cette toile. Il vous plaira, Monfieur, d'en faire agréer mes véritables remerciements à Monfieur l'abbé de Noirterre jufques a ce que je puiffe les luy adreffer par moy-mefme. Je prendrai le moment du meffager d'Orléans prochain pour lui efcrire & lui envoïer le tableau du Repos de la Ste-Famille que je lui deftine en reconnoiffance.

Votre bien attaché amy & ferviteur, Monfieur!!

A. WATTEAU.

A MONSIEUR GERSAINT, MARCHAND SUR LE PONT NOTRE-DAME, DE LA PART DE WATTEAU.

Mon ami Gerfaint,

Oui, comme tu le défires, je me rendrai demain a diner, avec Antoine de la Roque, chez toi. Je compte aller à la meffe à dix heures à St Germain-de-Lauxerrois; & affurément je feroi rendu chez toi a midi, car je n'auroi avant qu'une feule vifite à faire à l'ami Molinet qui a un peu de pourpre depuis quinze jours.

En attendant, ton amy

A. WATTEAU.

ce fol enthou∫ia∫me, qu'on ne trouve en bien des gens, que parce qu'ils n'y ont jamais voïagé. Il ne lui en falloit pas davantage pour diriger ∫ur ce païs le de∫ir qui le dominoit ∫ans ce∫∫e de changer de lieu. Il partit en 1719, arriva à Londres, y travailla, mais s'y déplût bientôt, par la tri∫te vie qu'etant étranger ∫ans parler ni entendre la langue, il y menoit néce∫∫airement. Cependant quoique francois, il y fut a∫∫és accueilli & ne lai∫∫a pas de ∫aire ∫es affaires du coté de l'utile. Mais au bout d'environ un an, les brouillards & la fumée du charbon de terre qu'on y re∫pire, altererent en lui une ∫anté que dans la verité un air plus pur ne nous auroit jamais con∫ervée long tems : car des avant le voïage il avoit la poitrine attaquée[1]. *Il revint donc en France & à Paris.*

1. On trouve dans l'Œuvre de Watteau de la Bibliothèque nationale une planche curieuse, dessinée à Londres par lui, et gravée seulement en 1739 par Arthur Pound. C'est le portrait du docteur Misaubin, un docteur long comme une maladie, tenant de la main droite un tricorne d'où s'échappe le long crêpe dans lequel Hoffmann fera trébucher le conseiller Krespel ; tout autour du maigre docteur, des tombeaux, des sarcophages et un terrain semé de têtes de morts. Mariette a écrit au bas de sa fine et calomnieuse plume : « C'étoit un chirurgien françois réfugié en Angleterre, grand charlatan qui

L'âge & les maladies ont rarement servi à diminuer nos defauts. Wateau *plus vieux qu'un autre par le caractere de son esprit & toujours plus malade depuis son retour devint encore plus incommode à lui même qu'il ne l'avoit jamais été. Les lieux qui autrefois lui plaisoient le plus, les hommes, ses amis même lui devinrent insupportables. Il imagina que l'air de la campagne lui feroit du bien. L'abbé* Haránger *qui étoit du nombre de ces derniers lui fit prêter par* M. Le Fevre *alors intendant des Menus & aujourd'hui*

se vantoit d'avoir des pilulles, remède immanquable contre la v..., lui seul en étoit persuadé, car, avec ces pilulles qui devoient faire, à ce qu'il disoit, la fortune de sa famille après sa mort, notre docteur étoit misérable et périssoit de faim. Watteau, qui peut-être avoit éprouvé l'insuffisance du remède, dessina cette charge dans un café pendant son séjour à Londres. » Eh! non, ce n'est pas ce que vous voudriez bien dire, charitable Mariette ; c'est l'innocente plainte d'un pauvre diable de corps très vertueux contre l'insuffisance de la médecine. C'est, reprise par Watteau, la triste plaisanterie de Molière qui se meurt, jouant les médecins. Mourant, Watteau armera encore ses crayons contre le corps guérisseur qui ne défend de la mort ni les poëmes commencés, ni les tableaux ébauchés. A Nogent, le voilà, bien malade, qui crayonne la Faculté bâtée, dans le cortége de ces amusants Purgons, qui font tant rire les enfants ; et il ne laisse échapper le cri de son mal, de ses douleurs, de son agonie, qu'au bas de la caricature :

« Qu'ai-je fait, assassins maudits? »

un de vos honoraires ſa maiſon de Nogent auprès
de Vincennes. Au point ou étoit venu ſa maladie
il n'y fît que languir, & toutes fois méditoit
encore un nouveau changement qu'il eût executé
ſi ſes forces l'avoient pu permettre. Il vouloit
aller reprendre ſon air natal. On pourroit ne le
point accuſer d'inconſtance par rapport à ce der-
nier projet. C'eſt preſque toujours la reſſource
finale des malades de langueur; reſſource autori-
ſée, même provoquée par les medecins, quand il
ne ſcavent plus que dire lorſque la propoſition des
eaux ou les eaux elles mêmes n'ont pas reuſſi. La
mort ne lui en laiſſa pas le tems & l'enleva le
18 juillet 1721, agé de 37 ans[1]. *Il mourut avec*

1. La mort de Watteau laissa un regret au cœur de ses
amis, les amateurs. M. de Julienne plaça en tête des eaux-
fortes, d'après les dessins de Watteau, une notice pieuse. Crozat
écrivait le 11 août 1721, à la Rosalba : « Nous avons perdu le
pauvre Watteau qui a fini ses jours le pinceau a la main. Ses
amis qui doivent publier un discours sur sa vie et son rare
mérite, ne manqueront pas de rendre hommage au portrait
que vous lui avez fait a Paris, quelque tems avant sa mort. »
Watteau avait retrouvé dans la Rosalba l'accent et la couleur
de ces maîtres vénitiens qu'il aurait voulu voir chez eux;
et le 20 septembre 1719, il faisait écrire par son ami Vleughels
a la Vénitienne : — « Nous avons ici beaucoup d'appreciateurs
qui estiment infiniment votre talent... Un excellent homme,
M. Watteau duquel vous aurez sans doute entendu parler a le

tous les sentimens de religion qu'on pourroit désirer & les derniers jours de sa vie il s'occupa à

plus grand désir de vous connaître, et d'avoir un petit ouvrage de votre main, en échange il vous enverroit un des siens, ou s'il ne pouvoit l'équivalent... C'est mon ami, il demeure avec moi, il me prie de vous presenter ses respects les plus humbles et desire une réponse favorable. » La Rosalba fit mieux que ce que pouvait attendre Watteau; elle vint à Paris et fit le portrait de Watteau. *Diario da Rosalba Carriera*, Venezia, 1793. Ce portrait fut vendu en 1769 a la vente de Lalive de Jully, 123 livres. — Mariette seul écrivait séchement et sans amitié : « Antoine Watteau, né a Valenciennes, en 1684, est mort en 1721. Après être sorti de chez Gillot, il entra chez Claude Audran, célèbre peintre d'ornements qui, en qualité de concierge, demeuroit au Luxembourg, et qui se servoit utilement de Watteau pour enrichir de ses figures agréables les compositions d'ornements dont il fournissoit les dessins, et pendant ce temps la Watteau eut occasion de voir et d'étudier les peintures de Rubens qui sont au Luxembourg, d'en connoitre la magie, et de la faire passer dans ses tableaux, alors il put se produire et montrer tout ce qu'il valoit. Son genre de peindre fut gouté, il fut reçu avec applaudissements à l'Academie, chacun s'empressa pour avoir de ses ouvrages ; M. Crozat le jeune lui proposa de peindre un appartement chez lui et Watteau l'accepta d'autant plus volontiers qu'il crut ne devoir pas perdre une si belle occasion qui le mettoit a portée de puiser de nouvelles connoissances dans les desseins et les tableaux des grands maîtres dont cette maison étoit remplie. Il n'y demeura pourtant pas longtems. Son inconstance lui faisoit changer de domicile a chaque instant. Il demeuroit avec Vleughels dans la maison du neveu de M. Le Brun sur les fossés de la Doctrine chrétienne, lorsque des idées de fortune le

peindre un Chrift en croix pour le curé de

firent passer a Londres où il travailla peu et dont il revint
traînant avec lui l'ennui et le dégout qui l'accompagnoient
partout. Une santé absolument délabrée; le spectacle affreux
d'une mort prochaine aggraverent ses maux, il se retira chez
un ami au village de Nogent, près Vincennes, et il y mourut.
Une des personnes avec laquelle il fut lié le plus intimement
fut M. de Julienne, qui pendant un tems, posséda lui seul
presque tous les tableaux qu'avoit peints Watteau. Ce peintre
mettoit de la finesse dans son dessin sans avoir jamais pu
dessiner de grande manière. La touche de son pinceau de
même que celle du crayon est des plus spirituelles, les tours
de ses figures des plus agréables, ses expressions affez com-
munes mais gracieuses, sa couleur brillante, son travail léger.
Il eut un malheur ce fut celui de se dégouter trop aisement de
ce qu'il avoit fait. On lui a vû effacer des parties de tableaux
heureusement pensées et aussi heureusement exécutées pour
leur subsittuer quelquefois d'autres choses fort inférieures. Il
n'était point curieux de la propreté, et cela joint au trop
grand usage qu'il fit de l'huile grasse, a beaucoup nui a ses
tableaux. Presque tous ont perdu. Ils ne sont plus du ton
qu'ils avaient lorsqu'ils sont sortis de ses mains. » Note manuscrite de l'*Abecedario* de Mariette. Bibl. Imp. Cabinet des
estampes.

Le *Mercure*, qui ne s'occupait guère de la mort des artistes,
enregistra en ces termes la mort de Watteau, août 1721 :
« ... Le gracieux et élégant peintre dont nous annonçons la
mort, étoit fort distingué dans sa profession. Sa mémoire sera
toujours chère aux vrais amateurs de la peinture. Rien ne le
prouve mieux que le prix excessif auquel sont aujourd'hui ses
tableaux de chevalet et petites figures. »

Plus de vingt ans après la mort de Watteau, ce que le

Nogent[1]. *Si ce morceau n'a pas la nobleſſe*
& l'élegance qu'un tel ſujet exige, il a du moins

Mercure appelle « prix excessif » n'avait guère monté. A la
vente de Quentin de Lorangère (1744), *Un concert* de 2 pieds
10 pouces 1/2 de large sur 2 pieds de haut fut vendu 361 liv.
Un jeu d'enfants, original de Watteau, de 2 pieds 2 pouces 3/4
de large, sur un pied 8 pouces 1/2 de haut, fut adjugé 46 liv.
— Un petit tableau peint sur bois représentant une scène de
tragédie de huit pouces et demi de large sur 6 pouces et demi
de haut n'atteignit que 37 liv. 5 sols, à la vente du chevalier
de La Roque (1745). — *Les Fatigues et Délassements de la*
Guerre, gravés par Crépy, furent adjugés à Gersaint pour
680 liv., à la vente de M. de Julienne (1767). *Les Fêtes véni-*
tiennes, gravées par Cars, vendues 2,615 liv. *La Sérénade ita-*
lienne, gravée par Scotin, 1,051 liv. *L'Amour désarmé*, gravé
par Audran, 499 livres 19 sols. *Un mezzetin jouant de la guitare*
dans un jardin, 700 livres un sol. *Le Dénicheur de moineaux*,
gravé par Boucher, 175 liv. Le portrait de Watteau à mi-
corps peint par lui-même, 24 liv. — A la vente Blondel de
Gagny (1776), *les Occupations selon l'âge*, peinture sur vélin,
vendues 2,999; *les Champs-Élysées*, 6,515. Alors commençait à
être seulement reconnue la valeur de Watteau, et à la vente
de Randon de Boisset (1777), *les Fêtes vénitiennes* provenant du
cabinet de M. de Julienne montaient à 5,999 livres 19 sols,
et *la Sérénade italienne*, sortie du même cabinet, était poussée
à 2,600 liv.

1. Le curé de Nogent, cette bonne figure de curé que
Watteau avait fait innocemment grimacer sous l'habit de
Gilles, l'exhortant à la mort et lui présentant un crucifix gros-
sier, Watteau lui dit : *Otez-moi ce crucifix, il me fait pitié ;*
est-il possible qu'on ait si mal accommodé mon maître? — *Abrege*
de la vie des plus fameux peintres, par d'Argenville.

l'expreſſion de douleur & de ſouffrance qu'éprou-
voit le malade qui le peignoit.

    Wateau *avoit le cœur droit & ſa réſignation*
a dû être ſincere. D'ailleurs il n'étoit emporté
par aucune paſſion, aucun vice ne le dominoit
& il n'a jamais fait aucun ouvrage obſcène. Il
pouſſa même la delicateſſe juſqu'à deſirer quelques
jours avant ſa mort de ravoir quelques morceaux
qu'il ne croïoit pas aſſés éloignés de˙ce genre,
pour avoir la ſatisfaction de les bruler; ce qu'il
fit.

    Au reſte *il étoit de moïenne taille, il n'avoit*
point du tout de phiſionomie, ſes yeux n'indi-
quoient ni ſon talent ni la vivacité de ſon eſprit.
Il étoit ſombre, mélancolique comme le ſont tous
les atrabilaires, naturellement ſobre & incapable
d'aucun excès. La pureté de ſes mœurs lui per-
mettoit à peine de jouir du libertinage de ſon
eſprit, & on s'en appercevoit rarement dans ſes
diſcours [1].

---

   1. Voici le portrait que Gersaint fait de Watteau : « Watteau étoit de moyenne taille et d'une foible constitution, il
avoit le caractere inquiet et changeant, il étoit entier dans ses
volontés, libertin d'esprit, mais sage de mœurs; impatient,
timide, d'un abord froid et embarrassé, discret et reservé avec

M. l'abbé Fraguier *fi connu par fon efprit & fon goût pour les lettres a honoré la memoire de* Wateau *par une epitaphe en vers latins que je vais avoir la fatisfaction de depofer ici. Il me l'avoit donnée, et ne prevoïant pas l'ufage que je puis en faire aujourd'hui, j'en avois fait prefent à M. de Julienne pour la rapporter à la fin de fon abregé de la vie de* Wateau. *Elle eft digne de vos faftes & je la joins ici comme un bien qui vous appartient. Cependant elle a été faite avec quelques circonftances que je crois devoir vous communiquer.*

Les *ouvrages de* Wateau *plaifoient generale-*

les inconnus, bon mais difficile ami; misantrope, même critique malin et mordant, toujours mécontent de lui même et des autres et pardonnant difficilement; il aimoit beaucoup la lecture; c'étoit l'unique amusement qu'il se procuroit dans son loisir; quoique sans lettres il decidoit assez sainement d'un ouvrage d'esprit. » — (*Cat. de Lorangère.*) — Voici le portrait que fait de Watteau M. de Julienne : « Watteau etoit de moyenne taille et de constitution foible, il avoit l'esprit vif et pénétrant, et les sentiments élevés, il parloit peu, mais bien et écrivoit de même, il méditoit presque toujours ; grand admirateur de la nature et de tous les maîtres qui l'ont copiée, le travail assidu l'avoit rendu un peu mélancolique. D'un abord froid et embarrassé, ce qui le rendoit quelquefois incommode à ses amis et souvent à luy même, il n'avoit point d'autre défaut... »

I.   5

ment à tout le monde, étant à la mode, cela n'eſt
pas étonnant. Mais il eſt des hommes d'un ordre
·ſuperieur dont il eſt toujours glorieux d'avoir
merité le ſuffrage. Celui dont il s'agit ici le ſera
à jamais à la memoire de Wateau. Pendant qu'il
vivoit, j'avois ſouvent vu ſes ouvrages exciter en
M. l'abbé Fraguier un certain raviſſement qui
prouvoit bien l'etendue & la ſageſſe de ſon gout.
Sa profonde erudition en ce qui concerne la peinture ancienne & tout ce qu'elle offre de ſujets
d'admiration, ne l'empêchoit pas de rendre juſtice
& d'être ſenſible aux talens de ce maître moderne.
A ſa mort je fus témoin des regrets qu'il en fit,
& de l'éloge ſur leſquels il les fondoit, en preſence de pluſieurs ⸢dignes amis qui s'aſſembloient
ordinairement chez lui, éloge prononcé avec une
ſi grande abondance de ſentiment qu'elle me ſaiſit
& me porta à lui dire avec chaleur que s'il vouloit
bien l'écrire Wateau étoit immortel.

Il y conſentit; mais exigea de moi que pour y
proceder avec plus de juſteſſe je lui donnaſſe une
eſpece de caunevas des points eſſentiels & diſtinctifs
du merite de Wateau. Charmé de procurer à un
artiſte que j'avois aimé, l'honneur d'être celebré
par un ſcavant d'un goût ſi reconnu, j'écrivis ſuc-

cin&tement ce que fa modeflie voulut bien m'impo-
fer ainfi. Elle m'a toujours paru fi admirable
dans un homme auffi fuperieur qu'il l'étoit que
j'ai cru ne devoir pas vous laiffer ignorer ce trait.

La fituation ou je le trouvai peu de jours
après ne me paroit pas moins digne de vous être
rapporté.

Il avoit *emprunté un des tableaux de* Wateau
*qui l'affeEtoit le plus & l'avoit placé devant lui en
compofant les beaux vers dont nous lui fommes
redevables*[1]. J'avoue que cette facon de s'infpirer
d'après le tableau me frappa; & me parut offrir
un bel exemple de la maniere que les peintres
doivent à leur tour copier les poetes. L'union des
deux mufes me fit voir en ce moment un tableau
bien agreable & bien flateur pour la peinture.

Heureux les peintres qui meritent affés des
gens de lettres pour les infpirer ainfi. Tout ce
qui vous rapprochera d'eux ; tout ce qui les unira
à vous, Meffieurs, eft un avantage reciproque que
mon attachement pour la peinture & mes fenti-
mens pour votre Académie me feront toujours
defirer avec ardeur.

1. Ces vers, sans aucune valeur, ont été publiés par M. de
Julienne dans son *Abrégé de la vie de Watteau.*

REPONSE

FAITE A MONSIEUR LE COMTE DE CAYLUS

A L'OCCASION DE CETTE VIE DE FEU M. WATTEAU

PAR M. COYPEL

Écuier, Peintre du Roi, Directeur de l'Académie

Monsieur

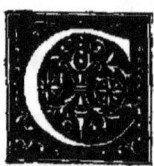E que nous venons d'entendre fait connoitre en vous le parfait ami & l'équitable connoiſſeur. Le connoiſ- feur a ſçu donner une juſte meſure aux loüanges. dont l'ami ſouvent eſt prodigue à l'exces.

Il faut en convenir, monſieur, ſans cette ſage modération, les éloges dictés par l'amitié peuvent devenir prejudiciables à ceux qu'elle veut exalter.

Nous bleſſons l'amour propre des gens qui

nous ecoutent, en leur parlant d'un homme dans
lequel nous ne voulons reconnoître aucun défaut,
& l'on ne blesse presque jamais l'amour propre
impunement.

Je dis plus, lorsque nous en usons ainsi, nous
devenons suspects aux auditeurs les plus modestes
& les plus desinteressés : puisque l'experience ne
nous prouve que trop l'impossibilité d'atteindre à
la perfection.

Enfin, monsieur, nous avons beau parler d'un
mort, quand il s'agit de citer ses rares talens le
sur moïen pour disposer ceux qui ont été ses
rivaux à nous croire & peut être à lui pardonner,
c'est de convenir comme vous venez de faire, de ce
que la critique pouvoit trouver à reprendre dans
ses ouvrages & même dans son caractere.

Expliquons nous cependant. Je ne pretens pas
dire qu'en pareil cas pour acquérir la confiance
que les hommes accordent à l'impartialité, l'on
doive ramasser avec legereté des anecdotes souvent fausses; capables de ridiculiser ou de flétrir
la memoire d'un illustre artiste. On se trompe bien
lourdement lorsqu'on imagine que pour rendre
un écrit de cette nature plus curieux, plus interes-
sant & plus recommandable, il soit besoin d'y

*inferer des chofes qui font meprifer, ou prendre
en horreur celui qui a confacré fes veilles pour
meriter nos fuffrages.*

L'écrivain *qui fuit ce faux principe attrifte le
lecteur. L'honnête homme eft affligé quand il fe
voit dans la néceffité de mefeftimer quiconque a fçu
lui plaire. Mais ce même honnête homme qui
gemit fouvent à la vue de fes propres imperfec-
tions n'eft pas toujours faché d'apprendre que
celui qui merita l'admiration du public n'étoit
pas abfolument exemt des defauts attachés à
l'humanité.*

Je le *redis encore, monfieur, dans ce que
nous venons d'entendre vous aves trouvé le point
jufte. Permettés moi d'ajouter que pour faire
l'eloge hiftorique de* M. Wateau *vous aves choifi
un genre d'écrire, qui pour les graces naïves
& fi j'ofe le dire pour les touches piquantes ne peut
fe comparer qu'à l'aimable genre de peindre
de cet excellent homme.*

Lecture a été faite par le fecrétaire fous-
figné de la vie de M. Watteau ci-devant
tranfcrite, après laquelle lecture de M. le
Directeur a adreffé à M. le comte de Caylus,

auteur de cette Vie, le Difcours en forme de reponfe ici rapportée de fuite. Le tout en l'affemblée tenue pour les conférences le 3 février 1748.

LEPICIE.

CHARDIN

CHARDIN

I.

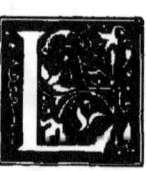ORSQU'ON entreprend de parler de l'art du XVIIIᵉ siècle, de toucher à la mémoire de ses artistes, il vous prend au seuil de cette étude un grand sentiment de tristesse, une sorte de mélancolique colère. Devant ce prodigieux exemple d'oubli, devant l'excès d'ingratitude et l'insolence de mépris d'une première postérité pour le grand siècle d'art de Louis XV, on se prend à douter des justices de la France. On se demande si la mode est tout notre goût, et si notre orgueil national lui-même ne relève pas de la mode avec la conscience de nos jugements. Quoi! se dit-on, c'est la France, la France si jalouse de ses

autres gloires, qui a négligé celles-là, sorties
pourtant toutes vives de son tempérament, de
son caractère, de ses entrailles, frappées à
l'image de tous ses traits! C'est la France qui,
pendant tout un demi-siècle, a refusé de
reconnaître les artistes vraiment nés d'elle, ses
maîtres français, les vrais fils de son esprit
et de son génie !

Et cela, pendant qu'autour de nous, les
nations voisines entouraient de leur admiration fervente, de leur culte pieux, leurs plus
petites célébrités d'art; pendant qu'à l'étranger, la popularité, la publicité, l'éloge, la
biographie, le bruit des ventes, l'argent du
grand seigneur et du banquier descendaient
aux moindres artistes, aux plus humbles déca-
dents nationaux! Là, point de retour, point
de changement, point de révolution de doctrine enterrant un genre ou un homme :
nulle immortalité n'y vieillit; et le temps, en
passant sur les œuvres et sur les noms, ne fait
que leur apporter cette consécration du respect
et de la tradition qui finit par repousser la critique comme une insulte et l'examen comme
un blasphème.

Reportons-nous au commencement de ce
siècle : le goût français fait amende honorable, désaveu public de tous les maîtres du
xviii° siècle, petits ou grands. Leurs œuvres
sont jetées à l'étalage des quais, moisissent au
plein vent des murs et des bornes, ou passent
à l'étranger et quittent cette France trop
pauvre aujourd'hui pour les racheter. Personne ne s'en inquiète, personne n'en veut,
personne ne les regarde. Les administrateurs
du Musée laissent retirer à cinq cents livres
le plus beau morceau du maître de Boucher.
l'*Hercule & Omphale* de Lemoine, cette éclatante page, le digne frontispice de la peinture du xviii° siècle. A peine s'il reste encore
quelques amateurs assez osés pour se laisser
tenter par le bon marché, pour acheter de
l'art de Louis XV; encore achètent-ils à la
dérobée, presque avec honte, cachant leur
achat comme une folie, un caprice, un libertinage de curiosité, une débauche de collectionneur. Et l'histoire de ces maîtres dont les
œuvres semblent quelque chose de compro-
mettant pour une galerie et de déshonorant
pour un mur, qui songe à la sauver? Elle

s'éteint peu à peu chaque jour, et on la laisse
s'éteindre avec les contemporains qui s'en
vont; les témoins meurent, les traditions
s'effacent; point de papier qu'on veuille perdre
à jeter des notes sur des artistes honnis et une
école pourrie dont nous enseignerons le mépris à l'étranger même.

Triste temps de goût correct! *L'Embarquement pour Cythère,* ce chef-d'œuvre des chefs-
d'œuvre de Watteau, cette toile enchantée où
l'esprit court dans des personnages comme une
flamme dans des fleurs, ce poëme de lumière
que l'on peut, dans n'importe quel musée,
approcher de n'importe quel tableau, l'*Embarquement pour Cythère,* savez-vous où il est
enfoui, caché, jeté? Dans une salle d'étude
de l'Académie, où il sert de point de mire aux
risées et aux boulettes de mie de pain des
rapins de David (1)!

Nul n'échappe à l'abandon, aux dégoûts de
l'époque, à ce parti pris d'injustice, à cette
conspiration d'aveuglement. Latour, ce grand

---

1. Lettres d'un artiste sur l'état des arts en France, etc.,
par P.-N. Bergeret. Paris, 1848.

peintre qui touche tous les yeux par la vie
du dessin, ce peintre de la physionomie française, Latour; que se vend-il? Les portraits de
Crébillon et de Mme de˙ Mondonville ont bien
de la peine à s'élever à 20 et à 25 livres; le
Rousseau assis sur une chaise, répétition de celui
que Latour avait fait pour le duc de Luxembourg, est retiré à 3 francs, prix qu'il ne par-
vient pas à dépasser. Et pour Chardin c'est
une dérision pareille. A la vente Lemoyne,
son *Dessinateur* et son *Ouvrière en dentelles* se
donnent pour 40 francs; à la vente Sylvestre,
les deux pastels du Louvre, son portrait et
celui de sa femme, combien les paye-t-on?
24 livres, et pas un sol de plus!

Mais, après tout, qu'importent les prix?
qu'importe la vogue? Avant cent ans, Watteau sera universellement reconnu comme un
maître de premier ordre; Latour sera admiré
comme un des plus savants dessinateurs qui
aient existé, et il n'y aura plus de courage à
dire ce que nous allons dire ici de Chardin,
qu'il fut un grand peintre.

II.

Les peintres de mœurs naissent volontiers et comme naturellement à Paris. Jean-Baptiste-Siméon Chardin y naquit le 2 novembre 1699 (1). Son père était un menuisier habile et renommé dans son métier, qui avait la spécialité de fournir au roi ces billards monumentaux dont une planche de Bonnart nous a gardé le dessin. Chargé de famille, il ne songeait qu'à mettre un gagne-pain aux mains de ses enfants. Il ne donna donc qu'une instruction tout ouvrière à Jean-Baptiste-Siméon, son aîné, qu'il destinait à sa profession, jusqu'au jour où la vocation de peinture du jeune

1. L'obligeance de M. Désaugiers nous permet de donner ici pour la première fois, d'après les Archives de l'état civil, tous les actes de la vie de Chardin. Voici son acte de naissance : « Paroisse de Saint-Sulpice, 1699. Ledit jour troisième novembre, a été baptizé Jean-Siméon, né le jour précédent, fils de Jean Chardin, maître-menuisier, et de Jeanne-Françoise David, sa femme, demeurant rue de Seine, maison du sieur Jean Chardin ; le parrain, Siméon Simonet, aussi menuisier, la marraine, Anne Bourgine, femme de Jacques Le Riche, menuisier, laquelle a déclaré ne sçavoir signer. »

homme commençant à éclater et à s'affirmer, il le laissait entrer, non sans résistance, à ce qu'on peut croire, dans l'atelier de Cazes, un peintre du Roi, alors fort en vogue.

Chez Cazes, rien n'apparaît du peintre que Chardin devait être. L'enseignement, du reste, était peu fait pour dégager son tempérament : on copiait des tableaux du maître, on dessinait le soir à l'Académie, et c'était tout. Rien n'y était donné à l'étude de la nature : l'exemple même du maître en détournait. Cazes, trop pauvre pour prendre modèle, peignait tout de pratique en s'aidant de quelques croquis de jeunesse. Chardin sortit de là, à peu près comme il y était entré. Il était dans sa destinée de tout s'apprendre à lui-même, de se former seul, de ne rien devoir à l'éducation.

Un hasard décida son génie. Noël-Nicolas Coypel, l'ayant fait appeler comme aide, lui donna à peindre un fusil dans le portrait d'un chasseur, en lui recommandant de le peindre avec exactitude. L'élève de Cazes avait cru jusque-là qu'un peintre devait tout tirer de sa tête. Étonné du soin mis par Coypel à poser et à éclairer le fusil, il se mit à l'œuvre :

c'était la première fois qu'il peignait d'après nature. La vérité, la lumière, la peinture, son art, le secret de voir et de peindre, tout cela lui apparut d'un coup, dans le rayon du jour, sur l'accessoire d'un tableau.

Une espèce de manœuvre travaillant aux gages d'un peintre connu, un jour peignant un accessoire dans un portrait, un autre jour employé à cent sols par jour à la restauration d'une galerie de Fontainebleau entreprise par Vanloo, voilà tout ce qu'est Chardin jusqu'ici. Une occasion le faisait bientôt connaître et commençait sa popularité dans la rue. Un chirurgien, ami de son père, l'ayant prié de lui faire une enseigne, un *plafond,* selon le terme du temps, pour sa boutique, Chardin, qui avait pu voir 'le tableau peint par Watteau pour l'enseigne de Gersaint, tentait une machine pareille, une scène animée et vivante du Paris de son temps, sur un panneau de quatorze pieds de largeur sur deux pieds trois pouces de hauteur. Il peignait un chirurgien-barbier, portant secours à un homme blessé en duel et déposé à la porte de la boutique [1]. C'est

1. *Mémoires inédits sur la vie et les ouvrages des membres de*

une foule, un bruit, un émoi! Le porteur d'eau
est là, ses seaux à terre. Des chiens aboient.
Un traîneur de *vinaigrette* accourt; par la por-
tière, une femme, celle peut-être pour laquelle
on a dégainé, se penche effarée. Les fonds sont
pleins d'un bourdonnement de badauds, d'une
presse de curieux qui se poussent, cherchent à
voir, à se dépasser de la tête. La garde croise
paternellement le fusil contre l'indiscrétion de
la curiosité. Le blessé, nu jusqu'à la ceinture,
avec son coup d'épée dans le flanc, soutenu
par une sœur de charité, est saigné par le chirurgien et son aide. Le commissaire, en grande
perruque, marche avec la lenteur grave de la
justice, suivi d'un clerc tout noir et tout
maigre. Tout cela va, vient, remue dans une
peinture de verve, heurtée et de premier coup,
dans un tapage de gestes et de tons, dans le
tumulte même et le hourvari de la scène
réelle. Aussi quelle foule, quel attroupement
et quel bel enthousiasme de peuple, lorsqu'un
matin l'enseigne apparaît, hissée au fronton de

---

l'Académie royale de peinture et de sculpture, par MM. Dussieux,
Soulié, Mantz, etc. Paris, Dumoulin, 1854, vol. II. « Éloge de
Chardin, » par Haillet de Couronne.

la boutique, avant que personne ne soit levé
dans la maison! Le chirurgien, que Chardin
n'a pas prévenu, demande ce qu'il y a et pourquoi tout ce monde : on l'amène devant l'enseigne. Il cherche ce qu'il avait commandé :
des trépans, des bistouris, l'étalage de tous les
outils de sa profession; il va se fâcher : l'admiration du public le désarme. De proche en
proche, le succès du tableau gagna, et ce fut
par cette enseigne que les académiciens firent
connaissance avec le nom et le faire de Chardin. Combien d'années la laissa-t-on accrochée
au-dessus de la boutique? Combien de temps
demeura-t-elle là où la place le *Journal des
Arts* [1], au bas du pont Saint-Michel? La
petite chronique des enseignes de Paris n'en
dit rien. Mais on la retrouve passant aux
enchères à la vente de Le Bas en 1783, où elle
est acquise pour 100 livres par Chardin, le
sculpteur et le neveu du peintre, qui, selon

1. N° IV, 25 pluviôse an VIII. — On pourrait se demander
si elle n'était pas déjà décrochée et en possession de Lebas,
lorsque celui-ci, en 1746, dans une lettre publiée par M. de
Chennevières (*Archives de l'Art français*, vol. III), charge son
ami Rehn de prier M. le comte de Tessin « de parler de ce
plafond de Chardin ».

une note manuscrite de notre catalogue,
« crut retrouver dans ce tableau tous les portraits des principaux membres de sa famille
que son oncle avait pris pour modèles ». Et ce
serait la dernière trace de l'enseigne du maître,
si un fin et délicat connaisseur, un heureux
chercheur, M. Laperlier, n'avait eu le bonheur
de mettre la main, non sur l'enseigne elle-
même, mais sur une esquisse, une maquette
du grand tableau, pochade franche, à toute
volée : c'est l'esprit et le feu des derniers
maîtres de Venise; les personnages n'y sont
que des taches, mais les taches y font penser
à Guardi.

La rue devait porter bonheur à Chardin. A
une autre exposition en plein vent, l'exposition
de la place Dauphine, le jour de la Fête-Dieu,
il se faisait remarquer par un tableau représentant un bas-relief en bronze où ses qualités
apparaissaient déjà et se jouaient dans le
trompe-l'œil. Jean-Baptiste Vanloo lui achetait ce tableau et le lui payait plus cher que
Chardin n'osait l'estimer. Au milieu de cela, il
restait modeste, et ne songeait guère à l'Académie. Plié aux idées de son père, bon

bourgeois qui s'honorait fort d'être membre
et syndic de sa communauté et qui ne désirait
à son fils d'autre avenir que la maîtrise dans
son état de peintre, il se laissait faire, avec
l'argent du menuisier, maître de l'Académie de
Saint-Luc. Ce fut la dernière réception dont
la petite Académie put s'enorgueillir.

En 1728, à une autre exposition de la place
Dauphine, il exposait, avec quelques autres
toiles, ce beau tableau de *la Raie* qu'on voit
aujourd'hui au Louvre. Devant ce chef-d'œuvre
et le peintre qu'il annonçait, les académiciens,
amenés là par la curiosité, cédaient au premier
mouvement d'admiration : ils allaient trouver
Chardin et l'engageaient à se présenter à
l'Académie [1]. Laissons ici la parole aux *Mémoires inédits sur la vie des membres de l'Académie royale :*

« Désirant pressentir les opinions des principaux officiers de ce corps, Chardin se permit
un innocent artifice : il plaça dans une petite
salle, comme au hasard, ses tableaux, et se tint
dans la seconde. M. de Largillière, excellent

1. Le *Nécrologe* de 1780. Éloge de Chardin.

peintre, l'un des meilleurs coloristes et des plus savants théoriciens sur les effets de la lumière, arrive; frappé de ces tableaux, il s'arrête à les considérer avant d'entrer dans la seconde salle de l'Académie, où était le candidat; en y entrant : « Vous avez là, dit-il, de « très-beaux tableaux; ils sont assurément de « quelque bon peintre flamand, et c'est une « excellente école pour la couleur que celle « de la Flandre; à présent, voyons vos ou- « vrages. — Monsieur, vous venez de les « voir. — Quoi! ce sont ces tableaux que...? « — Oui, monsieur. — Oh! dit M. Largillière, « présentez-vous, mon ami, présentez-vous. » M. Cazes, son ancien maître, trompé par cette même petite supercherie, accorda également un éloge des plus marqués, ne se doutant pas qu'ils fussent de son élève. On dit qu'il fut un peu blessé de ce tour, mais il lui pardonna aussitôt, l'encouragea et se chargea de sa présentation. Ainsi M. Chardin fut agréé avec un applaudissement général. Ce ne fut pas tout; comme M. Louis de Boullongne, directeur et peintre du Roi, entrait à l'assemblée, M. Chardin lui observa que les dix ou douze tableaux

qu'il exposait étaient à lui, et qu'ainsi l'Acadé_
mie pouvait disposer de ceux dont elle serait
contente. « Il n'est pas encore agréé, dit
« M. de Boullongne, et déjà il parle d'être
« reçu. Au reste, ajouta-t-il, tu as bien fait de
« m'en parler. » (C'était une habitude qu'il
avait de s'exprimer ainsi.) Il rapporta en effet
la proposition, elle fut saisie avec plaisir; l'Académie prit deux de ces tableaux; l'un, un buffet
chargé de fruits et d'argenterie; l'autre, le beau
tableau représentant une raie et quelques ustensiles de ménage, qui fait encore l'admiration
de tous les artistes, tant la couleur en est
fière, tant l'effet et le faire sont admirables! »

La réception de Chardin, reçu et agréé
comme peintre de fleurs, fruits et sujets à caractères, eut lieu le 25 septembre 1728 [1].

1. Chardin était fait conseiller le 28 septembre 1743; trésorier le 22 mars 1752, pensionnaire du Roi la même année.
La grâce qu'il enviait le plus, un logement aux galeries du
Louvre, lui était accordée en 1757. Le 30 janvier 1765, il était
nommé officier de l'Académie de Rouen, en remplacement de
Slodtz. — De 1752 à 1774, il exerçait la charge difficile de
trésorier, qu'il acceptait au moment où son prédécesseur, le
concierge de l'Académie, mourait en emportant une année de
revenu de la pension accordée par le Roi. Chardin remettait

III.

L'Académie ne s'était point trompée : c'était un maître que le peintre de *la Raie* [1], un maître qui allait être le grand peintre de la nature morte.

La nature morte, là en effet est pour ainsi dire la spécialité du génie de Chardin. Il a élevé ce genre secondaire aux plus hautes comme aux plus merveilleuses conditions de

l'ordre dans cette comptabilité dérangée, et remplissait consciencieusement sa charge jusqu'en 1774, où, fatigué du travail qu'elle lui donnait à lui et à sa femme, il donnait sa démission. Vingt ans aussi Chardin exerça une charge non moins difficile et bien plus délicate, la charge de tapissier du Louvre, d'arrangeur et d'ordonnateur du Salon. Il eut là affaire à bien des vanités, ne mécontenta personne et s'attira l'éloge universel par la place modeste qu'il donnait à ses propres tableaux.

1. Le Musée du Louvre possède de Chardin, sous le n° 96, cette raie sous le titre : *Intérieur de cuisine*. Il possède encore de lui : n° 97, fruits sur une table de pierre ; 98, *la Mère laborieuse* ; 99, *le Bénédicité* ; 100, lapin et ustensiles de chasse ; 101, ustensiles de cuisine ; 102, ustensiles de cuisine ; 103, *le Singe antiquaire* ; 104, les attributs des arts. (Notice des tableaux de l'école française, par M. Villot, 1858.) Les numéros 100, 101, 102 et 103 ont été acquis sous l'administration de M le comte de Nieuwerkerke.

l'art. Et jamais peut-être l'enchantement de la peinture matérielle, touchant aux choses sans intérêt, les transfigurant par la magie du rendu, ne fut poussé plus loin que chez lui. Dans ses tableaux d'animaux, ses lièvres, ses lapins, ses perdrix, dans ce qu'on appelait au xvIII^e siècle des *retours de chasse,* quel maître n'égale-t-il pas? Fyt lui-même, plus spirituel, plus piquant, plus amusant à l'œil, plus détaillé de plume et de poil, lui cède en force, en solidité, en largeur de travail, en vérité d'effet. Les fruits, les fleurs, les accessoires, les ustensiles, qui les a peints comme lui? Qui a rendu, comme il la rend, la vie inanimée des choses? Qui a donné aux yeux une pareille sensation de présence réelle des objets? Chardin semble entrer, comme le soleil, dans la belle et sombre petite cuisine de Willem Kalf. C'est une magie à côté de laquelle tout pâlit et tous faiblissent, Van Huysum et ses herbiers de fleurs sèches, de Heem et ses fruits sans air, Abraham Mignon et ses pauvres bouquets, minces, découpés, métalliques.

Sur un de ces fonds sourds et brouillés qu'il sait si bien frotter et où se mêlent vaguement

des fraîcheurs de grotte à des ombres de buffet, sur une de ces tables à tons de mousse, au
marbre terreux, habituées à porter sa signature,
que Chardin verse les assiettes d'un dessert,—
voilà le velours pelucheux de la pêche, la transparence d'ambre du raisin blanc, le givre de
sucre de la prune, la pourpre humide des
fraises, le grain dru du muscat et sa buée
bleuâtre, les rides et les verrues de la peau
d'orange, la guipure des melons brodés, la
couperose des vieilles pommes, les nœuds de
la croûte du pain, l'écorce lisse du marron,
jusqu'au bois de la noisette. Tout cela est là
devant vous, dans le jour, dans l'air, comme à
portée de la main. Chaque fruit a la saveur de
ses couleurs, le duvet de sa peau, la pulpe de
sa chair : il semble tombé de l'arbre dans la
toile de Chardin. Puis au travers de ce bouquet
d'été et d'automne, ce seront des soupières de
Saxe à fleurettes [1], de massives argenteries,
des bocaux d'olives, des bouteilles trapues
remuant dans leurs flancs de verre, l'or des
liqueurs ou les lueurs de sang du vin, mille

1. Voir le beau tableau de M. Lacaze, intitulé *l'Office*.

objets de table sur lesquels le peintre fera jouer, en un petit carré lumineux barré d'ombre, le jour et la croix de la croisée.

Chardin fait tout ce qu'il voit.

Rien n'humilie ses pinceaux. Il touche au garde-manger du peuple. Il peint le vieux chaudron, la poivrière, l'égrugeoir en bois avec son pilon, les meubles les plus humbles. Nul morceau de nature qu'il méprise. Il attaquera dans une heure d'étude un carré de côtelettes de mouton; et le sang, la graisse, les os, le nacré des nerfs, la viande, sa brosse exprimera tout, et de ses empâtements suintera comme le suc des chairs. C'est à peine s'il se donnera le travail de composer son tableau : il y jettera la vérité toute simple, ce qu'il aura sous les yeux, sous la main. Un gobelet d'argent et quelques fruits autour, rien que cela, c'est un admirable tableau de lui. Le brillant, l'éclair du gobelet n'est fait que par quelques touches de blanc égratignées de pâte sèche; dans les ombres, il y a de tous les tons, de toutes les colorations, des filées d'un bleu presque violet, des coulées de rouge qui sont le reflet des cerises contre le gobelet, du brun

rouge effacé et comme estompé dans des ombres d'étain, des piqûres de rouge, de jaune,
jouant dans des touches de bleu de Prusse, un
rappel continu de toutes les couleurs ambiantes
glissant sur le métal poli du gobelet. Étudiez un
autre tableau de lui, aussi simple, aussi plein de
lumière et d'harmonie : c'est un verre d'eau
entre deux marrons et trois noix; regardez un
peu longtemps, puis reculez-vous de quelques
pas, le verre tourne, c'est du verre, c'est de
l'eau, c'est la couleur sans nom faite de la
double transparence du contenu et du contenant. A la surface de l'eau, au fond du verre,
c'est le jour même qui joue, tremble et se noie.
Les gammes les plus tendres, les variations les
plus fines du bleu tournant au vert, une infinie
modulation d'un certain gris glauque, cristallin
et vitreux, une touche partout rompue, des
lueurs s'éveillant dans des ombres, de pleines
lumières posées comme au doigt sur le bord
du verre, c'est tout ce qu'on voit en s'appro-
chant de la toile. Ici, dans ce coin, ce n'est
qu'un torchis de pinceau, le coup d'une brosse
qu'on essuie, et voilà que dans ce torchis une
noix s'ouvre, se recroqueville dans sa coque,

montre tous ses cartilages, apparaît dans tous
ses détails de forme et de ton.

Mais encore, voyez ces rares bouquets qui
sont comme les fleurs de sa palette, et où le
peintre éclate de façon à effacer et à éteindre
tous les autres copieurs de la Flore ; voyez ces
deux œillets : ce n'est rien qu'une égrenure de
blanc et de bleu, une espèce de semis d'émail-
lures argentées en relief ; regardez-les attentivement, d'un peu loin, et bientôt les fleurs se
lèvent de la toile ; le dessin feuillu de l'œillet,
le cœur de la fleur, son ombre tendre, son
chiffonnage, son déchiquetage, tout s'assemble
et s'épanouit [1]. C'est là le miracle des choses
que peint Chardin : modelées dans la masse
et l'entour de leurs contours, dessinées avec
leur lumière, faites pour ainsi dire de l'âme
de leur couleur, elles semblent se détacher de
la toile et s'animer, par je ne sais quelle mer-
veilleuse opération d'optique entre la toile et
le spectateur, dans l'espace.

[1]. Ces œillets, possédés par M. Eudoxe Marcille, ne sont
comparables qu'au merveilleux bouquet de tubéreuses et de
pois de senteur dans un vase du Japon, appartenant à M. Camille Marcille.

IV.

Chardin peignit longtemps des natures mortes, sans oser s'élever plus haut, s'attaquer à la peinture des personnages et des sujets vivants. Il vivait alors en grand compagnonnage avec le portraitiste Aved, le camarade, l'ami de toute sa vie, dont il a laissé le portrait — c'est un détail fort ignoré — dans ce tableau du philosophe en habit et en bonnet fourré, lisant un gros livre relié en parchemin, exposé au Salon de 1753 [1]. Chardin se trouvait avec lui; une dame vint demander à Aved son portrait jusqu'aux genoux : elle lui offrait quatre cents livres. Aved trouve la somme trop modique et refuse. Chardin, habitué à des prix plus modestes, insiste auprès de lui pour qu'il ne laisse pas échapper cette occasion, disant que quatre cents livres sont toujours bonnes à gagner. « Oui, lui dit Aved, si un portrait était aussi facile à faire qu'un saucisson. » Chardin, à ce moment, était occupé à couvrir un

1. *La Bigarrure*, vol. 9.

devant de cheminée. Il n'avait rien trouvé de
mieux que d'y peindre franchement, belle-
ment, et de sa large touche, une table avec
sa nappe blanche; au bas, un broc et une bou-
teille dans un seau à rafraîchir; sur la table,
deux verres, dont l'un est renversé, un couteau et un saucisson dans un plat d'argent [1].
Piqué du mot d'Aved, peut-être aussi craignant
de fatiguer le public avec un genre froid et
de voir passer la mode s'il ne se renouvelait,
Chardin se promettait d'aborder la figure, et
bientôt il se découvrait une nouvelle vocation [2].

Pourtant, ne nous fions point trop à
cette anecdote. Qu'on feuillette attentivement
l'œuvre de Chardin; le passage du peintre, de
la nature morte à la nature vivante, ne semble
point avoir eu cette soudaineté. Deux grands
singes au museau taché de noir, un macaque
antiquaire plongé dans la contemplation d'une
médaille avec le recueillement méditatif du
collectionneur et du savant; un autre, travesti

1. Ce devant de cheminée est aujourd'hui dans le cabinet
de M. Laperlier.
2. Abecedario, de Mariette. — Mémoires de la vie des Académiciens.

en peintre, armé de l'appui-main et peignant
académiquement d'après la bosse, nous montrent dès 1726, c'est la date qu'on lit sur un
carton, comme l'essai du genre animé chez le
tout jeune peintre[1]. Le singe paraît lui servir de transition et de premier modèle. Chardin touche à la bête humaine comme à un
commencement de personnage et à une ébauche
de figure. Mais il y a, contre l'assertion de
Haillet de Couronne, plus que ces deux singes.
Avant tous ses tableaux exposés, avant sa
veine bourgeoise, et pour ainsi dire précédem-
ment à son genre, Chardin avait peint,
en 1732, selon l'indication de la gravure, une
petite toile de figure qui promet, chose singulière, un tout autre peintre que celui qu'il
devait être[2]. Et comment, sans le nom

1. Deux répétitions de ces deux singes, appartenant à
M. Garnier-Courtois, ont été exposées, en 1858, à Chartres;
un exemplaire du singe peintre est encore dans la collection de
M. Lacaze.
2. Ce tableau de figure paraît à l'exposition que fait Chardin, en 1734, à la place Dauphine, exposition où l'on voit déjà
de lui des jeux d'enfants au milieu de natures mortes et de
trophées d'animaux. Chardin avait seize tableaux à cette exhibition. (*Mercure de France*, juin 1734. Note communiquée par
M. E. Bellier de La Chavignerie.)

I. 7

inscrit au bas de la planche, nommer Chardin devant ce tableau de grâce et de coquetterie, ces étoffes d'où s'exhale comme une odeur
d'ambre, cette jolie figure aux cheveux courts
et *tignonnés*, d'où s'envole un rien de dentelle,
ce profil fuyant et perdu dans une douceur
d'ombre, ce col chatouillé d'un fil de perles,
l'avance provocante de cette jolie femme, tendant dans une fièvre d'amour la cire à la
flamme trop lente de la bougie qu'allume un
laquais auquel la gravure dit :

> Hâte-toi donc, Frontain, vois ta jeune maîtresse,
> Sa tendre impatience éclate dans ses yeux;
> Il lui tarde déjà que l'objet de ses vœux
> Ait reçu ce billet, gage de sa tendresse.
> Ah! Frontain, pour agir avec cette lenteur,
> Jamais le dieu d'amour n'a donc touché ton cœur?

Et autour de cette femme, qui n'est que
volupté, tout flotte, joue, se chantourne dans
la richesse et l'élégance. Les ors soutachent
le tapis; les ornements s'enroulent au montant
du fauteuil doré à fond canné; des glands qui
retombent retroussent au plafond un dais de
brocart. Il y a de l'opulence dans le laquais à
grande houppelande, une sveltesse de race

dans la levrette qui gratte avec l'ongle la soie
de la grande robe rayée où se dénoue la taille
de sa maîtresse[1].

Dans le même temps, dès 1725, un peintre
d'histoire s'était tourné vers cette représentation des élégances et des coquetteries du temps.
Il avait peint la beauté, le plaisir, l'amour du
plus haut monde de la Régence, avec une
sorte de richesse magistrale. Son pinceau avait
rendu la grandeur de goût des plis, des étoffes,
des ajustements, des intérieurs. Il avait su
chiffonner la dentelle des *engageantes*, étaler

1. M. Dussieux, dans ses *Artistes français à l'étranger* (1856),
indique ce tableau comme figurant à la galerie grand-ducale
de Carlsruhe. Une esquisse en existe à Paris dans le cabinet de
M. Peltier. Le manteau de lit de la femme est d'une étoffe
à bande verte et blanche, la bande verte accompagnée d'une
raie rouge. La jupe est bleue. Des tons rompus, d'un violet
tendre, jouent dans la houppelande du domestique. Le profil de
la femme, cerclé de noir, est d'une brutale indication; mais sa
joue et son cou ont la coloration sanguine et dorée des chairs
du maître. Ce petit tableau a été acheté à la vente d'Houdetot.
Il provient de la vente Hubert-Robert (5 avril 1809), où il
était catalogué avec cette note de l'expert Paillet : « Dans un
appartement deux figures, dont une dame se disposant à cacheter une lettre, tandis que son valet lui allume une bougie.
Le costume qui tient à celui de feu madame Geoffrin rend ce
morceau curieux et original. »

superbement les jupes, faire bouillonner les négligés derrière le dos des Philis, les évaser sur leurs jambes en large éventail. Dans *le Pied de bœuf, la Lecture sous bois, la Déclaration à la Fontaine,* dans *la Toilette pour le bal et le Retour du bal,* le peintre Detroy avait déjà supérieurement exprimé la volupté lâche, molle, abandonnée de ce moment de l'histoire qui, au physique et au moral, semble le déshabillé du règne de Louis XIV. Rien d'aisé, d'exquis, de magnifique comme la façon dont il retrousse une mule, charge un gilet de ramageures d'or, sème les boutons de diamants sur un peignoir, drape un ample domino, dessine ce Décaméron d'un Palais-Royal, enveloppe ces figures de ce nuage de linge dans lequel elles rient avec un air de nonnes galantes et d'abbesses de Chelles. Évidemment il y a là dans ce tableau de la dame qui cachette une lettre, peut-être moins unique qu'on ne le croit dans la carrière de Chardin, une hésitation, un tâtonnement de sa vocation, une tentation et une séduction de Detroy.

Quoi qu'il en soit, la première tentative de

Chardin, dans son vrai genre, fut un jeune homme, une sorte de grand dadais adolescent qui fait des *bouteilles de savon*[1], sincère et naïve étude d'après nature, un peu plate, sans accent dans les chairs, et dans laquelle Chardin s'était donné les difficultés d'une grande figure, difficultés qui demeurèrent presque toujours pour le peintre un écueil. Je placerais volontiers dans ces commencements et ces essais du peintre de figures, un autre assez grand sujet[2] tout à fait inconnu, qui a comme un avant-goût de Fragonard. C'est une petite fille en fanchon blanche, en casaquin vert, les manches retroussées aux coudes, le tablier blanc, la jupe rose, assise dans un coin de chambre et tendant une gimblette à un petit épagneul faisant le beau. C'est du Chardin, mais du Chardin délayé. Sa couleur grasse bave dans les chairs. On ne le retrouve franc, fin et fort, sûr de sa touche, que dans la toilette faisant presque tout le fond de la scène, la serviette, la brochure, le flacon de verre posés dessus et perdus dans les harmonies de sa

1. Ce tableau appartient à M. Laperlier.
2. Possédé par M. Guilmard.

palette. Mais tout son talent, un talent ferme
et dégagé, à l'aise dans de plus petites dimen-
sions, en pleine possession de son cadre, de ses
personnages, de son faire, nous le trouvons
dans *la Fontaine*[1] que lui commandait le
chevalier de Laroque et que gravait Cochin;
nous le trouvons à tous les coins de l'éclatante
petite toile, dans ces blancs si rompus et si
clairs pourtant du bonnet et du casaquin de la
femme penchée et tournant le robinet, dans la
chaleur de ce bout de profil plein de sang
et de santé, où commence la ruisselante coloration de ses chairs en plein soleil, dans la
bigarrure du cotillon, dans ce travail de brosse
qui rend le treillis de la grosse toile et le duve-
teux de la laine. Prenons garde d'oublier ce
remarquable caractère que Chardin va désor-
mais donner à toutes ces scènes par le rendu
de l'accessoire et du meuble. Fontaines, four-
neaux, poêlons, réchauds, brocs, dévidoirs,
pelotes à épingles, écrans, paravents, encoi-
gnures, jusqu'aux raquettes et aux quilles des
enfants, tout a dans ses tableaux une consis-

1. Un exemplaire de ce tableau est dans le cabinet de
M. E. Marcille.

tance et comme une intensité de réalité. Tout prend sous sa main, sous son dessin noueux et ressenti, je ne sais quelle solidité, quelle ampleur turgescente. Il étoffe le sac à ouvrage, il fait saillir les côtes de la cruche pansue, il assied l'armoire dans sa massiveté, il peint le chaudron dans son puissant bosselage ; et par le gras du contour, par la carrure des lignes, par une sorte d'épaisseur robuste et de grandeur naturelle, les choses dans ses tableaux à personnages arrivent à un style.

Chardin envoyait ce tableau de *la Fontaine* à l'exposition de 1737[1], qui rouvrait la série

1. Nous croyons devoir donner ici la liste des expositions de Chardin, en y ajoutant la mention des estampes gravées d'après ses tableaux, sans cependant entrer dans le détail des états et des copies qui nous eût mené trop loin. De ses tableaux non exposés, nous ne trouvons gravés que *l'Économe*, par Lebas ; *les Osselets*, par Fillœul ; deux enfants jouant ensemble, par Cochin père. M. Hédouin, dans sa *Mosaïque*, cite *la Caqueteuse*, par Fessard, et *la Tricoteuse*, par Flipart fils, planches que nous ne connaissons pas.

Mentionnons en tête de ce catalogue de l'œuvre de Chardin une rarissime gravure, non décrite, non indiquée jusqu'ici, et ne figurant dans aucun catalogue de vente : c'est la gravure possédée par M. Claye, d'un tableau de son cabinet, représentant une femme en robe à cinq volants, devant une cheminée dont le trumeau est le portrait de Chardin en bésicles peint en

des expositions suspendues depuis 1704, et qui
semblait venir à point pour donner aux figures
du peintre la consécration du succès. A côté
de sa *Fontaine,* il avait sa *Blanchisseuse,* com-

grisaille. La tradition raconte que cette jeune femme est une
filleule de Chardin. Et nous lisons, en effet, au-dessous de
J.-B.-S. Chardin pinxit, Chevillet sculpsit, 1777 : MARGUERITE-
SIMÉONE POUGET.

1737.

Une fille tirant de l'eau à une fontaine ; *gravé sous le nom
de* la Fontaine, *par C.-N. Cochin.*

Une petite fille s'occupant à savonner ; *gravé sous le nom de*
la Blanchisseuse, *par C.-N. Cochin.*

Un jeune homme s'amusant avec des cartes ; *gravé sous le
nom du* Château de cartes, *par Fillœul.*

(Il y a un autre Château de cartes où le garçonnet a la tête
découverte ; *gravé par Aveline. Enfin Marcenay de Guy en a fait
une petite eau-forte.*)

Un chimiste dans son laboratoire.

Un petit enfant avec des attributs de l'enfance ; *gravé par
C.-N. Cochin. Au bas, les deux vers :*

Sans souci, sans chagrin. . . . .

Une petite fille assise s'amusant avec son déjeuner ; *gravé
C.-N. Cochin, avec, au bas, les deux vers :*

Simple dans mes plaisirs. . . . .

Une petite fille jouant au volant ; *gravé sans nom de graveur dans les anciennes épreuves. Le possesseur de la planche, qui*

mandée, ainsi que *la Fontaine*, par le chevalier
de Laroque, l'amateur à la jambe de bois,
immortalisé par une toile de Watteau. Outre
ses *Deux Cuisines*, c'est le nom que le public

*l'a retrouvée dernièrement, y a mis le nom de Lepicié. N'est-elle pas
plutôt de C.-N. Cochin?*

Un bas-relief peint en bronze.

1738.

Un petit tableau représentant un garçon cabaretier qui
nettoie son broc; *gravé par C.-N. Cochin sous le titre* le Garçon
cabaretier.

Un tableau représentant une jeune ouvrière en tapisserie.

Un tableau représentant une récureuse; *gravé par C.-N.
Cochin sous le titre* l'Ecureuse. *La mention « du cabinet du comte
de Vence » indiquerait que la gravure en a été faite, ainsi que pour
le garçon cabaretier, d'après une répétition exposée en 1757, à moins
que le tableau n'ait été exposé deux fois, ce que je serais porté à
croire.*

Une ouvrière en tapisserie qui choisit de la laine dans son
panier; *gravé sans titre, en 1757, par Flipart. Une copie de cette
planche a été gravée sous le nom de* l'Amusement utile, *par Cécile
Magimel, et une planche en couleur, avec quelques différences dans
le fond, a été gravée en couleur par Gautier d'Agoty, qui a gravé
avec le même procédé le pendant de ce petit tableau,* le Dessinateur.

Son pendant, un jeune écolier qui dessine; *gravé en 1757,
par Flipart.*

Un tableau de quatre pieds en carré, représentant une
femme occupée à cacheter une lettre; *gravé sans titre par
Fessard.*

Un petit tableau représentant le fils de M. Godefroy, joail-

donnait aux deux pendants, Chardin avait
encore à cette exposition six autres tableaux
qui attiraient le public, enchantaient les
artistes et ravissaient le goût français si long-

lier, appliqué à voir tourner un toton; *gravé sous le titre* le
Toton *par Lepicié, en* 1742.

Un jeune dessinateur taillant son crayon; *gravé à Londres
en* 1740 *par Faber. (Manière noire.)*

Le portrait d'une petite fille de M. Mahon, marchand,
s'amusant avec sa poupée; *gravé en* 1743, *sous le titre* l'Inclination de l'âge, *par Surugue fils.*

1739.

Une dame qui prend du thé; *gravé par Fillœul sous le titre*
Dame prenant son thé.

L'amusement frivole d'un jeune homme faisant des bouteilles de savon; *gravé par Fillœul sous le titre* les Bouteilles de
savon.

Un petit tableau en hauteur représentant la gouvernante;
gravé par Lepicié, en 1739, *sous le titre* la Gouvernante.

Autre représentant la pourvoyeuse ; *gravé par Lepicié, en*
1742, *sous le titre* la Pourvoïeuse.

Autre, les tours de cartes; *gravé en* 1744 *par Surugue fils
sous le titre* les Tours de cartes.

La ratisseuse de navets; *gravé par Lepicié en* 1742, *sous le
titre* la Ratisseuse.

1740.

Un tableau représentant un singe qui peint; *gravé en* 1743
par Surugue fils sous le titre le Peintre.

Autre, le singe de la philosophie; *gravé par Surugue fils en*
1743, *sous le titre* l'Antiquaire.

temps privé de sujets naïfs, familiers, pris dans la simplicité du vrai, dans le négligé des habitudes du temps et l'intimité de ses mœurs. Trois de ces tableaux ne représentaient que

Autre, la Mère laborieuse; *gravé en 1740 par Lepicié, sous le titre* la Mère laborieuse.

Autre, le Bénédicité; *gravé en 1744 par Lepicié, sous le titre* le Bénédicité. *Le succès de cette planche fut tel, que Renée-Élisabeth-Marie Lepicié en fit une copie.*

Autre, la Petite Maîtresse d'école; *gravé en 1740 par Lepicié, sous le titre* la Maîtresse d'école.

1741.

Un tableau représentant le négligé, ou toilette du matin, appartenant à M. le comte de Tessin; *gravé en 1741, sous le titre* le Négligé, ou Toilette du matin.

Autre, représentant le fils de M. Le Noir s'amusant à faire des châteaux de cartes; *gravé par Lepicié, sous le titre* le Château de cartes.

1743.

Un tableau représentant le portrait de Mme Le... tenant une brochure; *gravé par L. Surugue en 1747, sous le titre* l'Instant de la méditation. *Un second état porte une dédicace à M. Le Noir; il y en a encore une copie en manière noire par Houston.*

Autre petit tableau représentant des enfants qui s'amusent au jeu de l'oie; *gravé par Surugue fils en 1743, sous le titre* le Jeu de l'oie.

Autre faisant pendant, où sont aussi des enfants faisant des tours de cartes.

1746.

Un tableau, répétition du *Bénédicité,* avec une addition pour

des enfants surpris par le peintre dans le sans-
façon de leur pose, dans leur grâce naturelle,

faire pendant à un Téniers placé dans le cabinet de M***.

Autre, Amusements de la vie privée; *gravé par Surugue en
1747, sous le titre* les Amusements de la vie privée.

Le portrait de M*** ayant les mains dans son manchon.

Le portrait de M. Levret, de l'Académie royale de chirurgie; *gravé par Louis Le Grand.*

1747.

La Garde attentive, ou les Aliments de la convalescence. Ce
tableau fait pendant à un autre du même auteur qui est dans
le cabinet du prince de Lichtenstein, et dont il n'a pu disposer,
ainsi que de deux autres qui sont partis depuis peu pour la
cour de Suède.

1748.

L'Élève studieux, pour servir de pendant à ceux qui sont
partis l'année dernière pour la cour de Suède.

1751.

Un tableau de dix-huit pouces sur quinze de large. Ce
tableau représente une dame variant ses amusements.

La Dame variant ses amusements, plus connue sous le nom
de *la Serinette, a été gravée par Cars, sans titre, mais avec une
dédicace de Chardin à M. de Vandières.*

1753.

Deux tableaux-pendants sous le même numéro; l'un représente un dessinateur d'après le *Mercure,* de M. Pigalle, et l'autre
une jeune fille qui récite l'Évangile. Ces deux tableaux, tirés
du cabinet de M. de La Live, sont répétés d'après les originaux

animés et pour ainsi dire encore essoufflés par
leurs jeux. Mais quelle réjouissance, pour les

placés dans le cabinet du roi de Suède. Le dessinateur est
exposé pour la seconde fois avec des changements.

Le Dessinateur d'après le Mercure, *de Pigalle, a été gravé par
Lebas sous le titre* l'Étude du dessin. *La Jeune Fille récitant
l'Évangile a été gravée par Lebas, sous le titre* la Bonne Éducation.

Un philosophe occupé de sa lecture. Ce tableau appartient
à M. Boscry, architecte. *Ce tableau, que la Bigarrure et Fréron,
dans les* Observations sur la physique, l'histoire naturelle et la
peinture, 1752, 1755, *disent être le portrait d'Aved, a été gravé
neuf ans avant par Lepicié, en 1744, sous le titre* le Souffleur. *Ne
serait-ce point une répétition du* Chimiste dans son laboratoire,
exposé en 1737?

Un petit tableau représentant un aveugle; *gravé par Surugue
fils, sous le titre* l'Aveugle.

Autre, un chien, un singe et un chat peints d'après nature.
Ces deux tableaux, tirés du cabinet de M. de Bombarde.

Une perdrix et des fruits appartenant à M. Germain.

Deux tableaux-pendants sous le même numéro, représentant
des fruits, tirés du cabinet de M. de Chasse.

Un tableau représentant du gibier, appartenant à M. Aved.

1755.

Des enfants se jouant avec une chèvre. Imitation d'un bas-
relief de bronze.

Un tableau d'animaux.

1757.

Un tableau d'environ six pieds représentant des fruits et des
animaux.

Deux tableaux dont l'un représente les préparatifs de

visiteurs de Salon, que ces aimables petites
joufflues, bien portantes, riantes de santé et de
la joie de leur âge! Chardin les avait peintes

quelques mets sur une table de cuisine; et l'autre, une partie
de dessert sur une table d'office. Ils sont tirés du cabinet de
l'École française de M. de La Live de July.

Une femme qui écure.

Tableau tiré du cabinet de M. le comte de Vence.

Le portrait en médaillon de M. Louis, professeur et censeur
royal de chirurgie; *gravé par Miger en* 1766.

Un tableau d'une pièce de gibier avec une gibecière et une
poire à poudre. Tiré du cabinet de M. Damery.

1759.

Un tableau d'environ sept pieds de haut sur quatre de large,
représentant un retour de chasse. Il appartient à M. le comte
du Luc.

Deux tableaux de deux pieds et demi sur deux pieds de
large, représentant des pièces de gibier avec un fourniment et
une gibecière. Ils appartiennent à M. Trouard, architecte.

Deux tableaux de fruits d'un pied et demi de large sur seize
pouces de haut. Ils appartiennent à M. l'abbé Trublet.

Deux autres tableaux de fruits de même grandeur que les
précédents, du cabinet de M. Silvestre, maître à dessiner
du Roi.

Deux petits tableaux d'un pied de haut sur sept pouces de
large. L'un représente un jeune dessinateur, l'autre une jeune
fille qui travaille en tapisserie. Ils appartiennent à M. Cars,
graveur du Roi.

1761.

Le Bénédicité. Répétition du tableau qui est au cabinet du

sans fard aux joues, sans poudre aux cheveux,
le petit bonnet de linge mutinement posé sur
la tête, le corsage garanti par la bavette du

Roi, mais avec des changements. Il appartient à M. Fortier,
notaire.

Plusieurs tableaux d'animaux. Appartenant à M. Aved,
conseiller de l'Académie.

Des vanneaux. Appartenant à M. Silvestre, maître à dessiner
du Roi.

Deux tableaux de forme ovale. Appartenant à M. Roettiers,
orfèvre du Roi.

1763.

Des fruits.

Le Bouquet.

Ces deux tableaux appartiennent à M. le comte de Saint-
Florentin.

Des fruits. Appartient à l'abbé Pommyer, conseiller en
la grand'chambre du Parlement.

Des fruits.

Le débris de déjeuner.

Ces deux tableaux sont du cabinet de M. Silvestre, de
l'Académie royale de peinture et maître à dessiner de Sa
Majesté.

Un petit tableau. Appartenant à M. Lemoyne, sculpteur du
Roi.

Plusieurs autres tableaux.

1765.

Les attributs des sciences, ceux des arts et ceux de la
musique. Ces trois tableaux, de trois pieds dix pouces de haut

tablier, mignonnes dans leur grosse jupe de laine : l'une laisse retomber la lourde raquette du temps ; l'autre passe toute fière, son tambour pendu en bandoulière et traîne un petit moulin à vent découpé dans un jeu de cartes; celle-ci, grave sur sa chaise de bois, un panier

sur trois pieds dix pouces de large, sont destinés pour les appartements de Choisy.

Trois tableaux, dont un ovale, représentant des rafraîchissements, des fruits et des animaux. Hauteur, trois pieds six pouces; largeur, quatre pieds six pouces. L'ovale a cinq pieds de haut.

Plusieurs tableaux, dont un représente une corbeille de raisins.

1767.

Deux tableaux cintrés, d'environ trois pieds de haut sur quatre pieds six pouces de large, représentant divers instruments de musique et destinés pour les appartements de Bellevue. Au Roi.

1769.

Les attributs des arts et les récompenses qui leur sont accordées. Hauteur, quatre pieds; largeur, cinq pieds. Ce tableau, répétition, avec quelques changements, de celui fait pour l'impératrice des Russies, appartient à M. l'abbé Pommyer, conseiller en la grand'chambre du Parlement, honoraire, associé libre de l'Académie.

Une Femme qui revient du marché. Ce tableau, qui est aussi une répétition, avec changements, appartient à M. Silvestre, maître à dessiner des Enfants de France.

Une hure de sanglier. Hauteur, deux pieds six pouces; lar-

et une grosse tartine devant elle, fait un jeu de
passe-passe avec les cerises de son déjeuner.
C'est ainsi que Chardin représente les enfants,
naïvement, au naturel, en les observant dans
leur physionomie, dans leur air, dans leurs
poses d'instinct. Et comme il rend leur joli

geur, trois pieds. Tiré du cabinet de Monseigneur le Chan-
celier.

    Deux tableaux représentant des bas-reliefs.
    Deux tableaux de fruits.
    Deux tableaux de gibier.

1771.

    Imitation d'un bas-relief.
    Trois têtes d'étude, pastel.

1773.

    Une Femme qui tire de l'eau à une fontaine. Ce tableau
appartient à M. Silvestre, maître à dessiner des Enfants de
France; c'est la répétition d'un tableau appartenant à la reine
douairière de Suède.
    Tête d'étude au pastel.

1775.

    Trois têtes d'étude au pastel.

1777.

    Imitation de bas-relief.
    Trois têtes d'étude au pastel.

1779.

    Plusieurs têtes d'étude au pastel.

I.   8

sérieux, leur plaisir tranquille, sans bruit, appliqué, presque recueilli dans un coin d'appartement! Comme il les fait attentifs, se haussant
sur la pointe du pied, retenant leur souffle
devant l'échafaudage d'un château de cartes!
Comme il s'entend à traduire l'étonnement,
l'émerveillement de ces jeunes regards trompés avec des tours d'adresse! De quelle émotion il anime ce petit monde penché sur un jeu
d'oie, l'oreille et l'âme au bruit du cornet d'où
vont tomber les dés! Et quelle finesse et que de
nuances il sait mettre dans toutes ces petites
expressions qui commencent un visage de
femme : la moue de la petite fille devant les
gronderies; son air important de maternité,
lorsqu'elle berce dans ses bras sa poupée cos-
tumée en religieuse; sa jolie petite mine doc-
torale, lorsqu'elle montre avec son aiguille
l'ABC à un petit frère coiffé du lourd bourre-
let du temps!

Le succès de cette peinture familière
et domestique, abandonnée en France depuis
Abraham Bosse et les Le Nain, décidait la
fortune du nom de Chardin. La gravure lui
donnait la popularité ; elle répandait l'image

et le bruit de son talent, au delà du public des
expositions, dans toute l'immense clientèle du
goût de Paris, par toute cette Europe du
xviiie siècle remplie de notre art, amoureuse
de notre génie, *l'Europe française,* ainsi que la
nommait Caraccioli. La vulgarisation de la
gravure, nulle de ses natures mortes ne l'avait
eue, pas même cette raie superbe et d'un si
puissant effet qui avait valu au peintre, parmi
les amateurs, le surnom de Rembrandt français. Encore aujourd'hui elles sont vierges de
reproduction gravée, et c'est à peine si la
lithographie y a touché. Mais aussitôt que
paraissent ces petites scènes, les graveurs se
les disputent, les meilleurs ouvriers du burin se
les arrachent. On les grave à leur apparition;
on les grave une fois, deux fois, quelquefois
trois; pour chaque changement, c'est une
planche nouvelle. On a beau chercher dans
la suite des tableaux mentionnés de Chardin,
on n'en trouve guère qu'un seul ayant échappé
au burin : c'est celui qui a pour titre *les Aliments de la convalescence,* et qui fut comme
enlevé de l'Exposition par le prince de Lich-

tenstein[1]. Et voyez l'empressement de la
publication; dès le mois de mai 1738, Fessard
mettait en vente, rue Saint-Denis, *au Grand-
Saint-Louis, la Dame cachetant une lettre,* dont
le tableau ne devait être exposé qu'au Salon
de l'année. Le mois suivant, rue Saint-Jacques,
à Saint-Thomas, chez Cochin, sont mises en
vente *la Petite Fille aux cerises* et *la Petite Fille
au moulin à vent,* exposées au Salon de 1737[2].
Devant ses tableaux à peine secs, les plus
renommés, les maîtres de l'outil se mettent à
l'œuvre et entament le cuivre. A la suite de
Fessard, de Cochin père, de Cochin fils, c'est
Lebas, c'est Lepicié, c'est Fillœul, c'est Surugue
père, c'est Surugue fils, l'auteur de ce chef-
d'œuvre *les Tours de cartes;* ce sont tous ces
grands artistes, encore méconnus aujourd'hui,
si fidèles pourtant, si habiles, et de tant de sou-
plesse! Tout à l'heure ils rendaient les scènes à
ciel ouvert de Watteau, sa touche pétillante,
son faire nerveux, ses paradis frissonnants, ses
bouquets d'Amours, ses corbeilles de femmes,
sa couleur de féerie; maintenant les voici

1. On voit chez M. Laperlier une esquisse de ce tableau.
2. *Mercure de France,* 1738.

exprimant tout Chardin, le corps et l'âme de sa peinture, ses lumières reposées, ses fonds assoupis, ses blancs gras, ses intérieurs presque sévères à force de tranquille harmonie. Sous leurs tailles croisées et renforcées, sous leurs travaux d'un moelleux ferme, conduits dans le sens des lignes et des formes, sous le grain de leur pointillé, le tableau même de Chardin revient et sort du papier. On retrouve ses gris, ses clairs, le beurré de sa touche, le plissement simple et riche de ses linges, l'accentuation ressentie de ses accessoires, le ferme modelé de ses chairs. Chardin dut beaucoup à ces admirables interprètes de son dessin, de sa palette même. Il leur dut de meubler les intérieurs de son siècle, d'entrer dans le ménage, d'orner les chambres de famille avec ces images de son temps, avant les Greuze, les Baudouin, les Jeaurat, les Eisen, qui chassent, au grand regret des Mariette, les gravures de l'histoire et de la fable. Il leur dut cette réputation immense, cette mode universelle[1] qui alla

1. Le bon marché dut ajouter à cette vogue des gravures de Chardin. Nous trouvons, dans un catalogue imprimé des planches en vente chez Lebas, les prix suivants : *Le Négligé*,

jusqu'à remplir l'Allemagne de mauvaises copies allemandes de ses gravures, et à faire acheter du public, sur la seule recommandation de son nom mis faussement au bas des planches, les grossières images de Dupin l'aîné et de Charpentier : *la Souricière, la Ménagère, l'Enfant gâté, le Chat au fromage,* etc.

En 1738, Chardin exposait *le Garçon cabaretier* et *l'Écureuse*[1]. Il montrait aussi à cette exposition un tableautin exquis, *le Dessinateur,* où, dans un tout petit cadre, il semblait avoir voulu mettre en bouquet toutes ses fleurs de ton. Il y a là pour Chardin comme un sujet aimé. Le dessin, les premières études, les commencements du peintre qui tâtonne, le crayon en main, c'est pour lui un souvenir de jeunesse à l'évocation duquel il se plaît. L'atelier, ses fonds calmes où dort si bien l'ombre, la palette pendue, l'académie à la sanguine de quelque Vanloo accrochée par quatre clous au mur, la

ou *la Toilette du matin,* une livre dix sols ; *la Dame prenant son thé,* une livre, etc.

1. Ces deux tableaux, ainsi que *le Dessinateur* et son pendant *l'Ouvrière en tapisserie,* sont possédés par M. Camille Marcille, chez lequel il faut aller étudier Chardin pour rendre toute justice au peintre.

toile ébauchée, les cartons ventrus, le plâtre estropié, tout ce pittoresque mobilier de la peinture, se prêtant si bien aux pinceaux du peintre, ce décor de sa vie revient souvent dans son œuvre. Il se plaît à peindre l'écolier, le *polisson* avec son petit tricorne et son gros catogan, l'habit troué à l'épaule d'un bel accroc de misère, assis les jambes croisées par terre,. le carton sur ses genoux, et le nez sur un carton. Et à côté de ce Dessinateur, dont il fera des répétitions, il en expose, la même année, un autre; celui-ci svelte, élancé, élégant, le tricorne bien campé, le dos battu du flot d'une grande perruque, taillant indolemment son crayon, en s'appuyant du coude sur une feuille de papier où l'on devine une tête de satyre : c'est ainsi que nous le montre une rarissime gravure en manière noire, publiée par Faber à Londres, en 1740. Dans une dernière et plus importante composition, Chardin reprendra encore, quelques années plus tard, ce personnage du peintre et ce thème de l'atelier : cette fois, par un jour du nord, dans un grand grenier froid que chauffe le *brasero* des ateliers d'alors, le Dessinateur assis, le carton sur ses

genoux, la tête avancée, le regard tendu, dessine le *Mercure* de Pigalle, tandis qu'un de ses
amis, un rouleau de papier sous le bras, son
petit manchon d'homme à la main, regarde
par-dessus sa tête.

V

Aux expositions qui suivent, aux Salons de
1739, de 1740, de 1741, Chardin ne fait que
se continuer. Il demeure égal, mais pareil à
lui-même, montrant sous le même jour et au
même point un talent qui s'est présenté tout
formé au public et dont la maturité a précédé
la publicité. Car il faut prendre garde ici à
une confusion qui tromperait sur la marche
et le développement du peintre : ses expositions de 1737 et de 1738 sont faites avec des
tableaux exécutés depuis longtemps et restés
sans acquéreurs, comme sa *Raie,* qui n'est
exposée place Dauphine que plusieurs années
après avoir été peinte. Mais par ces trois expositions, où en se ressemblant, en se répétant
presque, Chardin est plus que jamais lui-même,

le peintre de mœurs s'affirme définitivement.
Il dessine le plan, il étend l'intérêt de son
œuvre. Il s'établit pour toujours dans son
genre; il s'y fixe et s'y assied. La signification
morale se dégage de son talent : l'Art français
reconnaît et salue en lui le peintre de la Bourgeoisie.

Qu'est Chardin en effet? Le peintre bourgeois de la bourgeoisie. C'est à la petite bourgeoisie qu'il demande ses sujets ; c'est dans la
petite bourgeoisie qu'il trouve ses inspirations. Il enferme sa peinture dans cet humble
monde dont il est, et où sont ses habitudes,
ses pensées, ses affections, ses entrailles. Il ne
cherche point au delà de lui-même, ni plus
haut que son regard : il s'en tient au spectacle
et à la représentation des scènes qui l'avoisi-
nent et le touchent. L'accessoire même chez
lui est pour ainsi dire de sa familiarité et de
son intimité : il mettra dans ses tableaux sa
fontaine, son doguin, les êtres et les choses
accoutumés de son intérieur personnel. Il
peindra de même les personnages à sa main,
les visages d'habitude journalière, non point
les types de cette bourgeoisie déjà ambitieuse

et si loin du peuple qui commence à prendre
au XVIII° siècle l'orgueil, l'apparat, le luxe,
l'air de fortune d'une noblesse en sous-ordre,
mais les simples et pures figures de la bourgeoisie de peine et de travail, heureuse dans
sa paix, son labeur et son obscurité. Le génie
du peintre sera le génie du foyer.

Peinte de si près, et par un homme ayant
son âme, cette petite bourgeoisie du temps, la
forte mère du tiers état, est là vraiment
vivante, immortelle, dans ces toiles, dans ces
planches de Chardin. Qu'on feuillette les livres,
les histoires de la vie privée, qu'on aille, pour
connaître les mœurs bourgeoises du temps, des
nouvelles de Challes aux romans de Rétif, et de
ceux-ci aux Mémoires de madame Roland, on
n'aura point cette lumière que donne un
seul tableau du peintre. On ne verra point si
bien la bourgeoisie que dans ce fidèle et sincère miroir vers lequel accourait la Parisienne
du temps pour se regarder, et dans lequel elle
était tout étonnée de se reconnaître, des pieds
à la tête, et de la robe jusqu'au cœur. « Il ne
vient pas là une femme du tiers état, dit
une curieuse brochure du temps en parlant

des tableaux de Chardin, qui ne croie que
c'est une idée de sa figure, qui n'y voie son
train domestique, ses manières rondes, sa con-
tenance, ses occupations journalières, sa morale, l'humeur de ses enfants, son ameuble-
ment, sa garde-robe ¹. »

Et comment la femme du tiers état ne se
fût-elle pas reconnue dans ces tableaux tout
pleins d'elle? Ses manches relevées à la saignée du bras, son tablier à bavette, sa guimpe,
sa croix à la Jeannette, sa jupe de calemande
rayée, le peintre n'oublie rien de son costume.
Il l'habille de ses habits, de ses couleurs; il la
montre dans sa tenue austère, *presque évangé-
lique*, selon le mot d'une femme du temps. Il la
fait se mouvoir dans le décor et les actes de sa
vie ordinaire et quotidienne. Il la représente
dans le travail domestique, dans ces occupations ouvrières que la petite bourgeoise garde
du peuple. Il la peint à la cuisine, épluchant
les gros herbages de la soupe. Il la surprend au
retour du marché avec le gigot dans la serviette.
Il la fait voir lessivant, savonnant. La ména-

1. *Lettre à M. de Poiresson-Chamarande, lieutenant général,
au sujet des tableaux exposés au Salon du Louvre,* 1741.

gère revient sans cesse dans son œuvre. Elle se
détache de ses fonds à la Pierre de Hooch où
le peintre met le balayage ou le séchoir du
ménage. Elle sort lumineusement de ces four-
nils où il y a une resserre de bois, des viandes
accrochées, des chandelles des six au mur, de
vieux tonneaux exhalant comme une odeur de
vinée. Puis, la voici dans les travaux d'aiguille,
penchée sur le panier plein de pelotons où elle
raccorde sa laine, ou bien reprenant en grondant la tapisserie d'une petite fille, ou verge-
tant le tricorne du petit garçon qui part pour
l'école, ses livres ficelés sous le bras. C'est toute
la vie de la bourgeoisie que Chardin déroule
ainsi. Son activité, ses fatigues, l'ordre de son
ménage, la règle de ses heures, sa tranquillité
de désirs, le contentement de sa dure existence,
ses voluptés modestes, les joies et les devoirs
de sa maternité, une madame Phlipon les retrouve là, dans ces tableaux qui lui en rapportent le souvenir, l'expression, l'émotion vive.

Images riantes et familièrement pieuses
qui, des murs où on les accroche, semblent
laisser tomber une bénédiction sur la famille!
Ici, c'est une mère qui d'une main prenant

une assiette, de l'autre plongeant la cuiller dans
la soupière d'étain d'où s'envole la fumée chaude
de la soupe, fait dire le *bénédicité* à une petite
fille qui, les yeux sur ses yeux, les mains jointes,
dépêche en marmottant sa petite prière. Là,
une autre mère fait réciter son évangile à une
petite fille un peu plus grande, debout, tout
embarrassée, les mains sottes, et cherchant sa
réponse au parquet. Voici *la Toilette du matin*
dans ce petit cadre où cette mère, à laquelle
revient toujours Chardin, donne le dernier
accommodage à sa petite fille. L'ombre de la
nuit commence à s'en aller de la pièce. Sur la
toilette, encombrée de désordre, la chandelle
qui a éclairé le lever et le commencement de
l'habillement brûle encore, décrivant dans
l'air des ronds de fumée. Un peu de jour tombant de la fenêtre glisse sur le parquet entre-
croisé, et va mettre une lueur argentine, là-
bas, sur l'encoignure où pose une pendule
marquant sept heures. Au-devant de la bouil-
loire d'eau chaude à bec et à gros ventre, du
tabouret portant le manchon et le gros livre
de messe de la mère, la mère en coqueluchon
noir, la jupe en retroussis, arrange des deux

mains sur la tête de sa fille le nœud de sa fanchon, tandis que la petite, impatiente de sortir,
et déjà le manchon à une main, coule de côté
les yeux vers la glace, en retournant la tête
et en se souriant à demi. Le Dimanche, tout
le Dimanche bourgeois tient dans cette toile.

Et que d'autres scènes l'on pourrait encore
rappeler de Chardin, ayant ce rayonnement
dans la douceur, cette naïveté dans la coquetterie, ce naturel dans le décor, cette péné-
trante impression de vérité! Toutes vous atta-
chent, vous retiennent, vous charment avec
je ne sais quel agrément sain, personnel à
Chardin, unique dans ce temps de peinture
libre, voluptueuse, friponne par la touche
même. Comme l'Ordre même qu'elle représente, on dirait que sa peinture a échappé aux
corruptions du xviiiᵉ siècle, et qu'elle a gardé
quelque chose de la santé et de la sincérité des
vertus bourgeoises. Chardin aime, il fait plus,
il respecte, on le sent, ce qu'il peint. De là
cette atmosphère de pureté qui entoure ses
personnages, ce parfum d'honnêteté qu'on
respire dans ses intérieurs et qui semble sortir
de tous les coins de ses toiles, des arrange-

ments de ses meubles, de la sobriété de leurs formes, de la rusticité de ses chaises, de la nudité de ses murs, de la tranquillité des lignes autour de la tranquillité des personnes.

Chardin est le seul qui, dans son genre, donne cette impression d'intime vérité. Allez à son meilleur élève, prenez les compositions de Jeaurat; comme elles sont loin de l'accent, du style de son maître! Tout, chez le disciple et l'imitateur, s'amaigrit en s'enjolivant. Jeaurat a beau prendre la garde-robe des femmes de Chardin : ses costumes ne sentent plus le tiers état; ses gestes rappellent les poupées du faiseur de mannequins du temps, Perrault. Les fonds se troublent, les intérieurs s'encombrent, les accessoires s'amincissent, les poses s'arrangent, le croquis pris sur nature se contourne, le caractère s'en va : le peintre n'est plus chez lui. Entre une planche de l'un et une planche de l'autre, gravées par les mêmes graveurs, quelle différence d'aspect et de profondeur! On regarde celle de Jeaurat, on entre dans celle de Chardin.

Paix des choses, accord, harmonie, lumière calme, c'est le secret et la force de Chardin,

sa grâce, sa familière et rare poésie. Par là
il s'élève comme à un idéal de son genre, à
l'exquis sentiment des *Amusements de la vie
privée*, à l'expression de cette femme au front
souriant et voilé de pensées aussi légères que
l'ombre de sa coiffe blanche. Elle est là, dans
un fauteuil garni, le corps un peu abandonné
et penché sur un coussin, les pieds croisés l'un
sur l'autre à la mode du temps. A côté d'elle,
sur une petite table, son rouet est immobile
près de sa quenouille chargée. Ses mains ont
laissé à demi glisser une brochure dans le creux
de sa jupe, et elle réfléchit mollement, bercée
par sa lecture comme par un bruit qui s'éteint.
Sérénité, — c'est le vrai titre de cette toile où
Chardin a fait tenir à la fois le rêve d'une
femme et la philosophie de ses quarante ans.

VI

Et quel tempérament de peintre dans cet
historien et ce témoin de la petite bourgeoisie!
Quelle main douée! quels jeux de palette dans
ses intérieurs! Quel régal il donne à l'œil avec

ces chambres simples, ces scènes tranquilles, ces personnages modestes! Comme Chardin réjouit le regard avec la gaieté de ses tons, la douceur de ses réveillons, sa belle touche beurrée, les tournants de son pinceau gras dans la pleine pâte, l'agrément de ses harmonies blondes, la chaleur de ses fonds, l'éclat de ses blancs glacés de soleil, qui semblent dans ses tableaux les reposoirs de la lumière! Et quelle originalité dans le charme de sa tonalité! Le peintre, chez Chardin, a des ancêtres : il n'a pas de maître. Il ne s'inspire ni de Miéris, ni de Terburg, ni de Gérard Dow, ni de Netschor, ni de Téniers. De tous les maîtres flamands il ne rencontre guère, sans le chercher, que Metzu, la touche duveteuse et moelleuse de ses fichus et de ses béguins. Dans toutes les galeries de l'Europe, je ne sache qu'un tableau dont Chardin paraît descendre : c'est, dans le cabinet de Six, l'admirable *Laitière* de ce maître si varié et si divers, Van der Meer.

Voyez-le dans ses bonnes toiles, ce peintre, né de lui-même et qui s'est créé, allez à ces chefs-d'œuvre qui ne sont point encore au

9

Louvre : quoi de plus prodigieusement lumineux que l'*Écureuse* et le *Garçon cabaretier?*
Sur des dessous de jaune, de bleu, de rose,
qu'on dirait hachés de craie ; le bonnet de
coton, la chemise, le tablier de toile écrue,
jouent, sur les trois notes du blanc *blanc,* du
blanc gris, du blanc rouillé, une triomphante
symphonie de chaude blancheur [1]. A ces deux
tableaux qui peut-être donnent la plus haute
idée du peintre, joignons la *Pourvoyeuse* exposée
dernièrement au boulevard des Italiens. Rappelons ce bonnet, ce casaquin blanc, cette serviette, ce grand tablier bleu montant jusqu'au
cou, ce fichu moucheté de fleurettes, ces bas
d'un rose violet, cette femme rayonnante, des
souliers au bonnet, dans une clarté blanche,
et pour ainsi dire crémeuse : tout sortait victorieusement et harmonieusement de la toile, du
contour à la fois gras et cerné, des égrenures
raboteuses du pinceau, des grumelots de la
couleur, d'une sorte de cristallisation de la pâte.

1. Le meilleur des héritiers de Chardin en ce temps-ci,
Decamps répétait avec désespoir à M. Marcille devant ces
tableaux : « Les blancs de Chardin!... je ne peux pas les
trouver! »

Des tons légers, tendres et riants, jetés partout
et revenant sans cesse, jusque dans le blanc du
casaquin, se levait, comme une trame de jour,
une brume gorge de pigeon, une poussière de
chaleur, une vapeur flottante enveloppant cette
femme, tout son costume, le buffet, les miches
sur le buffet, la muraille, l'arrière-pièce du
fond. Veut-on comme une miniature de cette
peinture? Voici l'*Aveugle* où Chardin a si bien
rendu la crasse du Quinze-Vingt. Revenons
maintenant aux deux toiles du Louvre, le *Bénédicité* et la *Mère laborieuse :* c'est encore la
même touche, la même fonte; mais ici le fini
semble avoir refroidi la main de Chardin. Le
feu manque à cette peinture un peu plate
et endormie qui a perdu, sous la peine du travail, la verve de ces esquisses où les amateurs
vont de préférence chercher, surprendre et
goûter Chardin. Je me rappelle une première
ébauche de l'*Économe,* une femme assise près
d'une fenêtre au rideau vert. Sur un fond brun
où la brosse a laissé son crépi, le pinceau chargé
et imbibé de blanc, suivant le courant de plis
du vêtement, tournant et s'écrasant au coude
et aux revers de manche, laissant, aux pleines

lumières, des traînées de pâte sèche, a fait sur
la toile le travail d'un gros canevas. Rien que
du blanc et du gris sale; à peine un soupçon
de rose sur la figure et les mains, un soupçon
de violet sur un ruban, un rien de rouge, sur
les agréments de la jupe; et cependant il y a
un visage, une robe, une femme, et déjà toute
l'harmonie du tableau dans l'aube de sa couleur. Une autre esquisse que j'ai vue de lui, les
Tours de cartes [1], petille au contraire et flam-
boie; tout y est bruit, tapage, fraîcheur vive.
Les glacis ont des brillants d'émail; les tons
d'un bout à l'autre jouent dans le rayonnement de l'ambre et de la topaze brûlée.
C'est un précieux petit morceau de cette
manière chauffée, ardente, roussie de bitume
et de terre de Sienne brûlée, qu'eut Chardin
au commencement de sa carrière et dont les
plus beaux échantillons, autant qu'on peut en
juger à la hauteur où ils sont placés, sont
malheureusement à Vienne dans la galerie du
prince de Lichtenstein.

1. Ces deux esquisses appartiennent à M. Laperlier.

VII

Le Salon de 1743 montrait le peintre des scènes domestiques sortant de son genre, de ses succès, et abordant un côté nouveau de la peinture : Chardin exposait cette année-là le portrait de madame Lenoir. A l'exposition de 1746, il envoyait les portraits de M. Levret, de l'Académie de médecine, et de M*** ayant les mains dans son manchon. Plus tard, onze ans après, il exposait encore le portrait en médaillon de M. Louis, professeur et censeur royal de médecine.

Ces portraits ont disparu. Aucun n'a échappé au temps, n'a été sauvé de la destruction ou de l'oubli. Il ne s'est trouvé ni famille, ni galerie, ni musée pour les conserver ; et ils nous font grandement défaut pour contrôler, par la comparaison de la facture, les portraits que l'on baptise si volontiers du nom de Chardin. Deux toiles aujourd'hui sont à peu près acceptées comme représentant le talent de portraitiste de Chardin : l'un est le portrait de femme du

musée de Montpellier [1] dont on fait le portrait
de madame Geoffrin; mais le plus grand nombre
d'amateurs un peu fins qui l'ont vu ne trouvent dans ce beau morceau rien de la manière
de Chardin; aucune des habitudes de son pinceau, nulle trace de l'empreinte si reconnaissable qu'une telle main de peintre, même
dépaysée et hors de son genre, doit laisser à ce
qu'elle touche. L'autre portrait attribué à
Chardin est le portrait de madame Lenoir de la
galerie Lacaze, portrait admirable auquel ce
nom de madame Lenoir prête, en dehors de
toute beauté intrinsèque, une authenticité presque incontestée jusqu'ici. Mais ce nom de
madame Lenoir, quelle raison pour le donner
à ce tableau? C'est une désignation de personnage absolument gratuite. Le portrait de

1. Un certain nombre de musées de province possèdent des
tableaux attribués plus ou moins légèrement à Chardin. Au
musée de Niort, sous le n° 30, c'est un portrait d'un ancien
seigneur de la Mothe-Saint-Herey; au musée Lorain à Bourg,
sous n° 29, une scène de jeunes garçons faisant des bulles de
savon. On trouve encore des Chardin catalogués au musée du
Havre, au musée de Cherbourg, de Dijon, de Carcassonne,
de Nantes, de Rouen, d'Angers, où M. Clément de Ris en
signale trois d'une touche singulièrement hardie et dont un
est signé.

madame Lenoir qu'a peint Chardin, nous le
connaissons, si nous ne l'avons pas. La gravure
n'en est pas rare. La voici, comparez : il n'y
a pas la moindre ressemblance, je ne dis pas
seulement dans la figure, mais même dans
l'arrangement. Dans le portrait possédé par
M. Lacaze, la femme est de face, le tableau
est en hauteur et sans accessoires. Dans le portrait de Chardin, portrait en largeur, la femme
est assise de côté, avec un paravent derrière, un
écran et une cheminée devant elle. Toutes
deux, il est vrai, tiennent à la main une brochure couverte de papier peigne ; mais cela
est trop peu vraiment pour confondre les
deux tableaux. Évidemment nous n'avons
point affaire ici à madame Lenoir : ce chef-
d'œuvre, dont le faire d'ailleurs est entièrement contraire au faire de Chardin, n'est point
le portrait exposé en 1743 ; il n'appartient pas,
nous avons le regret de le dire, à Chardin.

Reconnaissons-le : maître de premier ordre
dans les natures mortes, inférieur à Rembrandt
seul, lorsque Rembrandt peint son bœuf éven-
tré, égalant les meilleurs Flamands dans les
scènes domestiques, Chardin a dans sa pein-

ture, un coin de faiblesse qui le met au-dessous
de Metzu. Il est insuffisant dans la touche des
figures. Il est le plus souvent lourd à peindre
la chair. Il ne la différencie pas suffisamment
des étoffes et des accessoires. Il ne lui donne
ni sa légèreté ni sa transparence ; et lorsqu'il
aborde des personnages un peu grands, lorsqu'il s'attache aux proportions naturelles d'une
figure, il est facile de voir sa gêne, son
embarras, le *peiné* de son travail. Citons comme
preuve et comme exemple les *Bouteilles de
savon* chez M. Laperlier, la *Maîtresse d'école*
de la vente Dever, le *Jeune Garçon au toton*
exposé au boulevard des Italiens. En passant
de la grande figure au portrait, Chardin aurait-
il tout à coup appris à peindre aisément la
chair, à manier librement la vie et la lumière
d'un visage ? Les critiques du temps ne le
disent guère. Chose remarquable, que dans
tout ce bruit fait autour du nom de Chardin,
au milieu du triomphe de ses natures mortes,
de ses petites scènes, il y ait si peu d'attention,
si peu d'étonnement, une si mince et si discrète
admiration pour ses portraits ! Les comptes
rendus de Salons glissent dessus, la curiosité

passe à côté, les critiques les mentionnent à peine, et ceux qui s'y arrêtent un instant laissent tomber le regret de voir Chardin toucher à ce genre. Diderot lui-même, son furieux ami Diderot qui le proclame le premier peintre du temps, Diderot qui revient sans cesse à lui à propos de tout et de tous, Diderot ne trouve pas un mot à dire de ses portraits : il n'y fait pas même une allusion dans ses Salons.

Faudrait-il ici rabattre du talent de Chardin? La vérité serait-elle qu'il n'a jamais été le grand portraitiste qu'on serait si bien en droit d'attendre, chez lui, du grand peintre? On se laisse gagner à cette désillusion, devant le seul portrait qu'on connaisse signé de lui [1], portrait daté de 1773 et possédé par M. Chevignard. Il représente une femme aux yeux noirs, aux traits durs, en bonnet de batiste, en mantelet noir doublé de petit-gris, les mains dans un manchon de satin blanc rayé. Le bonnet, sa

---

1. Chose singulière qu'il n'existe, à notre connaissance, que ce seul portrait signé de Chardin, dont on ne connaît guère de tableau, de panneau, de petite toile, d'étude même non signée. Ne voit-on pas chez M. Lacaze une petite étude de fontaine pour le tableau de la *Fontaine* signée en toutes lettres?

blancheur, la fourrure, la soie noire, le manchon et sa moire de lumière, le fichu de linon
croisé sur la peau du cou, la main du maître
les a touchés; il y a encore un peu de sa pâte
au bout de l'oreille ; mais la figure est dure,
les couleurs fatiguées. C'est une coloration à
la fois briquetée et froide, une peinture qui
fait penser à la détestable peinture saxonne.

Conclurons-nous de là, de ce portrait de
la vieillesse de Chardin, qui cependant, cette
année-là même, faisait ses plus beaux pastels,
conclurons-nous à la médiocrité de tous ses
portraits ? Non, car voici un chef-d'œuvre
inconnu, qui suspend notre jugement et arrête
notre injustice. Il nous a été donné de voir
dans le précieux cabinet d'une femme qui est
un véritable amateur, chez madame la baronne
de Conantre, un portrait de vieille femme où
semblent éclater et se faire reconnaître le talent et la gloire du portraitiste. A la première
vue, point de doute, point d'hésitation : c'est la
chaleur de la peinture de la *Raie;* c'est ce même
ton opulent et recuit; c'est ce feu sourd des couleurs où la vie est comme en fusion. Dans cet
admirable tableau de nature vivante, aussi bien

que dans l'admirable tableau de nature morte,
d'un bout à l'autre de la toile, la lumière d'or
sonne Chardin. Quelle solidité, quelle grandeur,
quelle forte aisance dans la touche du costume!
Comme le bonnet est hardiment chiffonné sur
la tête! La dentelle, on la reconnaît : c'est du
point. Comme de la légèreté de l'ébauche
s'enlève la molle légèreté du fichu croisé!
Quelle harmonie dans la robe gris tourterelle,
d'où se détache le nœud bleu du *parfait contentement!* Et de quel pinceau le mantelet
noir est jeté sur les épaules! Comme tout, et
les grandes engageantes de dentelles pleurant
sur les bras, se modèle, se dessine, s'accentue
dans un lavage d'huile grasse, et dans des coulées de pâte sèche! Mais les chairs, voilà le
grand miracle. Chardin s'y surpasse. La figure
beurrée a le travail de la peau. L'émail des
couleurs, promené sur les traits, a les manques
mêmes de l'épiderme. Un peu de rouge pur,
posé sur les joues, les vergette de la santé des
gens âgés. Une touche de blanc posé au coin
de l'œil fait que cette femme regarde et qu'elle
sourit avec le regard. Et sur toute la face il y
a ce rayonnement des vieux visages éclairés

de tous les soleils qu'ils ont essuyés, et baignés,
dans un doux triomphe, comme d'un jour qui
s'en va. Gardons-nous d'oublier les mains qui
tiennent et caressent le chat à collier rouge
garni de grelots, ces mains lumineuses dans
leur pénombre, dessinées par une clarté, par
un reflet à leur bord, trempant et flottant
radieusement, avec le dos du chat, le bout de
la manchette, le bas de la robe, dans les
divines transparences fauves de Rembrandt [1].

VIII

Chardin s'était marié à trente-deux ans [2].
Mené dans un petit bal d'honnête bourgeoisie

1. Cette question des portraits de Chardin est, il faut bien
l'avouer, pleine de mystère et d'embarras insolubles. Ainsi chez
M. C. Marcille nous trouvons un portrait de femme non signé,
dans lequel, à notre jugement, tout est de Chardin, sauf la
tête; Chardin, pour nous, a peint cette robe rouge, ces mitaines
vertes, ce fouillis de dentelles, ces semis de fleurettes, cette
tranche nuée d'éventail fermé; mais dans la figure nous ne
le retrouvons pas, et il semble que Chardin s'efface. N'y
aurait-il pas ici une hypothèse à risquer? Le compagnon
d'atelier, l'ami d'Aved, n'aurait-il pas quelquefois habillé un
portrait d'Aved qui serait alors un Chardin jusqu'au cou?

2. « Paroisse Saint-Sulpice. Le 1ᵉʳ janvier 1731 a été célébré

où son père avait d'avance fait un choix pour lui, il fut présenté et plut à une jeune fille dont il parvint ·bientôt à se faire aimer. Les deux jeunes gens furent accordés; mais les parents de la jeune fille demandant que la position du jeune homme fût plus assurée, le mariage fut retardé de plusieurs années au bout desquelles

le mariage de Jean-Siméon Chardin, peintre de l'Académie royale, âgé de trente et un ans, fils de Jean Chardin, maître menuisier, et Jeanne-Françoise David, présents et consentents, de cette paroisse depuis plusieurs années, y demeurants rue Princesse, avec Marguerite Saintar, âgée de vingt-deux ans, fille des défunts Simon-Louis Saintar, marchand, et de Françoise Pantouflet, assistée de Pierre Perant, marchand de son, demeurant rue de la Verrerie, paroisse de Saint-Mery, créé tuteur de l'épouse par acte passé devant M. le lieutenant civil en datte du vingt-sept novembre mil sept cent trente, de fait de cette paroisse, y demeurant rue Ferou, de droit de celle de Saint-Mery, trois bans publiés en cette église et celle de Saint-Mery sans opposition, fiançailles faites hier présents et témoins Pierre Naudin, arquebusier des menus plaisirs du roy, demeurant rue de la Pelleterie, paroisse Saint-Jacques-la-Boucherie, cousin de l'époux; Juste Chardin, menuisier des menus plaisirs du roy, rue Princesse, frère de l'époux; Claude Saintar, bourgeois de Paris, demeurant rue Saint-Denis, paroisse Saint-Jacques-la-Boucherie, oncle de l'épouse; Pierre Saintar, négotiant, demeurant rue Neuve et paroisse Saint-Mery, cousin de l'épouse, qui nous ont certifié le domicile des parties ci-dessus et leur liberté pour le présent mariage soussigné. »

Marguerite Saintar, l'accordée de Chardin,
se trouva ruinée et dans une position touchant
à la misère. Le père de Chardin voulut alors
rompre le mariage ; mais le fils tint bon avec
une droiture généreuse, et ne voulut ni manquer à ses engagements ni tromper l'inclination
que la pauvre jeune fille avait prise pour lui [1].
De traits agréable, dit le *Nécrologe,* mais faible,
languissante, valétudinaire, la pauvre femme
mourut de la poitrine, quatre ans après son
mariage, en laissant un fils à Chardin [2].

Il y eut bien du malaise, bien de la gêne
dans ce premier mariage de Chardin. La femme
était malade, les gains du mari demeuraient
minimes et incertains. Toute sa jeunesse, le
peintre la passa assez durement, sans trouver
un grand soulagement des difficultés de sa vie,
dans un commencement de célébrité, et dans
la célébrité même. Car ses tableaux, si appré-

1. *Mémoire de la vie des Académiciens,* vol. II.
2. « Le quinze avril 1735 a été fait le convoi et enterrement
de Marguerite Sainctard, femme de Jean-Siméon Chardin,
peintre ordinaire du roy, morte hier en sa maison, rue Princesse, âgée d'environ vingt-six ans, et y ont assisté Claude
Sainctard, oncle, Justin Chardin, beau-frère, Noël-Sébastien
Chardin, aussi beau-frère de la ditte défunte, qui ont signé. »

ciés des amateurs du temps, si goûtés de la
critique qui les déclare dignes du voisinage
des meilleurs maîtres flamands, ne se vendent
guère comme ceux-ci. Livrés aux enchères,
au feu des ventes les plus en renom, ils n'at-
teignent que des prix bien médiocres. A la
vente du chevalier de Laroque, en 1745, la
Fontaine et la *Blanchisseuse* n'allaient qu'à
482 livres. L'*Ouvrière en tapisserie* et son pendant
le *Dessinateur* étaient donnés pour 100 livres ;
le *Jeune Écolier au toton*, pour 25 livres. Ces
prix devaient faire la base des marchés du
peintre avec les amateurs et les marchands ;
et l'on peut calculer le peu d'argent qui devait
entrer dans la bourse du peintre avant cela,
alors que le nom de Chardin n'était pas encore
une valeur ayant eu cours dans les ventes.
Jamais du reste, même en ses dernières années,
Chardin ne semble avoir tiré de sa peinture de
quoi vivre. Les prix de ses tableaux restent
toute sa vie presque aussi bas et aussi misérables. En 1757, vingt ans après sa première
exposition, à la vente Heinecken, l'*Aveugle* ne
montait qu'à 96 livres. En 1761, à la vente du
comte de Vence, l'*Écureuse* et le *Garçon caba-*

retier étaient payés 550 livres; en 1759, à la vente La Live de Jully, la *Mère faisant réciter l'Évangile à sa fille* et l'*Écolier dessinant d'après la bosse* allaient à 720 livres; et en 1770, à la vente Fortier, le *Bénédicité* se vendait 900 livres. Encore ces prix étaient-ils les hauts prix de Chardin. Ses tableaux de nature morte n'en approchaient pas. A la vente Mollini, un lapin, peut-être ce lapin de ses débuts qui lui coûta tant d'efforts, une si longue et si patiente étude du poil, du modelé, de tout l'animal, un lapin avec une gibecière et une poire à poudre était adjugé 25 livres; et Wille dans un coin de ses Mémoires se félicite d'avoir acheté 36 livres deux de ses petits tableaux d'ustensiles de cuisine [1].

1. On pourrait penser que la mort de Chardin donne aux enchères ce coup de fouet, à ses tableaux la montée que donne d'ordinaire la mort d'un artiste à ses œuvres. L'erreur serait grande. A sa vente même, la *Gouvernante* et la *Mère laborieuse* se donnaient pour 30 livres 4 sols, la *Blanchisseuse* pour 17 livres 6 sols, les *Tours de cartes* et le *Jeu de l'oie* pour 35 livres 7 sols, deux tableaux représentant des singes pour 19 livres 10 sols! En 1780, l'année qui suit sa mort, à la vente Leroy de Senne-velle, un exemplaire de la *Fontaine* est vendu 175 livres. En 1782, à la vente du marquis de Ménars, la *Serinette*, payée par lui 1,500 livres, tombe à 631; l'*Écureuse* et le *Garçon cabaretier*

A l'époque où il se vend ainsi, Chardin a pourtant toute sa vogue à Paris et en Europe. Le prince de Lichtenstein met quatre de ses tableaux dans sa galerie de Vienne. Sa peinture enchante et passionne le comte de Tessin, un amateur digne de l'apprécier, qui fait successivement entrer dans sa galerie de Drotningholm le *Négligé* ou la *Toilette du matin*, les *Amusèments de la vie privée*, l'*Économe*, et communique au prince de Suède son goût de Chardin. C'est le temps où l'Impératrice de Russie lui commande des tableaux pour sa galerie de l'Ermitage [1]. La concurrence de si grands et si riches amateurs avec les curieux français

---

s'arrêtent à 419 livres. En 1782, à la vente de Mme Lancret, un panneau représentant deux lièvres n'atteint que 8 livres. En 1783, à la vente Belisard, la *Mère laborieuse* se vend 123 livres. Et dès lors les prix descendent, baissent sous la Révolution, baissent sous l'Empire, baissent sous la Restauration, et arrivent presque à la dérision, jusqu'au jour où M. Marcille père paye le *Dessinateur* 725 francs.

1. Essayons de donner la liste, sans doute bien incomplète, des tableaux de Chardin passés à l'étranger. Le catalogue du musée de l'Ermitage de 1774 (réimprimé dans la *Revue universelle des arts*, 1761) indique, sous les numéros 378, 407, 408, *les Beaux-Arts*, tableau allégorique exposé en 1769, une *Jeune Fille jouant au volant*, un *Jeune Homme s'amusant avec des cartes*.

aurait dû faire monter les prix du peintre, lui
donner au moins l'aisance. Il n'en fut rien. La
mode d'être payé cher manqua à Chardin.
D'ailleurs, il faut le dire, il ne fit rien pour la
faire venir. Dénué de toute âpreté au gain, il
était si peu avide et si simple dans ses affaires,
qu'une fois arrivé et connu, il se contenta des
pauvres prix de ses débuts, et s'y arrêta, sans
penser à tirer parti de son nom plus grand,
de sa notoriété, du bruit de ses toiles dans
le public. Mariette parle bien d'un prix de
18,000 livres pour son tableau de la *Gouvernante*; mais les *Mémoires de l'Académie*, plus
fidèlement renseignés, à ce que l'on peut

A ces trois tableaux il faut ajouter une répétition du *Bénédicite*
qu'indique M. Dussieux dans ses *Artistes français à l'étranger*.
Rappelons les quatre tableaux du prince de Lichtenstein à
Vienne : les *Aliments de la convalescence*, la *Ratisseuse*, signés
Chardin, 1733 (?), la *Pourvoyeuse*, signé Chardin, 1735 (?), la
Gouvernante. En Suède, indépendamment des trois tableaux
faits pour le comte et la comtesse de Tessin, doivent se trouver
la *Bonne Éducation* et le *Dessinateur d'après la bosse*, tous deux
dédiés à la reine de Suède. Au palais du roi, à Berlin,
M. Dussieux cite deux sujets de la *Ratisseuse*; à Londres, un
portrait de Chardin par lui-même, et un portrait de d'Alembert (?) à Strafford-House; à Carlsruhe, outre la *Dame cachetant une lettre*, cinq tableaux de nature morte.

croire, affirment que le tableau qui lui fut payé
le plus cher au moment de sa plus grande
réputation ne lui fut payé que 1,500 livres :
c'était la *Serinette* ou la *Dame variant ses amusements,* acquise par M. de Ménars [1].

1. Voici, à propos de ce tableau appartenant aujourd'hui à
M. le duc de Morny, le mémoire que veut bien me communiquer M. Camille Marcille :

« Ce mémoire a été présenté à M. de Vandières le 18 janvier 1752, et arrêté à 1,500 livres.

« Payé en entier, le 8 février 1752, 1,500 livres.

« Le tableau, qui m'a été demandé par M. Coypel et que
j'ay fait, porte 18 pouces de haut sur 15 de large. Il représente
une dame variant ses amusements.— Chardin. »

« Réglé à 1,500 livres.

« Je soussigné, premier peintre du roy, certifie à M. de
Tournehem, directeur et ordonnateur général des bâtiments,
que le tableau mentionné dans ce mémoire a été fait et fort
approuvé. A Paris, ce 18 novembre 1751. — Coypel. »

Joignons à ce mémoire un curieux renseignement qui, en
nous donnant la moyenne des prix de Chardin, nous montrera
combien peu sa peine et la conscience de son travail étaient
rétribuées; c'est l'extrait d'une lettre de Berch au comte de
Tessin (octobre 1745), publiée par notre ami Philippe de Chennevières dans ses *Portraits inédits d'artistes français* :

« L'affaire des tableaux rencontre un peu de difficulté du
côté de M. Chardin, qui avoue naturellement qu'il ne pourrait
pas donner les deux pièces que dans un an d'ici. Sa lenteur
et la peine qu'il se donne doivent, dit-il, déjà être connues à
Votre Excellence. Le prix de 25 louis d'or par tableau est
modique pour lui, qui a le malheur de travailler si lentement;

Produisant peu et s'entendant si mal au commerce de son talent, Chardin fut heureux de trouver dans un second mariage avec une veuve de trente-sept ans [1] l'assurance de la vie et le partage d'une petite fortune qui lui permit de travailler à son aise, à son jour, à son heure, comme il convenait à son caractère et à sa manière de peindre. De cette seconde femme

mais, en considération des bontés que Votre Excellence a eues pour lui, il passera encore ce marché et laissera à la volonté de cet ami de Votre Excellence, s'il veut y ajouter quelque chose quand l'entreprise sera achevée. De cette façon, Votre Excellence a encore du temps pour se déterminer si elle veut qu'il travaille. Un tableau qu'il a chez lui l'occupera encore probablement une couple de mois. Jamais, chez lui, plus d'un entrepris à la fois. »

1. « Paroisse Saint-Sulpice, 1744. Le jeudy vingt-six novembre a été célébré le mariage de Jean-Siméon Chardin, âgé de quarante-quatre ans, peintre du roy, veuf de Marguerite Saintar, avec Françoise-Marguerite Pouget, âgée de trente-sept ans, veufve de Charles de Malnoé. Les deux parties de cette paroisse y demeurants depuis plusieurs années, rue Princesse, un ban publié en cette église sans opposition, dispense de deux bans obtenue de Mgr l'archevèque de Paris en datte du vingt-trois du présent mois, insinué et controllé le même jour, fiançailles faites hier, présents et témoins Jean Daché, agent de change et banquier, rue et paroisse Saint-Sauveur; Jean-Jacques Lenoir, négotiant, bourgeois de Paris, rue Mauconseil, paroisse Saint-Eustache, amis de l'épouse; Juste Chardin, menuisier-ébéniste du roy, rue Princesse, frère de l'époux;

de Chardin, Françoise-Marguerite Pouget,
veuve de Charles de Malnoé, Cochin nous a
laissé un agréable profil. Les traits, finement
découpés, sont encore jeunes : l'œil est vif
et noir, le nez spirituel, la bouche un peu
mince, avec du sérieux dans le sourire. Une
netteté coquette, une raison avenante, c'est

Jacques-André-Joseph Aved, peintre du roy, conseiller en son
Académie royale de peinture et sculpture, rue de Bourbon,
amy de l'époux, qui nous ont tous certifié le domicile des
parties ci-dessus, leur liberté pour le présent mariage, et ont
signé.» Marguerite-Françoise Pouget devait survivre à Chardin.
Une lette de Cochin à Descamps nous donne les détails suivants
sur sa vie après la mort de Chardin : « M_me Chardin demeure
maintenant rue du Renard-Saint-Sauveur, chez M. Atger,
agent de change. M. Dachet, oncle de M. Atger, avait épousé
une sœur de M_me Chardin. Ils ont été toujours liés d'amitié.
M. Dachet est mort. M. Atger a offert à M_me Chardin de la
recevoir chez lui, où elle coulerait la vie douce, n'ayant plus
le souci de rien que de sa santé; M_me Chardin a accepté et s'y
trouve heureuse. Ils ont une maison de campagne où ils vont
passer la plus grande partie de l'été, au moyen de quoi elle
jouit d'un doux repos, d'un bon air, et fait de l'exercice sans
fatigue. Elle a cependant essuyé une violente maladie l'automne
dernier, mais il n'y paraît plus, et elle a à présent une très-
bonne santé.» Elle mourut à quatre-vingt-quatre ans, en 1791,
selon l'acte de décès que veut bien nous communiquer
M. Bellier de La Chavignerie, et fut inhumée le 16 mai dans
la paroisse Saint-Sauveur, en présence de Jean-Pierre Pouget,
de Marcelle et Paul-Laurent Atger, tous deux bourgeois de
Paris. »

toute cette figure bien digne d'avoir été le modèle des *Amusements de la vie privée*.

IX.

Nous l'avons dit : dès que Chardin paraît, il est reconnu. Il se montre, et sa réputation est faite. Diderot ne fera que continuer et confirmer l'admiration du public pour le peintre.

La critique, dès 1738, le place au premier rang. L'auteur de la *Lettre à la marquise S. P. R.* s'extasie sur son originalité, sur ce goût de peinture qui est à lui seul. L'année suivante (1739), dans une seconde lettre, il le déclare unique dans les sujets qu'il peint et d'un naturel étonnant. Lafont de Saint-Yenne, dans ses *Réflexions sur quelques causes de l'état présent de la peinture en France*, admire l'intérêt que ce talent singulièrement neuf met dans la représentation des actions de la vie ordinaire, et il fait cause commune avec le goût du public qui se jette sur les estampes de Chardin. Un autre critique de l'année félicite le peintre à la mode de traiter des sujets familiers, sans être bas. Les *Observations sur les arts et sur quelques morceaux de peinture exposés au Louvre en 1748* répètent ces éloges, complimentent Chardin d'avoir fondé le genre marotique, le déclarent l'égal des meilleurs artistes de Flandre, et digne de figurer dans les plus riches cabinets. Les *Sentiments sur quelques ouvrages de peinture, etc., écrits à un particulier de province*, 1754, lui donnent la louange de percevoir des naïvetés et des finesses qui se cachent aux autres, et de s'entendre admirablement aux jeux de lumière. Les critiques d'art se mettent sous le patronage de son nom : on voit paraître en 1753 une *Lettre à M. Chardin sur les caractères de la peinture*. Le poëte du *Portefeuille d'un homme de lettres, Cosmopolis*, 1759, s'écrie : « O Chardin ! l'œil s'abîme, l'œil se perd dans ta touche ! » Nous ne sommes pas loin du lyrisme de Diderot qui n'en parlera guère sans dire de lui : « C'est le grand coloriste... le grand magicien... c'est le sublime du technique... c'est la nature même ! »

Cependant dès ces années du milieu du siècle, de certaines réserves commencent à se glis-

ser dans la critique. On croit s'apercevoir d'un
affaiblissement de son talent. On se plaint de
ce bien-être qui lui permet de travailler à son
loisir, et de cette philosophie qui lui ôte l'ap-
pétit du gain, l'envie de beaucoup gagner en
produisant beaucoup. On l'accuse d'ingratitude
pour le public si curieux et si impatient de ses
œuvres; on jette à sa paresse pour l'aiguillonner
l'exemple du fécond et laborieux Oudry. Les
*Jugements sur les principaux ouvrages exposés
au Louvre le 27 août 1751,* après avoir loué
Chardin, parlaient avec une ironie caressante
d'un tableau supposé qu'ils décrivaient comme
un ouvrage dont il était occupé : « Il s'y peint,
dit la maligne brochure, avec une toile posée
devant lui sur un chevalet; un petit génie qui
représente la Nature lui apporte des pinceaux ;
il les prend, mais en même temps la Fortune
lui en ôte une partie, et tandis qu'il regarde la
Paresse qui lui sourit d'un air d'indolence,
l'autre tombe de ses mains. » Il y avait aussi
dans la critique un certain désappointement à
ne plus voir de Chardin, à partir de 1755, hors
ses natures mortes, que des redites. Elle
attendait, elle espérait toujours une scène

nouvelle ; et c'était la scène ancienne qui reparaissait avec des changements insignifiants. Ces répétitions, à la longue, amenaient un certain mépris du peintre, de sa pauvreté d'imagination, de l'avarice de sa veine ; et d'année en année Chardin baisse et s'éteint doucement dans le bruit des Salons. L'attention, l'admiration ne se réveillent qu'un moment, en 1765 et en 1767, devant ses *Attributs des arts et des sciences,* et ses tableaux d'instruments de musique, commandés pour Choisy [1], tableaux éblouissants où les velours rouges des musettes, les bandoulières bleues des violes, les drapeaux des trompettes, les timbales de cuivre s'arrangent superbement dans une magnifique opulence de tons. Puis la critique s'éloigne de lui, ne sachant rien de nouveau à en dire, pour aller à Jeaurat. Diderot lui-même, au métier de louer son peintre, un beau jour se lassera, et il laissera échapper en 1767 que « Chardin s'en va ».

Mais Chardin n'avait pas dit son dernier mot. Voyant qu'on abandonnait sa peinture

1. Ils appartiennent aujourd'hui à M. Fudoxe Marcille.

et que son talent de peintre avait trop longtemps duré, il quittait ses pinceaux, et, allant
à un autre procédé, touchait à cet art du
pastel dont Latour venait de révéler les ressources et les enchantements. Le vieillard de
soixante-dix ans, lassé, malade, affaibli, prenait
les crayons que ses mains tremblantes allaient
encore tenir pendant dix ans. « C'était l'effort,
dit une brochure du temps, de ces athlètes
qui, chancelant après un combat terrible,
rappellent toutes leurs forces pour aller expirer
dans l'arène [1]. » Suprême effort, en effet,
mais aussi suprême triomphe du vieux peintre :
c'est comme le soir de son talent, la chaleur
de son dernier rayonnement ; ses pastels sont
les adieux de sa lumière.

Allez à ces deux portraits du Louvre, où
il s'est représenté [2], comme le vieux grand-
père de son œuvre, sans coquetterie, dans le

[1]. *La Prêtresse, ou Nouvelle Manière de prédire ce qui peut
arriver.*

[2]. Le portrait de Chardin du Louvre, en besicles, a été
gravé par Chevillet ; deux autres portraits de lui en médaillon
ont été gravés d'après deux dessins différents de Cochin, l'un
par Laurent Cars, l'autre par Rousseau.

déshabillé bourgeois, familier, abandonné d'un septuagénaire, en bonnet de nuit, l'abat-jour au front, les besicles au nez, le *mazulipatam* au cou : quelles surprenantes images ! Ce travail violent et emporté, les écrasis, les martelages, les tapotages, les balafrures, les empâtements de crayon, ces touches semées, franches et rudes, ces audaces qui marient des tons immariables et jettent sur le papier les couleurs toutes crues, ces dessous pareils à ceux que le scalpel trouve sous la peau, tout cela s'harmonise à quelques pas, s'assemble, se fond, s'éclaire, et c'est de la chair qu'on a sous les yeux, de la chair vivante qui a ses plis, ses luisants, sa porosité, sa fleur d'épiderme. Les vergetures des joues, le bleuissement d'une vieille barbe, les blancs, les roses, les tendresses du teint, ce rayon humide dans lequel baignent l'œil et l'expression du regard, Chardin les obtient, il atteint à la vérité et à l'illusion de la carnation avec des coups de rouge vif, de bleu pur, de jaune d'or, avec des couleurs entières et absolues qui sembleraient devoir outrer la vie et forcer le ton de la réalité. Son modelé n'est pas moins miraculeux : de son pastel si large et si heurté, le dessin de toute la tête, les plans du visage, les lignes, les méplats, les rondeurs, les soufflures de graisse, les accentuations des muscles, sortent et se dégagent à la façon de la forme dans la pâte de Rembrandt.

Et pourtant son chef-d'œuvre n'est point encore là : c'est dans le portrait de sa femme qu'il révèle tout son feu, toute la puissance de sa verve, la force et la fièvre de son exécution inspirée. Jamais la main du peintre n'eut plus de génie que dans ce pastel, plus d'audace, plus de bonheur, plus d'éclairs. De quelle touche furieuse, chargée, solide, de quel crayon libre, fouetté, sûr dans les hasards mêmes, affranchi des hachures dont jusque-là il a amorti son tapage ou raccordé ses ombres, Chardin attaque le papier, l'éraille, y enfonce le pastel! Comme il amène au jour victorieusement ce visage de la vieille Marguerite Pouget, enveloppée jusqu'au coin des yeux de cette coiffe presque monastique, si souvent répétée dans ses figures! Rien ne manque à cette prodigieuse étude de vieille femme, ni un trait, ni un ton. Le front d'une pâleur

d'ivoire jauni, le regard tout refroidi et dont
le sourire s'est envolé, le plissage des yeux, la
minceur décharnée du nez, la bouche qui
creuse et se ferme à demi, ce teint semblable
à un fruit sur lequel l'hiver a passé, Chardin
exprime tous ces signes de la vieillesse; il
en donne la sensation et presque l'approche
avec ce crayonnage inimitable, insaisissable,
qui met on ne sait comment le souffle de la
personne sur les lèvres de son portrait, le
tressaillement du jour dans le dessin d'une
physionomie. Et comment surprendre, comment dire de quoi est faite cette bouche
démeublée qui tourne, qui plisse, qui se retire,
qui respire, qui a toutes les infinies délicatesses
de ligne, de courbe, d'inflexion d'une bouche?
Cela n'est fait que de quelques traînées de
jaune et de quelques balayures de bleu. L'ombre portée de ce bonnet, ce jour sur la tempe
tamisé par le linge, cette transparence qui
tremble auprès de l'œil, qu'est-ce? Des coups
de pur brun rouge, brisés de quelques coups
de bleu. Ce bonnet blanc, absolument blanc,
c'est du bleu rien que du bleu. Et la blancheur
de la figure est faite avec du jaune pur, car

cette claire figure n'a pas un blanc; il n'y a
que trois points de craie jetés dans toute cette
tête, à la lumière du bout du nez et à la lumière des deux yeux. Tout peindre dans son
ton vrai, sans rien peindre dans son ton
propre, c'est à ce tour de force et à ce miracle que le coloriste s'est élevé [1].

Avec ses pastels, plus goûtés du public que
des artistes, un reste de succès revenait à
Chardin. Quelques mois avant sa mort, au Salon
de 1779, un dessin de cette manière, une jeune
tête de *jaquet* qu'il exposait, était remarquée
par Madame Victoire qui s'éprenait de sa vérité et faisait demander au peintre le prix qu'il
en voulait. Chardin, que la gloire ne gâtait plus,
envoyait dire à la princesse qu'il se regardait
comme payé par l'honneur qu'elle voulait bien
faire à sa vieillesse : le lendemain le comte
d'Affry remettait de la part de la princesse
une boîte d'or au peintre charmé et tout ému [2].

1. On voit chez M. Laperlier une tête de Chardin signée
1771. C'est une tête de vieillard aux cheveux blancs, pastellée
encore avec plus d'outrance et une plus furieuse opposition de
tons. De cette tête, M. Laperlier possède une petite eau-forte,
la seule qu'on puisse attribuer à Chardin.

2. Le *Nécrologe*. — *Mémoire de la vie des Académiciens.*

X

L'œuvre de Chardin dit l'homme qu'il fut. On le devine, on le retrouve dans sa peinture. Il se raconte et s'ouvre familièrement à vous dans ses compositions, dans ses scènes, dans le terre à terre et la morale bourgeoise de ses compositions. C'est avec le jour tranquille de son existence qu'il éclaire ses intérieurs. Ses personnages ressemblent à sa famille. Cette médiocrité dont il représente la paix, l'honnête labeur, les joies réglées, le tranquille contentement, est la sienne. Sans éducation, sans humanités, il est, comme les ménages pauvres qu'il peint, peuple par certains côtés. On le voit vivant avec les braves gens qui l'ont porté au baptême et qui l'accompagneront au cimetière, ne sortant guère des liaisons et du monde de son père, et, sans aller aux gens de la cour et aux grandes dames, s'en tenant à ses compères, des menuisiers, des marchands, de bons bourgeois de Paris, les peignant, eux, leurs femmes, leurs enfants, et ne peignant

qu'eux. C'est ainsi que ce portrait de madame
Lenoir, dont on avait fait la femme du lieutenant de police, se trouve être tout simplement
le portrait de la femme de son ami Lenoir,
négociant [1], de ce même Lenoir, témoin de
son mariage, dont il avait peint, en 1731, le
fils s'amusant à faire un château de cartes.
Chardin, j'en répondrais, n'a jamais peint d'illustrations. Sa race, c'est la race des ouvriers
d'art du temps, de ces hommes de famille, de
ces artistes du coin du feu, les Lebas, les
Wille. Il a, de ce sang-là, la verdeur, l'entrain, la grosse franchise, la bonne humeur du
bon sens, la philosophie pratique, la rondeur.
Quelle bonhomie dans ce trait qui le montre
avec la vivacité d'un croquis! Un jour qu'il
était en train de peindre un lièvre mort que
guette un chat, il est visité par son ami Lebas.
Lebas s'enflamme devant son lièvre et lui
témoigne le désir de le lui acheter. « *On peut
s'arranger*, lui dit Chardin; *tu as une veste qui*

1. Ceci est confirmé par un second état de l'*Instant de la
méditation* portant au-dessous du titre : *Dédié à M. Le Noir par
son très-humble et très-obéissant serviteur et son amy, J.-B.-S.
Chardin.*

me plaist fort. » Lebas ôta sa veste et emporta le tableau [1].

Le bonhomme, c'est cela qu'est vraiment Chardin parmi les peintres du temps. Modeste dans le succès, il répète « *que la peinture est une île dont il a côtoyé les bords* ». Sans jalousie, il s'entoure des tableaux, des dessins de ses contemporains [2]. Il est paternel aux jeunes gens, indulgent aux débuts. Il a dans l'âme et dans l'esprit toutes les charités du vrai talent. L'accent de sa bonté, ne l'avons-nous pas tout vibrant dans sa belle conversation avec Diderot? Qu'on écoute, c'est le fond de l'homme et le cœur du peintre :

« *Messieurs, messieurs, de la douceur. Entre tous les tableaux qui sont ici, cherchez le plus mauvais; et sachez que deux mille malheureux ont brisé entre leurs dents le pinceau, de désespoir de faire jamais aussi mal. Parocel que vous appelez un barbouilleur et qui l'est en effet, si vous*

1. Catalogue de Lebas. Note manuscrite.
2. Voyez *Notice des principaux articles de tableaux, dessins et estampes* provenant du cabinet de feu M. Chardin, peintre du roi, dont la vente se fera le lundi 6 mars 1780 et jours suivans, de relevée, rue Saint-Honoré, hôtel d'Aligre. Joullain, expert. MDCCLXXX.

le comparez à Vernet, ce Parocel est pourtant un homme rare, relativement à la multitude de ceux qui ont abandonné la carrière dans laquelle ils sont entrés avec lui. Lemoine disait qu'il fallait trente ans de métier pour savoir conserver son esquisse, et Lemoine n'était pas un sot. Si vous voulez m'écouter, vous apprendrez peut-être à être indulgent. On nous met, à l'âge de sept ou huit ans, le porte-crayon à la main. Nous commençons à dessiner, d'après l'exemple, des yeux, des bouches, des nez, des oreilles, ensuite des pieds et des mains. Nous avons eu longtemps le dos courbé sur le portefeuille, lorsqu'on nous place devant l'Hercule ou le Torse; et vous n'avez pas été témoin des larmes que ce satyre, ce gladiateur, cette Vénus de Médicis, cet Anthée, ont fait couler. Soyez sûrs que ces chefs-d'œuvre des artistes grecs n'exciteraient plus la jalousie des maîtres s'ils avaient été livrés au dépit des élèves. Après avoir séché des journées et passé des nuits à la lampe, devant la nature immobile et inanimée, on nous présente la nature vivante, et tout à coup le travail de toutes les années précédentes semble se réduire à rien : on ne fut pas plus emprunté la première fois qu'on prit le crayon. Il faut apprendre à l'œil à regarder la nature; et combien ne l'ont jamais vue et ne la verront jamais! C'est le supplice de notre vie. On nous a tenus cinq à six ans devant le modèle, lorsqu'on nous livre à notre génie, si nous en avons. Le talent ne se décide pas en un moment. Ce n'est pas au premier essai qu'on a la franchise de s'avouer son incapacité. Combien de tentatives, tantôt heureuses, tantôt malheureuses! Des années précieuses se sont écoulées avant que le jour de dégoût, de lassitude et d'ennui ne soit venu. L'élève est âgé de dix-neuf à vingt ans, lorsque, la palette lui tombant des mains, il reste sans état, sans ressources et sans mœurs; car d'avoir sans cesse sous les yeux la nature toute nue, être jeune et sage, cela ne se peut. Que faire, que devenir? Il faut se jeter dans quelques-unes de ces conditions subalternes, dont la porte est ouverte à la misère, ou mourir de faim. On prend le premier parti; et à l'exception d'une vingtaine, qui viennent ici tous les deux ans s'exposer aux bêtes, les autres ignorés, et moins malheureux peut-être, ont le plastron sur la poitrine dans une salle d'armes, ou le mousquet sur l'épaule dans un régiment, ou l'habit de théâtre sur les *tréteaux. Ce que je vous dis, c'est l'histoire de Belcourt, de Lekain et de Brisard, mauvais comédiens, de désespoir d'être médiocres peintres.* »

Et il racontait avec un sourire qu'un de ses confrères, dont le fils était tambour dans un régiment, répondait à ceux qui lui en demandaient des nouvelles, qu'il avait quitté la peinture pour la musique ; puis reprenant le ton sérieux, il ajoutait :

« *Tous les pères de ces enfants incapables et déroutés ne prennent pas la chose aussi gaiement. Ce que vous voyez est le fruit des travaux du petit nombre de ceux qui ont lutté avec plus ou moins de succès. Celui qui n'a pas senti la difficulté de l'art ne fait rien qui vaille ; celui qui comme mon fils l'a senti trop tôt ne fait rien du tout, et croyez que la plupart des hautes conditions de la société seraient vides si l'on n'y était admis qu'après un examen aussi sévère que celui que nous subissons... Adieu, messieurs, de la douceur, de la douceur* [1] ».

On se le représente, disant cela, avec sa grosse tête carrée, puissante et bonne, et le

---

1. Œuvres de Diderot. Belin, 1818, *Salon de l'année* 1765.

fin sourire de ses portraits du Musée. Ou plutôt, je le vois dans cette préparation de Latour, possédée par M. Marcille, où le causeur semble avoir été saisi tout parlant, avec sa figure penchée, ses yeux un peu couverts, son expression de malice rustique, et ce nez, et cette lèvre dont parle Diderot.

XI.

La vieillesse venait et amenait ses tristesses et ses infirmités à Chardin. Depuis de longues années il souffrait de la pierre, qui, sans se former, s'en allait par écailles. Des chagrins se joignaient à sa souffrance. La mort de ce fils [1], le seul enfant qu'il ait eu, auquel il rêvait de laisser son nom et son talent, n'était pas chez lui une douleur oubliée : elle se

1. Ce fils, que les uns disent noyé à Venise, que les autres font mourir plus vraisemblablement en France, peu de temps après son retour d'Italie, avait obtenu, en 1754, le grand prix de Rome sur le sujet de l'*Asmonéen Mathathias, père des Machabées*. Le musée de Nantes possède de lui un sujet italien; mais il semble avoir vite abandonné la grande peinture pour se faire l'élève de son père. Après sa mort, en 1779, l'exposition libre de

représentait à son esprit et revenait plus vive
avec les années plus sévères et plus dépouil-
lées. Puis, sous son enveloppe courte et un
peu massive, sous son gros air matériel,
Chardin cachait une grande sensibilité, une
délicate susceptibilité, un tempérament tendre
et trop facile à se laisser toucher par l'injure,
les mauvais procédés, l'injustice. Blessé par
l'indifférence de la critique, par cette sévérité
des jugements dont on retrouve l'écho dans
Mariette, il dut mille contrariétés, mille tra-
casseries à son amitié pour Cochin, au zèle
qu'il mit à le défendre, à le soutenir dans sa
longue direction de l'art. Tous ces ennuis
empoisonnèrent les dernières années d'une vie
à laquelle l'aisance, les soins d'une femme
toute dévouée, une carrière si remplie et si
méritante, semblaient devoir assurer un autre
bonheur. A la fin, de nouveaux maux surve-
naient à Chardin, déjà souffrant depuis si

la Blancherie montrait de lui un bas-relief, un jeu d'enfants
imitant le bronze. M. Laperlier possède un tableau peint par
lui tout à fait dans le genre de l'ordonnance de son père : c'est
une tête en plâtre du *Mercure* de Pigalle sortant du milieu de
rouleaux de papier, de livres, d'étuis, d'instruments de mathématiques, d'accessoires de toute sorte des sciences et des arts.

longtemps. Ses jambes enflaient; l'hydropisie gagnait la poitrine. Le 6 décembre 1779, Doyen écrivait à un des amis les plus intimes de Chardin, à Desfriches : « Je suis chargé de la part de Mme Chardin de vous faire des excuses de ce qu'elle n'a pas eu l'honneur de vous remercier et de vous faire part de sa situation, qui est bien douloureuse. M. Chardin a reçu le bon Dieu; il est dans un état d'affaissement qui donne les plus grandes inquiétudes; il a toute sa tête; l'enflure des jambes a percé dans différentes parties de ses jambes, on ne sait ce que cela deviendra[1]. » — Ce jour-là même, le jour où Doyen écrivait cela, Chardin mourait[2].

1. Les *Amateurs français*, par Dumesnil

2. « Décembre 1779. Paroisse Saint-Germain-l'Auxerrois, le mardy sept. M. Jean-Baptiste-Siméon Chardin, peintre du roy et de son académie royale de peinture et sculpture, ancien trésorier de ladite académie, de l'académie royale des sciences, belles-lettres et arts de Rouen, âgé de quatre-vingts ans passés, veuf en premières nopces de dame Margueritte Saintard, et époux de dame Françoise-Margueritte Pouget, décédé hier à neuf heures du matin aux galleries du Louvre, a été inhumé en cette église en présence de sieur Juste Chardin, ancien entrepreneur de bâtiments du roy, et de sieur Noël-Sébastien Chardin, marchand mercier, ses frères. » On lit au bas de cet acte la signature de quatre Chardin, sans doute les frères survivants du peintre.

XII.

La peinture de Chardin, sa nouveauté, son originalité, sa personnalité, préoccupèrent grandement les contemporains. Leur curiosité s'irritait devant ce faire unique, cette représentation inexplicable de la nature, ce miracle de l'imitation artistique. Ils s'intéressaient à ce duel entre Oudry et Chardin peignant le même bas-relief et arrivant tous deux à l'illusion du vrai avec des procédés contraires et comme des deux extrémités de l'art : Oudry avec la basse, plate et commune habileté du trompe-l'œil, Chardin avec sa pratique de génie. Ils s'interrogeaient et essayaient de se renseigner sur sa trituration de pâte, ses mélanges de couleur, sa *cuisine* de peinture. Ils se demandaient les recettes du coloriste, les dessous de son talent. Ils se plaignaient de ne connaître personne qui l'eût vu peindre. Ils acceptaient la légende que Chardin se servait, pour peindre, plus souvent de son pouce que de son pinceau. Il leur semblait impossible que cet homme ne peignît comme il peignait, en peignant avec les moyens matériels de tous les peintres.

Et pourtant cela était. Chardin, quoi qu'ils crussent, ne devait point son talent à ces misérables sorcelleries de préparation, à ces escamotages de touche. Le secret de sa peinture n'était ni dans les couleurs posées au pouce, ni dans une recette propre à donner un peu de transparence aux demi-teintes : Belle, quand il eut cette recette [1], resta le

---

1. Voici cette recette, transmise par Cochin à Belle fils :

« Teinte pour l'accord harmonieux d'un tableau dont M. Chardin faisait un excellent usage. De la lacque, de la terre de Cologne, des cendres d'outre-mer, du stil de grain d'Angleterre.

« Quand le tableau est fait, on revient avec ces teintes pour accorder.

, « J'ai ouï dire à M. Chardin qu'avec ces tons diversement et bien modifiés il revenoit sur toutes les ombres, de quelque couleur qu'elles fussent. Il est certain que ce peintre a été celui de son siècle qui a le mieux entendu l'accord magique du tableau. » (*Archives de l'art français*, t. II.) Chardin au reste s'occupa beaucoup de la chimie de son art. M. Benjamin Fillon a donné dans les *Lettres écrites de la Vendée*, 1861, un certificat de Chardin en faveur de l'ocre brun-rouge de la Véri, fabrique de couleurs du bas Poitou qui, en 1771, essayait de lutter avec les terres d'Italie.

peintre qu'il était, avant de l'avoir. Ce que
Chardin voulait cacher, en ne laissant point
approcher de son chevalet, lorsqu'il peignait, ce
n'était point de mystérieux procédés, mais simplement le tâtonnement, le pénible effort et le
douloureux enfantement de ses œuvres. Prenons bien garde, en effet, de croire que Chardin peignît, comme le dit la *Biographie universelle*, qui nous montre le peintre mangeant
le lendemain la raie peinte par lui la veille :
une telle peinture ne s'improvise pas. Occupé
à peindre sans dissipation pendant soixante
ans, Chardin n'a laissé qu'un petit nombre de
toiles. Il était lent à trouver, à produire, à achever. On devine, à voir ses toiles les moins fatiguées, d'inquiètes et laborieuses matinées,
des matinées de lutte avec le modèle et la
nature, où le peintre corrigeait, effaçait, restait là, l'esprit et les yeux tendus, la main hé-
sitante sur ses accords, jusqu'à un certain
moment d'illumination, une minute, un éclair :
alors, tout à coup, le jour se faisant en lui, il
enlevait son tableau, souvent sur l'ébauche
perdue de deux ou trois autres. Ajoutez à cela
que Chardin ne voulait s'aider d'aucun cro-

quis, d'aucun dessin sur le papier[1]; il poussait son tableau et le travaillait d'après nature, depuis le crayonnage de l'esquisse jusqu'au dernier coup de pinceau. « Aussi avait-il tou-

1. Ce détail que nous donne Mariette est d'un grand inté-rêt pour l'histoire des dessins de Chardin. Il explique la singu-lière rareté des dessins bien authentiques du maître, et il montre le peu que ces dessins doivent être : un croquis à toute volée, une *pensée*, comme on disait alors, flottante, à peine fixée, la surprise d'un mouvement, l'indication hâtée et à grands coups d'une attitude de femme, l'ébauche, en quelques touches de crayon, d'une scène qu'il voulait se rappeler, on ne doit demander que cela à ces dessins. Si Chardin a dessiné, c'est ainsi qu'il a dû dessiner; et il a dessiné, les catalogues du XVIIIe siècle en font foi. Il est fait mention, dans la vente d'Argenville, sous le n° 482, d'une femme debout, tenant un panier à son bras, dessin au fusain rehaussé de blanc par Chardin, et de plusieurs compositions du même, sous le n° 483. Il existe donc des études de lui; mais l'on chercherait vaine-ment, dans toutes les ventes du temps, la trace d'un seul dessin fini et terminé, d'un dessin d'une scène faite. Le public de ces années-ci s'est très-peu occupé de cela, et l'on a vu l'ignorance des acheteurs aller au delà de ce qu'on peut imaginer : les dessins les plus achevés, les plus complets, les plus *pinochés* dans le joli, le coquet, le léché, sentant du plus loin qu'on les voyait le peintre-graveur, ces dessins sur lesquels le catalogue laisse tomber au hasard un nom qui fait bien, on les a vus achetés et payés comme des Chardin. — Voici pourtant trois étalons purs des dessins de Chardin : le premier est un homme en tricorne, avec l'habit du jeune homme des *Tours de cartes*, tenant je ne sais quoi de rond dans la main. C'est le seul dessin

jours à la bouche, dit Mariette, que le travail
lui coûtait infiniment. ».

La conscience et la science, — voilà tous
les procédés, tout le secret et tout le talent de
Chardin. Sa technique admirable s'appuie sur

de Chardin que je connaisse signé : *Chardin*, de sa main. Il est
daté 1760. C'est une indication de mouvement à la sanguine,
avec des plis, des rondeurs et des gras qui semblent faits avec
le pouce passant sur le crayon rouge et l'écrasant. Un second
est l'idée d'un portrait de vieille femme tenant un chat,
ébauche du beau portrait peint, possédé par Mme de Conantre,
crayonnée résolûment, sabrée comme en courant. Un troisième,
à la sanguine sur papier brun, représente dans des contours où
flottent les personnages, et dans un dessin qui a une certaine
parenté avec Hogarth, un homme qui fait voir la lanterne
magique à des gamins, le montreur de la *curiosité*, comme disait
le XVIIIe siècle. Celui-ci a une assez singulière et curieuse
authentification : c'est sur un coin, de l'écriture de Chardin,
une invitation à manger le lendemain *un chapon au Plat
d'étain*. L'étude de ces trois dessins, possédés par nous, ne laisse
aucun doute sur la fausseté de tous les dessins baptisés Chardin
dans les collections. Il faut regarder également comme faux
les dessins de Chardin passés en vente publique depuis dix ans.
Celui qu'on lui a le plus vraisemblablement attribué, — un
dessin pastellé dans une tonalité qui le rappelait, — et qui s'est
vendu 240 francs à la vente Norblin (1860), était tout simplement l'œuvre d'un très-petit maître assez habile, auquel plus
d'un amateur s'est laissé prendre : Aubert. Et c'est encore
Aubert, ainsi que le prouve la gravure de Mlle Papavoine, qui
est l'auteur du dessin de Chardin de la collection du duc
d'Aumale.

les plus profondes connaissances théoriques,
résultat de longues et solitaires méditations.
Sa science de peindre vient de cette science
de voir à laquelle Diderot ira puiser le meilleur et le plus sûr de son éducation artistique. Elle vient de ce sens prodigieux qui lui
fait, au premier coup d'œil qu'il jette sur un
tableau, indiquer d'un mot l'harmonie qui
manque à la toile, et ce qu'il faudrait pour y
mettre l'accord qui n'y est pas. Il y a, en un
mot, un grand théoricien sous le grand exécu-
tant. De là, sa manière de peindre unique.
Que lui fait à lui le mauvais guide-âne des
peintres coloristes du temps, la théorie de
l'arc-en-ciel, rangeant à leur place et morce-
lant dans une toile les couleurs convenues de
la lumière ? Chez lui, point d'arrangement ni
de convention : il n'admet pas le préjugé des
couleurs amies ou ennemies. Il ose, comme la
nature même, les couleurs les plus contraires.
Et cela sans les mêler, sans les fondre : il les
pose à côté l'une de l'autre, il les oppose dans
leur franchise, « de façon que son ouvrage
ressemble un peu à de la mosaïque ou pièces
de rapport, comme la tapisserie faite à l'ai-

guille qu'on appelle *point carré* ». Mais s'il
ne mêle pas ses couleurs, il les lie, les assemble, les corrige, les caresse avec un travail
systématique de reflets, qui, tout en laissant la
franchise à ses tons posés, semble envelopper
chaque chose de la teinte et de la lumière de
tout ce qui l'avoisine. Sur un objet peint de
n'importe quelle couleur, il met toujours
quelque ton, quelque lueur vive des objets
environnants. A bien regarder, il y a du rouge
dans ce verre d'eau, du rouge dans ce tablier
bleu, du bleu dans ce linge blanc. C'est de là,
de ces rappels, de ces échos continus, que se
lève à distance l'harmonie de tout ce qu'il
peint, non la pauvre harmonie misérablement
tirée de la fonte des tons, mais cette grande
harmonie des consonnances, qui ne coule que
de la main des maîtres.

BOUCHER

BOUCHER

I.

OUCHER est un de ces hommes qui signifient le goût d'un siècle, qui l'expriment, le personnifient et l'incarnent. Le goût français du XVIIIᵉ siècle s'est manifesté en lui dans toute la particularité de son caractère : Boucher en demeurera non-seulement le peintre, mais le témoin, le représentant, le type.

Ni le grand siècle ni le grand Roi n'avaient aimé la vérité dans l'art. Les encouragements de Versailles, les applaudissements de l'opinion avaient poussé l'effort de la littérature, de la peinture, de la sculpture, de l'architecture, l'ardeur des esprits et des talents, vers une grandeur menteuse et une noblesse conve-

nue qui enfermaient le Beau dans la solennité
et la règle d'une étiquette. Un sublime fait
d'emphase, de pompe, de dignité, avait ébloui
l'esprit de la France; et fermant les oreilles
aux accents de Shakspeare, les yeux aux
tableaux de Téniers, la société française avait
cru trouver dans une majesté fictive une loi
suprême d'esthétique, un idéal absolu.

Lorsqu'au siècle de Louis XIV succède le
siècle de Louis XV, quand la France galante
sort de la France fastueuse, et qu'autour de
la royauté plus humaine les choses et les
hommes deviennent plus petits, l'idéal de l'art
demeure un idéal factice et de convention;
mais de la majesté, cet idéal descend à l'agrément. Partout se répand un raffinement d'élégance, une délicatesse de volupté, ce que le
temps appelle « la quintessence de l'aimable,
le coloris des charmes et des grâces, l'embellissement des fêtes et des amours ». Le théâtre, le livre, le tableau, la statue, la maison,
l'appartement, rien n'échappe à la parure, à
la coquetterie, à la gentillesse d'une décadence
délicieuse. Le *joli*, — voilà, à ces heures
d'histoire légère, le signe et la séduction de la

France. Le joli est l'essence et la formule de son génie. Le joli est le ton de ses mœurs. Le joli est l'école de ses modes. Le joli, c'est l'âme du temps, — et c'est le génie de Boucher.

II.

Boucher est une gloire parisienne. Il naquit à Paris, — non en 1704, comme l'ont dit les biographes contemporains, comme l'ont répété, après eux, les biographes du siècle présent, — mais le 29 septembre 1703 [1]. Une

1. Nous avons été assez heureux pour retrouver, aux Archives de l'état civil de Paris, l'acte de baptême de Boucher. Nous le publions ici pour la première fois :

« Paroisse de Saint-Jean-en-Grève :

« *Octobre* 1703. — Le mercredy troisième octobre mil sept cent trois a été baptisé François, né le samedy précédent, fils de Nicolas Boucher, maître peintre, et d'Élisabeth Lemesle sa femme, demeurant rue de la Verrerie, de cette paroisse. Le parrein Mᵉ François Prévost, huissier aux requêtes du palais, demeurant rue Galande, paroisse Saint-Séverin. La marreine Marie-Louise Boullenois, fille de Mᵉ Louis Boullenois, procureur au Châtelet de Paris, demeurant rue du Foñart, paroisse Saint-Étienne-du-Mont. — PRÉVOST , BELION , MARIE-LOUISE BOULLENOIS, » note du *Recueil des Chansons* manuscrites de Maurepas lui donne pour père un grainetier. La *Galerie françoise* de Restout, mieux informée, fait naître Boucher d'un peintre assez obscur qui, après lui avoir enseigné les premiers éléments de la peinture, reconnut bien vite que son élève méritait un maître plus habile et l'envoya étudier chez Lemoine, célèbre alors.

Et bientôt Lemoine, étonné d'un *Jugement de Suzanne,* fait par le jeune homme de dix-sept ans, promettait à son élève l'avenir de grands succès [1].

L'admirable machiniste des plafonds, le remueur d'Olympes, le brasseur de nuées et d'apothéoses qui a fait voler au ciel de Versailles les déesses du Parmesan, Lemoine était un grand peintre, un de ces maîtres auxquels il n'a guère manqué que d'être nés dans un temps plus sévère pour avoir une gloire solide, un renom sérieux, une immortalité durable et respectable. Il suffit, pour lui rendre ce témoi-

1. *Galerie françoise ou Portraits des Hommes et Femmes célèbres qui ont paru en France,* gravés en taille-douce sous la conduite de Restout. Paris, Hérissant, 1771.

gnage, de se rappeler le tableau d'*Hercule et Omphale.*

Sur un azur puissant et profond, sur un ciel d'un bleu d'Orient, sous un dais de brocart qui s'enroule à des branches, le couple apparaît baigné de lumière, caressé d'ombre. La blanche Omphale, debout et croisant une jambe, laisse glisser sur le ressaut de. sa hanche la formidable massue du dieu désarmé. Et victorieuse, la peau du lion de Némée nouée à son flanc, elle verse son regard et son sourire au dieu sur lequel elle se penche, et auquel elle met le fuseau dans la main droite. Le dieu, dont les mains hésitent, cherche de l'œil l'ordre des yeux d'Omphale. Auprès d'Hercule, un petit Amour, long et déhanché comme tous les Amours de Lemoine, rit en regardant le public. Le corps d'Omphale est une merveille : le lumineux divin de la peau, sa moiteur, son rayonnement satiné, sa blancheur pulpeuse, tout ce qu'il y a de douillet, de délicat et de tendre dans la *gloire* d'un corps de femme nue que le jour modèle, est admirablement rendu dans cette suave académie. Une juvénilité de déesse se mêle déli-

cieusement à une fleur de maturité dans le
dessin de ces formes allongées tout à la fois
et rondissantes, de cette gorge qui vient de
naître, de ces hanches déjà fières. Par une
opposition aimée du Poussin, le corps ardent
et briqué du héros dieu fait encore res-
sortir ce corps blanc à peine teinté dans les
ombres du bleu de la nacre, doucement
fouetté de rose aux seins, aux coudes, aux
genoux [1].

L'homme qui a peint cela devait être le
maître de Boucher. Il était son initiateur prédestiné, fatal ; et cette peinture descendue des
grandes écoles italiennes, rappelant à la fois
le Corrége, le Véronèse et le Baroche, mais
sauvée de l'imitation et de la servilité par le
goût français de Lemoine et la personnalité
de son tempérament, cette peinture était si
bien celle dont Boucher attendait la révélation,
et à laquelle son génie était prêt, qu'il se
l'assimilait presque complétement du premier
coup. Deux tableaux de lui, *la Naissance* et
la Mort d'Adonis, font voir combien il entra

---

1. Ce tableau, exposé au boulevard des Italiens en 1860,
appartient à M. Lacaze.

à fond, avant d'avoir dégagé sa manière propre, dans la manière de son maître : la valeur
violente des premiers plans, ces chevelures et
ces airs de tête empruntés au Véronèse, les
profils corrégiens des Amours, la tonalité des
ombres dans les étoffes, ces tons rompus qui,
dans les chairs, dans les têtes, viennent à tout
moment relever et animer le ton général, ces
égratignures et ces martelages de pâte sèche,
cette peinture cristallisée qui a fait prendre
quelques Lemoine pour des Watteau, ces
teintes laqueuses de l'école de Venise, que
Boucher ne tardera pas à perdre pour toujours, — tout, dans ces deux toiles, est de la
touche de Lemoine ; et il ne faut rien moins
que la signature F. B. sur un vase, l'attesta-
tion des gravures de Michel Aubert et de
Scotin, la mention du catalogue La Live de
Jully pour les rendre à Boucher. — De la
même facture devaient être *les Quatre Éléments*, peints pour le comte de Bruhl, ainsi que
l'Amour oiseleur et *l'Amour moissonneur*, où la
manière corrégienne du dessin de Lemoine
est visible à travers l'interprétation de la gravure.

Plus tard, je le sais, Boucher dira à Mariette qu'il a fort peu travaillé chez Lemoine, qui prenait un très-médiocre intérêt à ses élèves, qu'il n'y est demeuré que trois mois [1]. Mais Boucher disait-il vrai? Ce qu'il y a de sûr, c'est que, quand il sortit de l'atelier de Lemoine, il en sortit tout formé, et avec tous les secrets de la pratique de son maître. Ajoutons qu'il conserva toujours la plus haute estime pour Lemoine, dont il ne cessa de vanter les ouvrages [2].

Pendant qu'il fréquentait l'atelier de Lemoine, Boucher avait besoin d'argent pour vivre et pour jeter aux goûts de sa vie de garçon, à sa passion du plaisir. Quelques années avant, Carle Vanloo gagnait cet argent en faisant des décorations d'Opéra et de petits portraits à la grosse. Oudry, à cette heure

1. *Abecedario* de Mariette, publié par Ph. de Chennevières et A. de Montaiglon. Paris, Dumoulin, 1851, vol. 1.

2. On présenta un jour au fameux Boucher un tableau de Lemoine. L'amateur à qui il appartenait avait fait ajouter des allonges à ce tableau pour lui donner un pendant. Il pria Boucher de le remplir. *Je m'en garderai bien; de tels ouvrages sont pour moi des vases sacrés; je craindrais de les profaner en y portant la main.* (*Almanach littéraire*, 1778.)

de jeunesse et de nécessité de la vie des artistes, dessinait des rébus. Boucher se plia au
métier de dessinateur, à des sujets de piété, à
des imageries dont la gravure de fabrique ne
laisse rien deviner du jeune maître. Il donna
au commerce des Notre-Dame des Victoires,
des Vierges, une armée de saints. Il fit les
estampes d'un bréviaire de Paris, où il repré-
senta des Vertus au-dessus de petites vues de
Paris, — ce qui fit faire aux jansénistes ce
rapprochement ironique : la Foi et les Inva-
lides, l'Espérance et le Louvre, la Religion et
Notre-Dame, la Charité et le Pont-Neuf. Et
pourquoi tant s'étonner de voir celui qui sera
Boucher, illustrer un paroissien? Ne sommes-
nous pas dans le siècle où le peintre des petites maisons, Baudouin, sera un jour choisi
pour enluminer le missel de la chapelle du
Roi, à Versailles?

Ces travaux menaient Boucher à cette
espèce de manufacture tenue par le père de
Cars le graveur, qui avait le monopole des
dessins et des gravures de thèses. Boucher
dessinait là, pour le burin, les attributs, les
trophées, les fleurons, les culs-de-lampe allé-

goriques que le xviiie siècle aimait à jeter à
travers l'ennui et la gravité du plus solennel
imprimé ; et, pour ce travail, il avait la table,
le logement et soixante livres par mois, « ce
qu'il estimait pour lors, écrit Mariette, être
une fortune. » Ce fut dans les premiers temps
de ce singulier arrangement, en 1721, que le
pensionnaire du père Cars crayonna ces vignettes pour une nouvelle édition de l'*Histoire de
France* de Daniel, figurant au n° 1164 du catalogue de Mariette. Il est à croire qu'il resta
plusieurs années à dessiner ainsi sur commande et presque à la journée. Sans doute
aussi, dans cet atelier de gravure, il fut tenté
de toucher au cuivre, de jouer avec une pointe,
de jeter quelques-uns de ses dessins sur une
planche, de s'interpréter lui-même ; ce qui lui
valut la bonne fortune d'être choisi par M. de
Julienne pour graver le plus grand nombre
des études laissées par Watteau. Et Boucher
interprétait « les figures de différents caractères de paysages et d'études » dessinées par
le maître, sans leur faire rien perdre de leur
feu et de leur esprit. D'un trait large, d'un
badinage d'aiguille, d'un travail hardi, heu-

reux, sans peur, il indique du premier coup
l'anatomie du mouvement des mains, les cas-
sures de la soie, la rocaille des plis ; il balaye
les paysages avec la liberté de la sanguine
de Watteau ; il enlève les silhouettes à la
pointe comme le dessinateur les enlève au
crayon ; il fouette d'ombre les visages ; il les
caresse de pointillé et de hachures avec l'aisance de son modèle. Jusque dans l'indication
bâtonnée des jambes et l'accentuation des
mules relevées, il garde sur sa planche l'accent et le style du maître, qu'il traduit plus
sûrement que ses compagnons d'eau-forte,
que Trémolière, que Basan, que Silvestre,
que Cochin ; aussi intimement, aussi familièrement que Caylus. Et de ce jour, Boucher a
le génie de l'eau-forte spirituelle jusqu'au
bout des ongles [1].

1. D'après le « Peintre-graveur français continué », de
M. de Baudicour, Boucher aurait gravé à l'eau-forte 182 pièces.
Il y en a 44 d'après ses compositions, 12 d'après Bloemart,
1 d'après Loutherbourg et 125 d'après Watteau, dont 104 pour
le Livre d'études de M. de Julienne.
Les plus désirables de ces eaux-fortes, d'après ses composi-
tions, sont : *Le Sommeil, les Petits Buveurs de lait, le Petit
Savoyard, la Tourterelle mise en cage.* On compte quatre états

A ce travail, la position de Boucher s'amé-
liora. « M. de Julienne lui donnait 24 livres
par jour, et tous deux étaient contents ; car
Boucher était fort expéditif, et la gravure n'était
pour lui qu'un jeu [1]. »

Il peignait tout en gravant et en dessinant ;
et en 1723, sur le sujet *Evilmérodach, fils et
successeur de Nabuchodonosor, délivre Joachim
des chaînes dans lesquelles son père le retenait
depuis longtemps,* Boucher, à peine âgé de
vingt ans, remportait le premier prix à l'Académie de peinture. Et le samedi qui suivait le
jour de la Saint-Louis, le jeune homme était
élevé, selon l'usage immémorial, sur les épaules
de ses camarades, promené autour de la place
du Louvre remplie d'élèves, d'artistes et de
curieux accourus au spectacle, et déposé,
l'ovation finie, à la pension [2]. Le voilà, pour

de ces planches : I. avant l'adresse ; II. avec l'adresse d'*Odieuve* ;
III. avec l'adresse de Roguier, remplaçant celle d'Odieuvre,
IV. Avec l'adresse de Buldet. Citons encore parmi les eaux-
fortes de la composition de Boucher, *l'Andromède* avant la
terminaison par Aveline, et les *Grâces au tombeau de Watteau,*
qu'il faut posséder avant la lettre, dans l'état de l'épreuve, de
la vente du baron de Veze.

1. *Abecedario* de Mariette.
2. Œuvres de Diderot. Salons d'exposition. Belin, 1818.

trois ans, nourri, chauffé, éclairé, instruit;
ajoutez à tout cela une gratification de
300 livres par an, et du temps de reste pour
M. de Julienne et les autres. Son triennat
achevé, il partait pour Rome. Au dire d'une
notice de M. Durozoir, l'éclat de ses débuts,
la faveur qu'obtenaient ses ébauches, lui
créaient dans l'Académie des inimitiés et des
jalousies qui le privaient de ce droit acquis
d'être envoyé à Rome, et le réduisaient à faire
le voyage d'Italie avec un amateur fort insoucieux des querelles d'école. D'un autre côté,
le *Discours sur l'origine et l'état actuel de la
peinture* (1785) dit que Boucher resta peu de
temps en Italie, et dans un état de maladie
continuel qui lui défendait toute application.
Le *Nécrologe* et les brochures semblent contredire ces deux assertions, en nous montrant
Boucher revenant d'Italie au bout des quatre
ans que les élèves de l'Académie passaient en
Italie. De toute manière, que la vérité, sur le
séjour en Italie de Boucher, soit dans le *Nécrologe*, soit dans le *Discours sur l'état actuel de
la peinture*, l'installation du futur peintre des
Grâces à Rome fut assez piteuse. Le direc-

teur Wleughels, dans une lettre à la date du
3 juin 1728, citée par M. Lecoy de la Marche,
après avoir annoncé à S. G. que les jeunes
gens honorés de sa protection sont arrivés
dans l'après-midi du 1er mai .et qu'ils ont
trouvé leurs chambres prêtes, ajoute : « Il y
a encore un nommé Boucher (venu avec Vanloo), garçon simple et de beaucoup de mérite;
presque hors de la maison, il y avait un petit
trou de chambre, je l'ay encore fourré là. Il
est vrai que ce n'est qu'un trou, mais il est à
couvert. »

Déjà estimé dans le petit monde des artistes, Boucher était encore inconnu hors de
là. Il lui fallait étaler à tout prix, pour arriver
jusqu'au public. C'est alors, sans doute, qu'un
sculpteur-marbrier, nommé Dorbay, exploitait
ce besoin et cette impatience du jeune homme
en lui faisant remplir, presque pour rien, sa
maison de peintures, au milieu desquelles figurait ce bel *Enlèvement d'Europe*, passé
depuis dans la collection de M. Watelet.
Après le marbrier venait un véritable amateur : le baron de Thiers commandait au
jeune peintre des tableaux qui se trouvèrent

comme à leur place dans sa précieuse galerie [1].

III.

Vif et prompt à toutes choses, mais surtout au plaisir, plein de cette ardeur qu'il
garda toute sa vie, Boucher n'avait pas perdu
sa jeunesse. Il avait gaiement et largement
vécu, battant monnaie avec sa facilité, à tout
moment pressé par des besoins d'argent, et se
jetant au travail au sortir d'une partie de
femmes, d'un souper, avec une verve singulière qu'échauffaient la fatigue et les folies de
la nuit à peine envolée, de la fête à peine
éteinte. Ses amours, sa peinture vous le dira :
liaisons de caprice et d'à-propos, aventures
charmantes et banales, bonnes fortunes auxquelles il donnait sa bourse et qui ne lui demandaient rien de son cœur. Ce n'est pas lui
qui, comme le peintre Doyen, amoureux de la
petite Hus, eût pris si fort à cœur son amour
qu'il en eût perdu la force de travailler. Les

1. *Galerie françoise*, par Restout.

femmes qui passent dans une vie laborieuse
sans l'occuper, les Manon, les Morfil [1], voilà

1. Boucher eut une plus haute aventure. *Le Palais-Royal,
ou Mémoires secrets de la duchesse d'Orléans* (Hambourg, 1806)
donnent Boucher pour premier amant à la mère de Philippe-
Égalité. Le livre n'a aucune valeur historique, le récit de
l'aventure est arrangé; cependant il y a quelque raison de
croire que l'arrangeur n'est que l'écho d'une anecdote de
cour; et à ce titre le passage suivant mérite d'être cité :

« Henriette n'avait point à se plaindre de son époux, il
l'accablait de soins, de tendresse; il cherchait à deviner tout
ce qui pouvait lui plaire; il employait les plus habiles artistes
pour fixer sur la toile des traits qu'il ne trouvait jamais assez
multipliés : elle se prêtait avec indolence à leurs soins. Un
seul l'intéressa : ce fut le peintre des Grâces et des Amours,
Boucher, enfin; il sut saisir ce doux abandon qui annonce
qu'une belle n'attend que l'heureux instant de sa défaite.
Madame la duchesse de Chartres avait permis au peintre de
terminer d'après nature le tableau qui représentait Hébé
faisant boire le nectar à l'aigle de Jupiter. Une guirlande
posée sur une gaze légère était la seule draperie de la déesse
de la jeunesse. L'heureux artiste, qui avait eu recours à des
modèles bien inférieurs pour la beauté à la princesse, eut le
dangereux honneur, dans la dernière séance, de placer lui-
même la guirlande. Sa main était au moment de s'égarer, un
regard échappe des longues paupières d'Henriette .... elle
passe un de ses beaux bras autour du cou du peintre, elle
approche sa bouche de son sein..... Quel homme eût pu
échapper à une si douce séduction?..... Boucher était jeune,
beau, aimait les belles femmes comme les beaux tableaux, les
statues antiques et généralement tout ce qui était rare, et
jamais un joli modèle ne sortit de son atelier sans qu'il eût
obtenu d'elle les dernières faveurs..... »

les femmes à sa guise : il aime les romans tout
faits. Un de ses biographes lui rend le témoignage qu'il n'employa jamais la séduction[1] : le
mot juge Boucher et ses maîtresses.

Un peu lassé de la vie de garçon, Boucher
avait songé à se marier. Il avait épousé, le
21 avril 1733, Marie-Jeanne Buseau[2], une fort
jolie personne de dix-sept ans, qu'il avait choisie sur la mine pour être sa femme d'abord,

1. Nécrologe de 1771. Éloge de Boucher.

2. Voici l'acte de mariage de Boucher, retrouvé par nous
sur les registres de la paroisse de Saint-Roch. Cet acte est
d'un certain intérêt biographique : il montre l'erreur de la
plupart des historiens de l'art français qui, trompés par une
synonymie, ont donné pour femme à Boucher Marie-Françoise
Perdrigeon, épouse d'Étienne-Paul Boucher, secrétaire du
Roi, morte le 30 janvier 1734, à dix-sept ans, et peinte par
Raoul en vestale.

« Paroisse de Saint-Roch.

« 21 avril 1733. — François Boucher, peintre du Roy, âgé de
vingt-neuf ans, fils de Nicolas, aussi peintre, et d'Élisabeth
Lemesle, ses père et mère, demeurant rue Saint-Thomas-du-
Louvre, paroisse Saint-Germain-l'Auxerrois, d'une part, et
Marie-Jeanne Buseau, âgée de dix-sept ans, fille de Jean-
Batiste, bourgeois de Paris, et de Marie-Anne de Sedeville,
ses père et mère, demeurant de droit et de fait rue l'Évêque,
en cette paroisse, d'autre part, après la publication d'un ban
faite en cette église, vu le pareil certificat d'un ban fait en
l'église paroissiale de Saint-Germain-l'Auxerrois, la dispense
des deux autres bans accordée par Monseigneur notre arche-

et aussi pour être un peu, selon l'habitude du
temps, un modèle et l'inspiration de son dessin.
Assise à son foyer, M™° Boucher, entrée
presque enfant dans l'atelier du peintre, ne tar-
dait pas à suivre l'exemple des femmes et des
filles d'artistes d'alors, touchant presque toutes
au métier qu'elles voyaient faire, à la peinture, au pastel, à la gravure : elle se mit, avec
une certaine adresse et une aptitude assez heureuse à copier en miniature les tableaux de son
mari. Ces miniatures, généralement attribuées
aujourd'hui à Boucher lui-même, eurent une

vêque, en date du quatorze des présens mois et jour de la
présente année, signé Robinet, régent, et plus bas Martin,
duement scellée controllée et insinuée, les susdits jour et an,
signée Frain, des extraits batistaires desdits époux et épouse, le
tout en bonne forme, les fiançailles célébrées hier, ont été mariés
en face d'Église, sans aucune opposition, par messire Jean
Santarel, prêtre, docteur en Sorbonne et vicaire de cette
paroisse ; présens les père et mère de l'époux, demeurant rue
des Foureurs, paroisse Sainte-Opportune ; le père de l'épouse ;
Laurent Quénot, musicien, demeurant rue l'Évêque, en cette
paroisse ; tous lesquels témoins, parens, amis et autres soussignés, nous ont certifié les noms, surnoms, âges, qualités,
libertés et domiciles desdits époux et épouse, et lecture à eux
faite ont signé, excepté la mère de l'époux, qui a déclaré ne
sçavoir signer. — BOUCHER, MARIE-JANE BUSEAU, NICOLAS
BOUCHER, BUSEAU, QUÉNOT, DUBESSE, SENTAREL. »

vogue qui popularisa un instant, dans le monde
des curieux, le nom de Mme Boucher : on
ne compte pas moins de huit de ces petits
cadres dans le catalogue de vente du peintre
Aved. Mme Boucher toucha même à la pointe
de graveur de son mari, et il existe une planche
de deux paysans dormant où, à côté de *Boucher inv.*, on lit : *Uxor ejus sculpsit.*

Boucher ne fut pas très-fidèle à sa femme.
La jeune femme fut-elle plus fidèle à son
mari? Il y a contre sa constance une assez jolie anecdote. Selon une note manuscrite d'un
bibliothécaire de M. de Paulmy, le roman de
Faunillane ou l'*Infante jaune,* fantaisie du comte
de Tessin, illustrée de dessins de Boucher
et imprimée, en 1741, à Badinopolis, chez
les frères Ponthome, n'aurait été, de la part
du comte, qu'un adroit moyen d'introduction
dans l'intérieur du peintre. M. de Tessin n'aurait écrit son livre que pour en demander l'il-
lustration à Boucher, approcher de cette façon
délicate Mme Boucher, la voir pendant qu'il
expliquait les sujets à son mari, et lui faire sa
cour en retournant la scène du Peintre sicilien
derrière le chevalet du pauvre homme occupé

à peindre. Les dessins faits et gravés par
Chédel, — la comédie avait eu sans doute un
dénoûment au gré de M. de Tessin, — le livre
était tiré à deux exemplaires, et le comte faisait cadeau des cuivres à l'académicien Duclos,
qui, pour les utiliser, écrivait, sur les compositions de Boucher, le roman allégorique
d'*Acajou et Zirphile* [1].

IV

En 1734, Boucher était reçu académicien,
après avoir été agréé presque à son retour
d'Italie, sur la présentation de son tableau de
Renaud et Armide, exposé aujourd'hui au
Louvre.

Alors commence l'œuvre de Boucher; alors
commence autour de cet œuvre l'applaudissement du public plus ardent à chaque de ces
expositions qui, fermées depuis 1704, rouvrent
en 1737, et donnent aux tableaux et à la gloire

1. *Archives de l'Art français*, par Ph. de Chennevières et
A. de Montaiglon. Paris, Dumoulin, 1851, vol. VI.

de l'heureux peintre une popularité sans
exemple [1]. Et de salon en salon, de triomphe
en triomphe, son imagination se déroule en
souriant. De ses pinceaux, de ses crayons, qui

1. Boucher envoyait à l'exposition de 1737, — la première
exposition du règne de Louis XV, l'exposition qui suivit
l'exposition de 1704, — quatre tableaux cintrés représentant
divers sujets champêtres, deux petits tableaux ovales représentant les quatre Saisons.

Boucher exposait, en 1738, un tableau chantourné représentant Vénus descendant de son char, soutenue par l'Amour
pour entrer au bain, et un autre tableau représentant l'Éducation de l'Amour par Mercure.

Boucher exposait, en 1739, un grand tableau d'une largeur
de 14 pieds sur 10 de haut, représentant Psyché conduite par
Zéphire dans le palais de l'Amour. Ce tableau devait être
exécuté en tapisserie pour le Roi a la manufacture de Beauvais; il exposait un second tableau de forme chantournée, un
dessus de porte pour l'hôtel Soubise, représentant l'Amour et
Céphale.

Boucher exposait, en 1740, un tableau en largeur de 5 pieds
sur 4 de haut, représentant la naissance de Vénus; un autre,
de même grandeur, représentant une forêt; un autre, un
paysage où l'on voit un moulin.

Boucher n'exposait rien en 1741. Il exposait, en 1742, un
tableau en largeur de 2 pieds 1/2 sur 2 de haut, représentant
Diane sortant du bain avec ses compagnes; un autre, de
même grandeur, représentant un paysage des environs de
Beauvais; une esquisse de paysage en largeur de 3 pieds
sur 2 de haut, représentant le hameau de d'Issé, qui devait
être exécuté en grand pour l'Opéra; huit esquisses de différents sujets chinois pour être exécutés en tapisserie à la

ne se lassent point, sort la mythologie du
xviii° siècle. Son Olympe, ce n'est ni l'Olympe
d'Homère, ni l'Olympe de Virgile : c'est

manufacture de Beauvais, un autre tableau représentant une
Léda; un autre, un paysage de la fable du frère Luce.

Boucher exposait, en 1743, un tableau ovale représentant
la naissance de Vénus; un pendant, Vénus sortant du bain;
un autre tableau chantourné, de 6 pieds largeur sur pareille
hauteur, représentant la muse Clio présidant à l'histoire et à
l'éloge des grands hommes; un autre, de même forme, faisant
pendant, représentant la muse Melpomène qui préside à la
tragédie; un autre représentant un paysage où paraissent un
moulin et une femme donnant à manger à des poules; son
pendant, représentant une vieille tour, et, sur le devant, des
blanchisseuses; autre petit paysage, de forme chantournée,
représentant un vieux colombier et une espèce de pont ruiné
sur lequel une femme et son enfant regardent pêcher.

Boucher exposait, en 1745, un tableau chantourné représentant un sujet pastoral; une esquisse à gouasse représentant
Vénus sur les eaux, et plusieurs dessins réunis sons un même
numéro.

Boucher exposait, en 1746, un tableau, de forme chantournée, représentant l'Éloquence avec ses attributs; un
pendant, de même forme, l'Astronomie; ces deux tableaux
devaient être placés dans le cabinet des médailles, à la
bibliothèque du Roi.

Boucher exposait, en 1747, un tableau ovale représentant
les forges de Vulcain; ce tableau était destiné à la chambre à
coucher du Roi, à Marly. Il avait encore envoyé deux pastorales et une grisaille représentant le sujet allégorique d'une
thèse dédiée à M. le Dauphin.

Boucher exposait, en 1748, un tableau ovale représentant

l'Olympe d'Ovide. Et quelle ressemblance
entre ces deux peintres de la décadence, entre
ces deux maîtres de sensualisme, Ovide et

un berger qui montre à jouer de la flûte à sa bergère, et un
autre petit tableau carré représentant une Nativité.

Boucher exposait, en 1750, — il n'y avait pas eu d'exposition en 1749, — un tableau en hauteur de 5 pieds 1/2 sur 4 de
largeur, représentant une Adoration des bergers pour la chapelle du château de Bellevue, et quatre pastorales de forme
ovale : la première représentant des Amants surpris dans les
blés ; la seconde, un Berger accordant sa musette près de sa
bergère ; la troisième, le Sommeil d'une bergère à laquelle un
rustaud apporte des fleurs, et la quatrième, un Berger qui
montre à sa bergère à jouer de la flûte.

Boucher n'exposait pas en 1751. Il exposait, en 1753, deux
grands tableaux en hauteur de 11 pieds sur 9 de large, dont
l'un représentait le Lever du soleil ; l'autre, le Coucher du
soleil. Ces tableaux devaient être exécutés en tapisserie à la
manufacture des Gobelins par Cozette et Audran. Il exposait
encore quatre tableaux représentant les quatre Saisons figurées
par des enfants, et destinés à la salle du Conseil à Fontainebleau.

Boucher n'exposait ni en 1754, ni en 1755. Il exposait,
en 1757, un tableau de 10 pieds en carré, représentant les
Forges de Vulcain. Ce tableau, qui était au Roi, devait être
exécuté en tapisserie dans la manufacture des Gobelins. Il
exposait encore le portrait de la marquise de Pompadour.

Boucher n'exposait pas en 1759 ; il exposait, en 1761, des
pastorales et paysages sous un même numéro.

Boucher exposait, en 1763, le *Sommeil de l'enfant Jésus*,
tableau cintré de 2 pieds de haut sur 1 de large.

Boucher exposait, en 1765, deux tableaux ovales d'environ

Boucher! Une page de l'un a l'éclat, le feu, la manière et l'aspect d'une toile de l'autre. Il y eut un poëme d'Ovide, *l'Art d'aimer*, qu'on mit en ballet sur un théâtre de Rome : n'est-ce pas ce poëme que Boucher retrouva à l'Opéra, et dont il fit son génie?

La volupté, c'est tout l'idéal de Boucher : c'est tout ce que sa peinture a d'âme. Ne lui demandez que les nudités de la Fable; mais aussi quelle main preste, quelle imagination fraîche dans l'indécence même, quelle entente de l'arrangement, pour jeter de jolis corps sur des nuages arrondis en cous de cygnes! Quel

2 pieds de haut sur 1 pied 1/2 de large : *Jupiter transformé en Diane pour surprendre Calisto; Angélique et Médor.* Ces tableaux étaient tirés du cabinet de M. Bergeret de Grandcourt. Il avait encore envoyé deux pastorales de 7 pieds 6 pouces de haut sur 4 de large, quatre pastorales de 15 pouces de haut sur 13 de large, une autre pastorale ovale de 2 pieds de haut sur 1 pied 6 pouces de large, un tableau de 2 pieds 6 pouces de haut sur 2 pieds de large, représentant une jeune femme attachant une lettre au col d'un pigeon; enfin, un paysage de 2 pieds de large sur 1 pied 6 pouces de haut.

Boucher n'exposait pas en 1767, ce dont Diderot le tançait vertement dans son *Salon* de l'année; il exposait, en 1769, un seul tableau, une *Marche de Bohémiens ou Caravane dans le goût de Benedetto Castiglione,* tableau de 9 pieds de large sur 6 pieds 6 pouces de haut.

heureux enchaînement dans ces guirlandes de
déesses qu'il dénoue dans un ciel ! Quel étalage de chair fleurie, de lignes ondulantes, de
formes qu'on dirait modelées par une caresse !
Comme il s'entend aux poses indiscrètes, aux
coquetteries des molles attitudes, aux provo-
cations de la Nonchalance couchée tout de son
long sur un décor d'apothéose, comme sur un
tapis de harem ! La sévérité du nu est inconnue
à Boucher : il ne sait pas envelopper un
corps de sa beauté, ni le voiler de sa pudeur ;
la chair qu'il montre a comme une effronterie
piquante ; ses divinités, ses nymphes, ses néréides, ses femmes nues sont toujours des
femmes déshabillées. Mais qui a déshabillé la
femme mieux que lui ? La Vénus que Boucher
rêve et peint n'est que la Vénus physique ;
mais comme il la sait par cœur ! Comme il est
habile à lui donner toutes les tentations du
geste abandonné, du sourire facile, du maintien engageant ! Comme il l'entoure d'une mise
en scène irritante ! Et comme il incarne dans
cette figure légère, volante, et sans cesse
renaissante, le Désir et le Plaisir !

Autour de cette Vénus, dans le ciel de

cette Cythère, au milieu de ce sérail aérien,
au travers de ces nuages éclairés par le corps
des déesses, le peintre jette une pluie d'Amours.
Il les suspend en grappe; il les noue en couronne, il les répand et les essaime comme dans
une frise de Clodion ; il les culbute dans le
giron des Grâces. Il disperse leur bande, il la
rassemble ; il donne à tous l'envolée, il les
jette nus et polissonnant sur la nuée. Ce sont
les enfants gâtés du pinceau de Boucher.
Joufflus, les cheveux frisés et leur volant au
front en gros accroche-cœurs, leurs larges
prunelles souriant à travers leurs grands cils,
le petit nez au vent, la bouche en cul de
poule, le menton fendu par une fossette, ils
sont partout dans son œuvre. Ils voltigent autour de leur mère, comme une cour d'oiseaux ;
ils jouent aux pieds des Muses avec les attributs des arts et des sciences ; ils enjambent le
char attelé de colombes; et, qu'ils mangent à
pleine bouche le raisin des Bacchanales, ou
qu'ils visent au blanc dans la cible d'un cœur,
qu'ils représentent les Saisons, qu'armés du
maillet et du ciseau ils aient l'air d'Amours
échappés de l'opéra de *Pygmalion,* ou qu'ils

soient seulement des enfants qui s'amusent,
ils sont charmants à voir avec leurs petites
mains engorgées, leurs jointures bouffies, leurs
ventres ronds où le nombril semble une fossette, leurs derrières de Cupidon, leurs mollets dodus, leurs formes ébauchées et renflées,
qui parfois, sous le crayon de Boucher, prennent une ampleur presque superbe. Et quels
jeux de lutins et de petits dieux ils font autour des allégories, près de l'eau où se baigne
Diane, sur les genoux des nymphes adossées
l'une contre l'autre, ou dans le triomphe de
ces déesses que le maître, en ses jours d'élégance parmégianesque, aime tant à poser de
dos, les épaules abattues, la croupe rebondie,
la courbe de la hanche saillante, une jambe
repliée sous l'autre et laissant passer sous la
cuisse une plante de pied aux plis douillets !
Boucher a si bien en main le type de ces jolis
Amours, que, presque toujours, c'est leur visage qu'il donne à ses femmes. Un ovale rac-
courci et poupin, un front court, des yeux
saillants et écartés, placés bas, loin des sourcils, presque sur la ligne du bout de l'oreille,
un nez retroussé, une bouche en cœur, un

menton d'enfant, ce sont là les traits qu'il répète d'ordinaire. Par là, sa beauté est petite
et ne dépasse que bien rarement une sorte
d'agrément fade et un peu lourd. Ses figures
sont bovines tout à la fois et mignardes. Ce
n'est guère que dans ses charmantes illustrations de Molière, dans les jolis dessins de
l'*École des Femmes* et des *Précieuses,* qu'il a
attrapé l'expression, le fin sourire d'une figure
et d'une physionomie de femme du temps, la
beauté du diable et de l'esprit.

Descendue de l'Olympe, l'imagination de
Boucher se délassait dans la pastorale. Mais
il la peignait de la seule façon dont il était
alors permis de la peindre : il ôtait à l'idylle
« cette certaine grossièreté qui sied toujours
mal. » Il la représentait sous le travestissement
le plus galant, dans un costume de bal masqué
de cour. La vie champêtre devenait sous ses
pinceaux le roman ingénieux de la nature,
l'allégorie des plaisirs, des amours, des vertus
gardés, loin de la ville et du monde, dans les
déserts enchanteurs de Mme Deshoulières. Il
évoquait les Sylvandre, les Philis, les Lycidas,
les Alexis, les Céladon, les Sylvanire, dans

toutes ces compositions qui font le tour du Lignon : *Pensent-ils au raisin?*, *les Charmes de la vie champêtre*, *les Bergers à la Fontaine*, *le Pasteur complaisant*, *le Pasteur galant*, *la Foire de campagne*. Bergères adorables, bergers délicieux! ce n'est que satin, pompons, paniers, mouches au coin de l'œil, colliers de rubans, joues fardées, mains faites pour broder au tambour, pieds de duchesse échappés de leurs mules, moutons de soie, houlettes fleuries; les paysans sont tournés comme une révérence de Marcel, les paysannes ont l'air de sortir des mains d'une habilleuse des Menus... Un monde tombé sur l'herbe d'une pastorale do Guarini, avec un madrigal aux lèvres et des bouffettes roses aux souliers! C'est l'églogue à la façon de celle dont Fontenelle parlait, lorsqu'il disait, comme s'il eût prévu la fantaisie de Boucher : « Il en va, ce me semble, des églogues comme des habits que l'on prend dans des ballets, pour représenter des paysans. Ils sont d'étoffes beaucoup plus belles que ceux des paysans véritables; ils sont même ornés de rubans et de points, et on les taille seulement en habits de paysan. »

Autour de ces églogues et de ces scènes agrestes, pour leur servir de fond et d'accompagnement, Boucher crée un paysage, une nature. Il ne trace pas les profondes perspectives de Watteau; il n'ouvre pas les grandes charmilles en éventail, il ne fait pas fuir derrière le dos de ces personnages ces grands parcs qui vont s'éteindre à l'horizon et dont l'ombre finit comme un murmure. Les eaux, chez Boucher, ne disparaissent pas au loin dans la vapeur; la campagne n'est pas cet asile de rêverie, ce lieu de silence et d'apaisement où la volupté se recueille. La nature, pour lui, est un joli tapage. Ce qu'il aime, c'est un petit coin de terre bruyant, pétillant de couleurs fraîches, rempli d'éclats de verdure, encombré d'arbres rameux, de saules étêtés, de fusées de branches. Toujours au devant, un ruisseau clapote et jase, une eau courante se mire au soleil, quelque petite rivière de France d'où se lèvent des bancs de roseaux, jette au premier plan sa fraîcheur et sa gaieté. Il fait monter la mousse aux congélations des marbres ruinés; il cache l'herbe sous les larges feuilles du bouillon-blanc; il entrelace les saxifrages, il

noue la vigne folle en rideaux, il encadre les
paysages et les nymphes dans des tentures de
sapins aux grands bras qui penchent et balancent leurs longs effilés verts sur le corps des
baigneuses. Et l'on croirait voir, dans ce luxe et
ce caprice de végétation, le cabinet de verdure,
tel que le rêvait le xviii⁰ siècle à ses heures
d'imagination, tendre et d'appétits rustiques.

Quand, attaché à la manufacture de Beauvais, Boucher peint d'après nature les vues des
environs, cours de fermes entrevues sous les
arcades ruinées, hangars rustiques abritant des
amas de choses, toits de chaume où poussent
les fleurs semées par les oiseaux, couvertures
de joncs soutenues par les poutres à peine
équarries qui les percent, roues de moulin,
appentis rapiécés avec des planches, pigeon-
niers aux tuiles moussues, margelles des lavoirs,
dont la pierre s'effeuille sous le genou des les-
siveuses, basses-cours où l'œil s'égare sur les
débris, les restes de paille, les vieilles échelles,
les brouettes, les paniers à couver, — il donne
à tout cela une richesse et une abondance de
désordre, un pittoresque nouveau jusque-là
inconnu et que le xviii⁰ siècle a défini d'un

mot créé expressément pour Boucher : *le fouillis*. Et pour donner plus de pêle-mêle encore
à ses paysages, pour y mettre plus de vie, une
confusion et une animation plus étourdissantes,
il jettera dans ses ciels des volées d'oiseaux;
à terre, il fera battre les poules, aboyer les
chiens, courir les enfants dans les cours où le
pied glisse sur le grain; par les chemins, il
lancera dans la poussière les marches d'animaux, les caravanes de Castiglione, les sorties
de l'arche, l'émeute des moutons pressés, les
retours du marché avec les baudets tout sonnants de la vaisselle de cuivre qui leur bat au
dos. — Paysagiste, Boucher ne semble avoir
d'autre préoccupation que celle de sauver à
son temps l'ennui de la nature.

V.

Ce qui popularisa Boucher non moins que
ses tableaux, ce furent ses dessins. Jusqu'à
lui les dessins des maîtres français — ébauches,
croquis d'après nature, aurores d'une idée,
d'une ligne, inspirations du moment jetées de

verve sur le papier par une main hâtée —
n'avaient ni valeur commerciale, ni publicité
courante. Jetés la plupart du temps en recueil
au verso d'un mauvais cahier, — c'était là la
méthode de Watteau, de Lancret, d'Oudry et
d'autres; ou bien, feuilles volantes fixées par
un clou au mur, dans un coin de l'atelier, ils
étaient gardés sans grand soin par l'artiste
comme un souvenir, le premier essai d'une
toile, comme un document, une source de
composition, un *livre de vérité*. Ils ne sortaient
guère de chez le peintre qu'emportés par l'enthousiasme d'un ami, la plupart du temps
homme du métier lui-même ; ou bien, à la mort
de l'artiste, vendus en paquets, pour quelques
livres, par l'huissier priseur, ils se dispersaient
aux quatre vents. Boucher fut le premier qui
fit du dessin une branche de commerce pour
l'artiste, qui le lança dans la .publicité, qui
appela sur lui l'argent, le goût et la mode. Les
feuilles de papier où il semait ses études et
ses caprices sortirent des cartons des amateurs, des collectionneurs exclusifs de dessins,
pour parer les appartements, figurer sur les
panneaux, entrer dans la décoration des plus

riches intérieurs. Ils prirent place familièrement dans le boudoir, le salon, la chambre à
coucher, à côté du tableau. Les femmes en
voulurent; les Jollain et les Basan en ache-
tèrent : il était de bon air d'en avoir.

Ces dessins, si fêtés et si plaisants, c'étaient
de vives et faciles croquades sorties sans effort
de la main du peintre, des figures rondement
enlevées à la pierre d'Italie ou à la sanguine,
des scènes de campagne grassement esquisseés,
des bergerades où l'on retrouve la hardiesse
de touche et jusqu'aux têtes tondues des dessins du Carrache, des tableaux mythologiques
où des corps de déesses et de nymphes se
débrouillaient voluptueusement dans toutes les
attitudes du plaisir et dans toutes les coquetteries du déshabillé; ou encore, le crayon noir
asseyait dans le papier quelque marquise à la
jupe cassée par mille plis, à la collerette à l'es-
pagnole. Souvent, sur un dessous de sanguine
chauffant le dessin d'une fleur de rouge effacé,
le bistre faisait rage dans un paysage poché
à grands coups de pinceau. Quelques rares
aquarelles échappaient au peintre, blondes et
douces, lavées à grande eau, baignées dans

des tons de vieille soie et dans des harmonies
de demi-jour; puis il reprenait son crayon, et
sous ses lignes courantes, roulantes, grasses
comme les touches d'un ébauchoir, des rondes,
des troupes, des bouquets d'Amours naissaient
et s'épanouissaient; des académies de femmes
en pleine chair et tout étoilées de fossettes se
levaient dans une nudité opulente et montraient
le sang du maître chez le bâtard de Rubens,
— éternelle et charmante étude d'un même
corps potelé et douillet, jeune et déjà éclatant
de santé, dont le type fut donné à Boucher
par un modèle qui a presque une histoire.

Rien de plus inconnu au xviiie siècle que
les modèles des peintres. Rien de plus anonyme que l'immortalité qu'ils reçoivent du pinceau, du crayon. Une empreinte de leurs
formes, c'est tout ce qui en reste. Il n'est
guère d'autre document à leur sujet que cette
correspondance où le père d'un élève de Doyen
témoigne pour les mœurs de son fils une si
grande peur de ces demoiselles; et encore
cette gravure de l'Académie où Cochin nous
a représenté le modèle du temps en grande
tenue, la jupe falbalassée et retroussée par la

mule au haut talon, les cheveux surmontés
d'une couronne, posant pour la tête d'expression. Arrêtons-nous donc un instant au modèle
de Boucher, et donnons ici ce fragment de la
chronique intime des ateliers du règne de
Louis XV. Ce modèle habituel du peintre, que
Paris appelait la petite Morfil, était la demoiselle Murfi, d'origine irlandaise, sœur du modèle en titre de l'académie de peinture, dont
elle avait la survivance. Quand Mᵐᵉ de Pompadour se résigna à chercher des maîtresses
au roi, ce fut la Murfi qu'elle fit peindre dans
une *Sainte Famille* destinée à l'oratoire de
Marie Leczinska ; et ses prévisions ne furent
pas trompées : le portrait parla aux désirs du
roi ; et le modèle de Boucher eut l'honneur
d'ouvrir, pour la première fois, la porte du
Parc-aux-Cerfs[1]. Mais alors Boucher n'avait
plus besoin de la Murfi ; il ne recourait plus
guère au modèle ; il en avait fini avec les
enseignements de la nature et les tâtonnements
de l'étude. Reynolds raconte que lorsque, dans

---

1. *Mémoires de d'Argenson.* Paris, Jannet, vol. IV. —
Les Maîtresses de Louis XV, par Edmond et Jules de Goncourt.
Didot, vol. II.

son voyage en France, il alla voir Boucher, il le trouva occupé à peindre un fort grand tableau pour lequel il n'employait ni esquisse ni modèle d'aucun genre; et comme il lui en témoignait sa surprise, Boucher lui répondit qu'il avait regardé les modèles comme nécessaires pendant sa jeunesse, mais qu'il y avait longtemps qu'il ne s'en servait plus.

Quoi de plus charmant que ces académies de femmes de Boucher! elles amusent, elles provoquent, elles chatouillent le regard. Comme le crayon tourne au pli d'une hanche! Quelles heureuses accentuations de sanguine mettant dans les ombres le reflet du sang sous la peau! Quel dessin gras, facile, lutinant la chair! L'habile estompage de blanc et de noir, donnant à la peau les reflets du satin! De larges hachures de craie suffisent à Boucher pour faire circuler et serpenter le jour sur un épiderme qu'il semble sabrer de lumière. Un coup de noir, une pointe de blanc, voilà une fossette posée comme une mouche. Et quelle variété, quelle diversité de postures, renouvelant sans cesse ce poëme de la nudité agaçante! Le corps de la femme joue sous son crayon comme dans le paravent de glace d'une alcôve. Boucher le jette sur les courtines d'un lit; il le dresse debout contre un nuage de soie, il l'adosse, il le renverse. Ici c'est une bergère sans voile, là quelque Vénus triomphante; et s'il prend un papier chamois, s'il s'amuse à vivifier son académie d'un soupçon de rose étendu sous le doigt, s'il croise la sanguine et le crayon noir en tailles entrelacées, s'il égrène la craie sur la peau miroitante, s'il jette une fleur de pastel de côté et d'autre sur un fond de ciel ou un coin de draperie, il réalise sur un carré de papier le charme de la nudité la plus aimable.

Aussi que d'amateurs pour ces dessins! Les fermiers généraux en remplissaient leurs portefeuilles. M. Néra les disputait à M. de La Haye, M. de Grandcourt à M. de Fontaine et M. d'Azincourt à M. d'Argenville. Mᵐᵉ de La Haye et Mᵐᵉ d'Azincourt luttaient à qui ferait la collection la plus riche. Et comme Boucher était un homme heureux en toutes choses, il arrivait, au beau milieu de cet engouement pour ses dessins, qu'un graveur trouvait un procédé pour les graver en manière de crayon : Demarteau, par ses étonnants *fac-simile,* les faisait circuler dans toutes les mains.

Il restait encore, il y a deux ans, près de la Sorbonne, dans une vieille maison, la maison habitée par Demarteau, un curieux témoignage de la satisfaction du peintre si bien interprété par lui. Charmant remercîment du maître à son graveur, que ce salon peint par Boucher, dont les quatre murs vous montraient l'intérieur élégant d'un artiste du siècle passé! Ce salon semblait une tonnelle et une volière. Un treillis en échiquier, pareil à la marqueterie dessinée sur les côtés des meubles en bois de rose, courait sous les plinthes, encadrait la glace, montait autour des deux fenêtres et ne laissait à jour que quatre grands panneaux, quatre petites portes et le dessus des portes. Entre ces treillis la campagne s'ouvrait. Ici l'on voyait un bord de rivière encombré de flamants roses et de paons faisant la roue; au delà d'un arbre déraciné et tombé à l'eau, des cygnes se battaient. Là c'étaient les ébats d'un chien de chasse et le sautillement d'une pie à travers des roses trémières montant au ciel; et de l'eau encore au loin sillonnée de canards

de toutes couleurs. D'un autre côté reparais-
saient une rive et de fraîches verdures égayées
d'oiseaux diaprés, roses, bleus, verts. Sur le
dernier panneau, une architecture en treil-
lage, mangée par les roses montantes, prenait pied dans un désordre d'outils rustiques
et dans une bataille de coqs et de poules.
Des colombes se becquetaient au-dessus des
quatre portes sur lesquelles des Amours en ca-
maïeu grassement peint écrasaient des fruits
contre leurs lèvres ou faisaient jaillir l'eau
d'une fontaine entre leurs doigts à demi fermés.

VI

Les commandes qui l'assiégeaient, les
peintures et les dessins qui lui étaient demandés
de partout, étaient loin de lasser l'activité de
Boucher. La besogne, tout énorme qu'elle
était, ne suffisait pas à cette fièvre de production, à cette furie de travail qui l'avait saisi le
jour où il avait pris les pinceaux, et devait
l'asseoir, jusqu'à sa mort, dix heures par jour-

née à son chevalet[1]. Boucher trouvait encore des loisirs dans ce labeur; et il jetait à tout moment, comme en marge de son œuvre, mille idées, des riens pareils aux récréations qu'un grand artiste donne à sa main sur la feuille d'un appui-main. Il s'amusait à laisser tomber un coup de crayon, un reste de couleur sur toutes sortes de petites choses, dans les cadres les plus minces. Il touchait de son pinceau les moindres bijoux de la mode, des éventails, des étuis de montre, des œufs d'autruche, des porcelaines, des panneaux de voiture, que sais-je encore! M. Thoré dit avoir vu de lui un petit cartouche peint à l'huile pour Mme de Pompadour, un médaillon grand comme la main où il avait mis une belle déclaration d'amour d'un berger à sa bergère avec des paniers de roses, des chapeaux enrubannés, des oiseaux encagés, et de l'air, et de la volupté et de l'espace! Il eût fait tenir Cythère dans le cercle d'une pierre gravée de Guay.

C'est son délassement de descendre à tout, c'est sa vocation de ne point laisser passer une

1. *Galerie françoise*, par Restout.

vogue sans y mettre la main. Il y a des heures
dans la vie de ce premier peintre du roi, où
il semble dessiner le soir à la lampe pour
l'amusement d'une table d'enfants dont la curiosité lui pousse le coude. Lorsqu'au milieu
du siècle éclate à Paris une de ces manies qui
prennent périodiquement la société française,
la manie des pantins et des pantines, succé-
dant, de 1746 à 1748, à la manie des décou-
pures, lorsque la duchesse d'Orléans se met
en tête d'avoir un pantin de 1,500 livres, mais
du meilleur faiseur et qui vaille son prix, c'est
Boucher qui dessine et peint le pantin, en riant
d'avance de la mauvaise épigramme que le
pantin lui vaudra dans les chansons de Maurepas[1].

Il a beau faire, beau chercher, descendre
au joujou, il n'est pas absorbé tout entier. Il
lui reste du temps, de la verve, des idées, et
le voilà qui brosse des décorations de théâtre.
En 1737, en 1738 et en 1739, il avait travaillé
aux décorations de l'Opéra; il y travaille de
nouveau depuis le mois d'août 1744 jusqu'au

1. *Journal historique et anecdotique de Barbier.* Paris,
Renouard, vol. III.

1ᵉʳ juillet 1748, aux appointements de 2,000 livres [1]. Il ne donne pas seulement des décors
à l'Opéra : Monnet, qui fut son ami, essayant
de remonter l'Opéra-Comique et voulant débu-
ter d'une façon brillante à la foire Saint-Laurent du mois de juin 1743, par une parodie
des *Indes Galantes,* lui demande les décorations
et les dessins de la pièce, si fort applaudis.
Dans le théâtre élevé par Monnet, en trente-
sept jours, à la foire Saint-Laurent de 1752,
c'est Boucher qui dessine presque toute la
salle, le plafond, le décor, les ornements, et
qui dirige toutes les peintures. Et à la foire
Saint-Germain de 1754, c'est encore la main
et le pinceau de Boucher que l'on retrouve
et que tout Paris vient applaudir dans la
mise en scène du ballet des *Fêtes chinoises* de
Noverre [2]. Et ce n'étaient point des aperçus
de décors, des maquettes insignifiantes que
fournissait Boucher aux deux Opéras ; c'étaient
des toiles qui avaient trois pieds sur deux,

1. *Histoire manuscrite de l'Opéra.* Papiers de Beffara, Bibliothèque de l'Hôtel-de-Ville.
2. *Supplément au roman comique, ou Mémoires pour servir
à la vie de J. Monnet.* Barbou, 1772.

comme cette décoration du hameau d'Issé
envoyée par lui au Salon de 1742.

Cette activité, cette imagination féconde,
toujours prêtes à se répandre en œuvres de
charme, en créations d'élégance et de goût
coquet, en modèles pour la manufacture de
Vincennes [1], Boucher les apporta dans la direction d'une des grandes industries d'art du
XVIIIe siècle. Oudry, chargé par Fagon, intendant
des finances, de relever la manufacture de
Beauvais fondée par Colbert et tombée dans
une sorte d'anéantissement, se voyait obligé
d'appeler à son aide le peintre au génie mul-
tiple et si expert dans toutes les choses de luxe
et d'ornementation galante. Et lorsque Boucher, nommé directeur de Beauvais, rempla-
çait, le 21 juin 1755, Oudry dans l'inspection
des travaux des Gobelins, les entrepreneurs,
aigris par l'inspection tracassière d'Oudry,
saluaient l'installation du nouveau directeur
comme une délivrance, et remerciaient cha-

1. *Observations sur les ouvrages de MM. de l'Académie de
peinture et de sculpture exposés au Salon du Louvre en* 1773, par
l'abbé Leblanc.

leureusement M. de Marigny d'un choix si
heureux et si mérité[1].

VII

Psyché conduite par Zéphire dans le palais de
l'Amour, la Naissance de Vénus, le Bain de Diane,
les Forges de Vulcain, avaient placé Boucher au
premier rang de l'école de son temps, quand,
pour répondre au reproche de ne plus faire que
des tableaux de chevalet[2], il exposait, en 1753,
le Lever et le Coucher du soleil[3].

Dans la première de ces grandes toiles,
des Amours au haut du ciel écartent le voile
de la nuit et plient l'ombre comme une tente.
L'Aurore, portant au-dessus du front l'étoile
du matin, effeuille du bout de ses doigts les

1. *Notice historique sur la manufacture de tapisseries des*
Gobelins, par Lacordaire. Paris, 1853.

2. *Lettres sur les peintures, sculpture et architecture à*
*M. ***,* 1748.

3. Ces deux tableaux, vendus à l'inventaire de Mme de
Pompadour et passés alors en possession de M. de Saincy,
appartiennent aujourd'hui à lord Hertford.

rayons et les roses dans la lumière qui s'éveille.
Sous la caresse du jour qu'elle répand, le jeune
Apollon se lève dans sa gloire naissante ; la
la pourpre lui vole en écharpe autour du corps ;
sous ses pieds, l'écume des flots se brise en
vapeur et s'écroule en nuage. Une déité volante
lui tend les rênes de son quadrige et la bride
de ses chevaux qui piaffent dans l'éther, tandis que les filles de Doris, les nymphes de la
mer, à mi-corps dans l'onde qui leur bat les
reins, nouent sur les jambes du dieu les rubans
de ses brodequins. Au-devant du lever de Phé-
bus, un Amour joue avec le collier de perles
tombé du cou de l'Aurore ; des tritons inter-
rogent, dans un coquillage, le murmure des
mers, le flux et le reflux de l'écho ; des dauphins aux yeux et aux narines de rubis, balan-
cés au branle de la vague, bercent les néréides
accoudées sur l'oreiller de leur tête et tournant
au public, qu'elles provoquent d'un sourire jeté
par-dessus l'épaule, leur dos humide où le flot
pleure encore en gouttes de nacre.

Dans le *Coucher du soleil,* des Amours et
des génies apportent et déroulent en haut du
tableau le manteau sombre et bleu de la Nuit.

Le jour meurt en reflets sous leurs pieds qu'il éclaire. Au milieu des vapeurs violettes et roses perdues là-bas dans un fond de ténèbres où se dénoue, au-dessus du clapotement des vagues vertes, une guirlande d'Amours, l'Apollon rayonne dans l'apothéose du crépuscule. Son char rocaille, autour duquel bourdonne une ronde d'Amours, entre doucement dans la mer et coule à l'abîme; de ses coursiers blancs, aux naseaux roses et fumants des derniers feux du jour, l'un est encore argenté de lumière, l'autre a déjà plongé dans l'ombre. Le dieu, svelte comme un éphèbe, s'élance en étendant les bras vers Thétis. Allongée dans une pose d'accueil amoureux, la déesse vogue vers lui sur une conque, parée des couleurs de la mer, la robe teinte des nuances d'une vague, les cheveux gris-argenté et comme poudrés de l'écume des flots. Une néréide, réfugiée contre elle et s'appuyant à sa conque, se gare, avec sa main jetée coquettement devant ses yeux, du dernier rayon du dieu; et tout autour de Thétis, sa cour de tritons et d'Amours fatigue l'eau du sillon de ses jeux, jusqu'à ce groupe de femmes enroulées, ondulantes, que la mer baigne, chatouille et renverse sur son sein qui palpite.

Ce sont là les deux pages triomphales de Boucher. Elles ont le rayonnement, le flamboiement, la magnificence de ce char du Soleil versant dans les *Métamorphoses* le feu des crysolithes et des pierreries. Elles sont le plus grand effort du peintre, les deux grandes machines de son œuvre. Elles ont excité l'enthousiasme ; elles sont demeurées éblouissantes. Et cependant, je crois que, pour la juste appréciation du talent de Boucher, pour les intérêts de sa gloire, il vaut mieux le juger dans des tableaux moins grands, moins pompeux, moins officiels. Peintre de verve, il ne manifeste jamais plus heureusement sa personnalité que dans ces compositions de dimension moins ambitieuse, où ses idées et sa main peuvent courir jusqu'au bout de la toile sans rencontrer la fatigue. Une esquisse brossée vivement en une matinée avec le diable au corps de l'improvisation, une ébauche modelée avec des tons d'aurore, un groupe de corps *bleutés,* un torse dont la ligne molle se débat dans une clarté pâle et vaporeuse, une déesse jetée au

ciel d'un lit : voilà la vocation et le vrai triomphe
de cette peinture à la touche fluide et cou-
lante, de ce peintre dont les amis comparaient
le coloris à des feuilles de roses nageant dans
du lait. Et ne resterait-il de Boucher que cette
ravissante Vénus couchée de la collection
Marcille, il serait impossible de méconnaître
en ce magicien un grand tempérament de
peintre, et de refuser au coloriste cette justice
que David lui-même lui rendait en disant :
« N'est pas Boucher qui veut. »

VIII

Une femme régnait alors en France, dont
la protection ne pouvait manquer à Boucher.
Cette maîtresse de roi qui eut l'esprit de faire
de sa faveur une espèce de ministère des arts
et des lettres, Mme de Pompadour, trouva son
peintre quand elle rencontra Boucher. Ne
semblait-il pas né pour elle? N'était-il pas
l'artiste providentiel, et précisément à la taille
de son règne, à la mesure de ses goûts, né,

15

formé et grandi pour être son courtisan, son poëte, son historien? Sans lui, la figure de la favorite manquerait de je ne sais quel accent et quelle lumière : il éclaire et complète le personnage de la femme artiste de la même façon que Bernis signifie le caractère de la femme d'État.

Dès qu'elle commence à marcher du caprice d'une nuit au commandement d'un règne, Mme de Pompadour s'attache Boucher. Elle lui donne des commandes. Elle l'installe dans une sorte de privilége de décoration des bâtiments et des demeures du Roi. Dès 1746, elle lui faisait peindre l'Éloquence et l'Astronomie, destinées au Cabinet des médailles. En 1747, elle mettait son tableau des *Forges de Vulcain* dans la chambre même de Louis XV, à Marly, comme pour tenir son protégé en présence du Roi. En 1750, elle le chargeait du tableau devant décorer la chapelle du château de Bellevue; et dans le château, elle lui faisait orner de chinoiseries le joli boudoir meublé en perse dorée en or; elle lui donnait à remplir de ses plus vives couleurs et de ses plus gaies fantaisies les tableaux de cette galerie

imaginée et dessinée par elle, où de merveilleuses guirlandes de fleurs fouillées par le
ciseau de Verbeck encadraient les imaginations
du peintre [1]. C'était elle qui achetait ses deux
grands tableaux : *le Lever et le Coucher du
soleil*. Lui fallait-il, pour réveiller avec les
sens l'amour du Roi, mettre sous les yeux de
Louis XV des allusions libertines, elle recourait à Boucher, qui jetait dans une suite de
panneaux une histoire qui commençait par
l'idylle et finissait par la priapée. Voulant
avoir son portrait, c'était Boucher qu'elle
choisissait avec Latour, pour laisser d'elle une
image qui survécût à sa fortune et l'empêchât
de mourir tout entière. Et Boucher la peignait
dans la pose de paresse que donne une chaise
longue, avec l'air d'attention distraite d'une
femme aimée qui attend l'amour en tournant
à demi la tête. Le bras droit de Mme de Pompadour s'accoudait sur un coussin de pékin
peint ; son bras gauche retenait mollement un
livre sur ses genoux. Boucher jetait dans ses
cheveux un œil de poudre et des fleurettes ; il

1. *Dictionnaire historique de la ville de Paris*, par Hurtaut.
Paris, 1779, vol. I.

la décolletait en carré, évasant un peu à la
naissance de la gorge l'échancrure de cette
magnifique robe bleue falbalassée, toute semée
de petites roses, toute ruisselante de dentelles
d'argent; et au bout de la jupe paraissaient
les deux pieds mutins de la favorite croisant,
selon leur habitude, l'une sur l'autre les mules
roses brodées d'argent. Et partout c'étaient
des rubans et des nœuds, au cou, à la saignée,
au cœur du corsage. La figure sortait d'un appartement de soie jaune et semblait s'avancer,
entre deux rideaux à grands plis, du fond d'une
glace reflétant dans sa transparence, comme
dans une vapeur, une bibliothèque surmontée
d'une pendule en lyre aux heures gardées par
un Amour. Sur le parquet, aux pieds de Mme de
Pompadour, Boucher avait semé et comme
effeuillé les amusements et les goûts de sa
protectrice : un porte-crayon monté de sanguine et de crayon noir, un carton de dessins
ouvert, un plan de château à demi déroulé,
des rouleaux de musique, une pointe de graveur emmanchée, étaient çà et là entre un
king's-charles au repos et deux roses gisantes.
A sa droite, et plus près d'elle, le peintre sem-

blait avoir voulu caractériser sa vie plus sérieuse, les affaires de la faveur : l'on voyait
de ce côté une petite table à écrire de bois de
rose, un flambeau d'argent chantourné, le
cachet de la marquise, un bâton de cire, une
lettre décachetée, une plume enfoncée dans
un encrier, et sortant d'un tiroir ouvert, des
brochures, des livres, des maroquins aux
armes, et encore deux roses oubliées là par
la femme au milieu de tous ces outils de la
favorite et du premier ministre.

Ce portrait est pour ainsi dire le portrait
de luxe et de représentation de Mme de Pompadour; la coquetterie y a une ampleur, le
chiffonnage, l'enrubanement, les fanfioles y
ont une opulence et une somptuosité royales :
c'est la grande toilette de la faveur en robe
de sacre.

Boucher ne fut pas seulement le protégé,
il fut le familier de Mme de Pompadour. Il avait
ses grandes entrées dans la pièce où Guay
avait son touret. La favorite l'honorait de la
confidence de ses goûts, de ses projets, de ses
rêves. Elle le consultait sur les décorations
dont elle avait l'idée. Elle parlait avec lui de

ce monde de l'art dont elle avait pris en main le patronage. Elle se plaisait avec cette imagination du peintre qui donnait un si joli corps à tout ce qu'elle voulait de riant et d'aimable autour d'elle. Boucher était un curieux avec lequel elle aimait à causer curiosités, un professeur d'eau-forte qui l'initiait au maniement de la pointe et qui menait la main incertaine de la graveuse sur les copies de ses planches : les *Buveurs de lait*, le *Petit Montreur de marmottes*, le *Faiseur de bulles de savon*, et sur toute la suite des pierres gravées de Guay. Il était l'artiste auquel elle donnait ses commissions intimes, auquel elle confiait les travaux de ses appartements, la parure de ce qui l'entourait. Chaque jour elle se découvrait un nouveau besoin de cet homme prêt à tout, qui était son dessinateur intime. Voulait-elle des figures pour les statues de son château de Crécy[1], un Amour ou un frontispice pour le graver, un portrait à envoyer à une amie, elle recourait à Boucher, qui aussitôt jetait des figures de bergères pour modèle au sculpteur,

1. Catalogue de différents objets composant le cabinet de feu M. le marquis de Ménars, 1781.

esquissait des Cupidons volants, ou bien, avec trois coups de pastel, improvisait un médaillon de la marquise dans un cadre de fleurs et d'attributs.

Mme de Pompadour avait donné au Roi une telle habitude du nom et du talent de Boucher, que, même morte, elle le protégea encore ; et à la mort de Vanloo, c'était sous les auspices de la favorite disparue que Boucher était nommé premier peintre du Roi[1].

IX

Que disait cependant la critique du temps de ce maître si bien fait à l'image de cette société dont il semble l'enfant gâté? Comment le XVIIIe siècle jugeait-il le peintre né de ses entrailles, doté de toutes ses grâces, complice de toutes ses modes, l'artiste envoyé pour lui

1. Lorsqu'on présenta Boucher au Roi, ce prince, le croyant plus jeune par la chaleur et la vivacité de ses ouvrages, lui marqua son étonnement de le trouver plus vieux qu'il ne pensait. « Sire, lui répondit Boucher, l'honneur dont Votre Majesté m'a comblé va me rajeunir. » — Galerie française, par Restout.

donner l'immortalité qu'il eût choisie et qu'il
méritait?

Les critiques d'alors s'accordaient à admirer ses compositions toujours riches, abon-
dantes, de grande manière; sa couleur agréable
et fraîche, la mollesse tendre de ses attitudes,
l'arrangement heureux de ses groupes, le pittoresque de ses tableaux champêtres en action,
de ses marches. Ils lui reconnaissaient une
imagination riante, vive et féconde, des airs
de tête toujours gracieux et d'un goût supérieur, de la variété, des expressions toujours
fines. Ils s'entendaient presque unanimement
pour trouver qu'il peignait bien l'histoire, le
paysage, l'architecture, les fruits, les fleurs;
qu'il composait et qu'il dessinait également
bien. Ils louaient la facilité de son pinceau
coulant, son entente parfaite de la lumière
dont il savait tirer de beaux effets, ses compositions éclairées en plein air, ses draperies volantes et faites pour le nu. Et les critiques
allaient jusqu'à reconnaître un air céleste aux
vierges de ses Nativités et de ses Saintes Familles : il est vrai que ces mêmes critiques lui
indiquaient la tête de la petite Coupé de

l'Opéra comme un modèle de tête de Vierge[1].

Dans ce concert d'éloges des connaisseurs et des juges autorisés, qui n'étaient que l'écho affaibli de l'enthousiasme général et des idolâtries du public, à peine s'il se glissait quelques voix accusant timidement Boucher de donner trop de finesse aux physionomies, de peindre trop cru, de faire trop brillant, d'éparpiller les lumières, de ne pas assez les contraster par des ombres, de tomber dans la pourpre[2], de n'avoir pas assez de repos, de montrer des femmes plus jolies que belles, plus coquettes que nobles, de faire des draperies trop chargées de plis, trop cassées et ne flattant pas assez le nu, de manquer enfin d'expression.

Mais ces quelques voix étaient étouffées par le murmure et l'acclamation de l'opinion,

1. Réponse à un écrit anonyme intitulé : *Lettre critique sur les ouvrages de Messieurs de l'Académie exposés au Salon du Louvre*, 1759.

2. A cette accusation de donner à ses chairs le reflet d'un rideau rouge, Boucher répondait en s'excusant sur l'affaiblissement de sa vue, qui ne lui présentait plus, disait-il, *qu'une couleur terreuse dans les objets où les autres croyaient apercevoir le cinabre et le vermillon.* — *Galerie françoise*, par Restout.

par l'enthousiasme qui écrivait : « Le pinceau de Boucher est un enchanteur qui suspend toutes les fonctions de l'âme pour ne laisser agir qu'une tendre admiration[1]. » Boucher avait cette gloire du succès, la popularité. Sa réputation rayonnait de tous côtés et commandait partout. L'admiration autour de son nom et de son talent était comme une contagion dans l'air. La jeunesse qui partait pour étudier les chefs-d'œuvre de l'Italie partait avec ses tableaux dans les yeux; et quand elle revenait de Rome, elle revenait, non pas avec les leçons des grands maîtres du passé, mais avec le souvenir du maître parisien, avec l'imitation de Boucher au bout de ses pinceaux. On eût dit que l'avenir allait être son école.

Un seul homme résista énergiquement, brutalement, à l'enivrement, à cette espèce d'ensorcellement que le talent du peintre exerçait sur ses contemporains : ce fut Diderot. A tout moment, il se soulève de toute sa force et de toute sa verve contre le succès et la peinture de Boucher; au nom seul de Bou-

---

1. *Description raisonnée des tableaux exposés au Salon du Louvre*, 1789. De l'imprimerie de Claude-François Simon fils.

cher, tombé sous sa plume, il semble qu'il
perde le sang-froid comme au nom d'un ennemi personnel. Il lapide le dieu, il barbouille
le peintre, il soufflette l'homme. Entendez-le,
quand il s'arrête au Salon devant une de ses
toiles admirées, il jette son jugement, son mépris, sa colère en mots pressés, furieux,
crayonnés de rage : « Des grâces empruntées
à la Deschamps... des mines, de l'afféterie...
rien que des mouches, du rouge, des pompons... des caillettes, des satyres libertins, de
petits bâtards de Bacchus et de Silène... la
dégradation du goût, de la couleur, de la composition, du caractère, de l'expression, du
dessin... l'imagination d'un homme qui passe
sa vie avec les prostituées du plus bas étage...»
Voilà tout ce que Diderot voit dans l'œuvre de
Boucher, de ce Boucher dont il dira pourtant
un jour en s'oubliant : « Personne n'entend·
comme Boucher l'art de la lumière et des
ombres. » Mais prenons garde, ce n'est pas
un juge infaillible que Diderot : il y a bien des
boutades dans son goût. Le génie du merveilleux écrivain, c'est la passion; et sa critique
même, avec ses élans, ses débordements ma-

gnifiques, ses tableaux qui vivent, ses flots
d'idées et de couleur, ses improvisations, ses
apostrophes, son éloquence parlée qui cause
et s'exalte, sa critique n'est que passion; l'emportement d'un grand instinct la soutient toujours : la mesure d'un sentiment juste lui fait
souvent défaut. Puis l'appréciation de Diderot
a-t-elle été toujours bien personnelle? Les artistes, les gens du métier qui l'entouraient, et
dans le commerce desquels il apprit la techno-
logie de l'art, Cochin, Chardin, Falconnet,
n'inspiraient-ils pas son premier mouvement
devant une toile, un marbre, une estampe, par
une conversation, une remarque, une ironie
d'atelier? Souvent le critique ne prit-il pas en
toute bonne foi la sévérité de ses opinions
dans une rivalité de confrères? Mais il n'est
pas besoin d'aller si loin : il y avait une grande
raison pour que le critique manquât de justice
envers Boucher. Rappelons-nous que si Diderot a reconnu Chardin, il a inventé Greuze.
Diderot était avant tout — au moins il le
croyait — un philosophe d'art, l'apôtre de
l'art utile et profitable à l'humanité. Il pro-
fessait que la vocation du beau n'était pas seu-

lement d'être le beau, mais encore d'être le
bien. Il demandait aux œuvres plastiques un
enseignement pratique, un apport à la somme
de vérités ou de sensations morales en circu-
lation dans la société. Singulier point de vue
pour juger Boucher, et qui devait mener Diderot à reprocher sérieusement aux amours
du peintre d'être inutiles, de n'être propres
ni à lire, ni à écrire, ni à tiller du chanvre!

Boucher ne mérite pas plus ces sévérités
cruelles de Diderot qu'il ne méritait l'enthousiasme furieux de son temps, du public, de la
société, des femmes et des petits-maîtres. Il
n'est ni un barbouilleur d'éventails, ni « un
maître en tous les genres ». Il est simplement
un peintre original et grandement doué, auquel
il a manqué une qualité supérieure, le signe
de race des grands peintres : la distinction.
Il a une manière et n'a pas de style. C'est par
là qu'il est si fort au-dessous de Watteau, avec
lequel les gens du monde le nomment et l'ac-
couplent assez volontiers, comme s'il y avait
parité entre Boucher et le maître qui a élevé
l'esprit à la hauteur d'un style. La vulgarité
élégante, voilà la signature de Boucher. Ce

n'est pas seulement dans l'ensemble de la composition, c'est dans le contour de ses lignes,
dans les extrémités de ses corps, dans l'accentuation de ses têtes, qu'il manque d'une expression, d'un caractère, d'une certaine grâce
rare et délicate échappant à la banalité de la
pratique. En un mot, alors même que son imagination est la plus facile et sa main la plus heureuse, Boucher a dans son dessin, dans son modelé, je ne sais quelle rondeur, quelle mollesse
d'habitude et de procédé. Pour tout dire et
oser un terme de l'argot des ateliers qui peint
un peu durement son talent : il est *canaille*.

Le peintre, chez Boucher, était bien supérieur au dessinateur. Il y a en lui, répétons-le,
une rare organisation de coloriste, et il est
peut-être le plus grand tempérament de
peintre de l'école française. Mais Boucher né
peintre, et qui a su s'élever, dans le milieu de
sa carrière, à ce ton de couleur mâle et vrai,
chaud comme un coucher de soleil d'une école
d'Italie, Boucher a été égaré et perdu, ainsi
que toute son école, par les tentations et les
exigences d'un art industriel. On a oublié de
le remarquer : c'est la tapisserie qui a fait de

Boucher un décorateur. Suivez ses tableaux et sa couleur, vous y trouverez d'année en année la corruption que font les commandes de Beauvais et des Gobelins dans cette gamme de tons de la peinture française qui s'annonce si puissante, aux débuts du siècle, par *l'Omphale* de Lemoine et *l'Embarquement de Cythère* de Watteau. A mesure que Boucher peint pour les ouvriers de Cozette et d'Audran, sa peinture se charge de tons faux, sa couleur pâlit et papillote en même temps. Obligé de se plier aux harmonies de la laine et de la soie, de rejeter les valeurs d'ombre, de sacrifier à la couleur gaie, de chercher à tous les coins de la composition le clair, le tendre, le petillant, Boucher noie ses tons dans le délayage et l'affadissement. Ses verdures s'évaporent dans le bleu, ses arbres dans le gris, ses lointains dans le lilas, ses lumières dans du blanc caillé; et à la fin, le registre de tons du tapissier remplace si bien dans les mains de Boucher la palette du peintre, qu'il ne semble plus brosser qu'en transparent des campagnes de paravent, des figures couleur de rose, des féeries de papier peint.

X

Les honneurs venaient à Boucher, dont la réputation se répandait en Europe, et que l'Académie de Saint-Pétersbourg nommait associé libre. En 1765, à la mort de Vanloo, la place du premier peintre du Roi lui était donnée [1], et l'Académie, pour lui laisser tout entier l'héritage de Vanloo, lui décernait la place de directeur, qui n'était pas toujours attachée à celle de premier peintre du Roi.

Ce fut une assez pauvre direction que la direction de Boucher, déjà vieux, souffrant, et tout occupé de ses tableaux qui lui rapportaient plus de cinquante mille livres par an [2]. Le goût, la force, le loisir et l'activité lui manquaient pour exercer cette charge pleine de fatigues, pour ordonner par lui-même tous

---

1. Voici la date des promotions académiques de Boucher : agréé à l'Académie, 1731 ; adjoint à professeur le 2 juillet 1735, professeur le 2 juillet 1737 ; adjoint à recteur le 29 juillet 1752 ; recteur le 1er août 1761 ; directeur le 23 août 1765.

2. *Notice sur François Boucher*, par Durozoir. *Annales de la Société libre des Beaux-Arts*, vol. VI. Année 1841 à 1842.

les ouvrages de peinture et de sculpture, pour
diriger personnellement l'école et s'acquitter
consciencieusement de ses devoirs de patronage envers le peuple des artistes. Il imita son
prédécesseur ; il prit de la place le titre et les
avantages, et il laissa le reste, le travail et le
détail, à Cochin, qui avait déjà mené l'Académie sous Vanloo. Avec ce directeur insou-
ciant et laissant aller les choses, il arrivait que
les 600 livres du modèle de l'Académie n'étaient
pas payées, que la pension des jeunes gens de
l'école n'était pas mieux soldée, et que sans
la soupe de Michel Vanloo, ils n'auraient guère
mangé. Un moment, l'Académie, réduite à son
revenu de la vente du livret aux Expositions,
était prête à fermer : elle n'était sauvée que
par une contribution d'amateurs venant à son
aide. C'est Diderot qui fait ce tableau de l'Académie en 1769[1]. Peut-être bien Diderot exa-
gère-t-il ses misères ; il est difficile d'admettre
que Boucher, avec son caractère de bonté et
de générosité, ait poussé l'incurie jusqu'à ce
point où elle devient de l'insensibilité. Mais le

1. Œuvres de Diderot. *Salons d'exposition*, Paris, Belin, 1818.

vrai et le certain, c'est qu'il fut un directeur
sans zèle et sans initiative.

XI

Boucher, tout entier au travail, renfermé
dans son atelier, ne le quittait en ces années
que pour un court voyage. En 1766, M. Randon
de Boisset, voulant avoir son goût et ses conseils sur de grosses acquisitions qu'il projetait,
l'emmenait en Hollande, dans cette patrie de
Rubens si fort énamourée au XVIIIᵉ siècle du
maître français qu'elle appelait Boucher, *l'unique
Boucher.*

La fin de sa vie s'écoula dans cet atelier
où le peintre était si bien chez lui, et où il retrouvait tout autour de lui ce bouquet de tons
enchantés, ces splendeurs et ces lueurs qu'il
semait sur la toile. Il vivait là, au milieu de
choses, où sa palette prenait des rayons, dans
un monde d'objets éblouissants de feux qui je-
taient sur sa peinture le reflet de leur flamme
et l'enchantement de leur lumière. A mesure
qu'il vieillissait, il appelait à lui ce soleil ma-

gique des pierres précieuses qui réchauffait ses yeux et son génie; il entassait dans son atelier ces pétrifications d'éclairs, les pierres fines, les quartz et les cristaux de roche, les améthystes de Thuringe, les cristaux d'étain, de plomb, de fer, les pyrites et les marcassites. L'or natif, les buissons d'argent vierge en végétation, les cuivres gorge-de-pigeon et queue-de-paon, les morceaux d'azur, les malachites de Sibérie, les jaspes, les poudingues, les cailloux, les agates, les sardoines, les coraux, tout l'écrin de la nature était vidé çà et là sur les étagères. Puis, dans ce merveilleux musée des couleurs célestes de la terre, venaient les coquilles avec leurs mille nuances délicates, leurs prismes, leurs reflets changeants, leurs chatoiements d'arc-en-ciel, leur rose tendre et pâle comme une rose noyée, leur vert doux comme l'ombre d'une vague, leur blanc caressé d'un rayon de lune : les tuyaux de mer, les buccins, les pourpres, les tonnes, les volutes, les porcelaines, les huîtres, les pétoncles, les cœurs, les moules, végétations de perle, d'émail et de nacre, groupées comme des parures dans les meubles de Boule, dans les

cabinets de bois d'amarante, ou répandues sur
les tables d'albâtre oriental, à côté des tor-
chères de bois sculpté[1].

Mais ce n'était pas seulement sa palette
qui l'entourait. A côté de cette gamme idéale
des couleurs féeriques, sa fantaisie aussi était
là à portée de sa main. Le pays de caprice,
adoré du xviiie siècle, la Chine avait apporté
ses porcelaines céladon, ses porcelaines bleu
céleste, ses porcelaines truitées, ses porcelaines craquelées, et toutes ses curiosités ex-
quises et fantasques, depuis la chaufferette à
anse garnie de joncs jusqu'à une arithmétique;
petit pays de chimères où l'imagination de
Boucher se plaisait, s'amusait, s'oubliait, malgré
les reproches des critiques du temps, jetant
avec amour sur le papier et sur la toile, sur les
dessus des portes, sur les éventails, sur les
cartes d'adresse des marchands de tableaux,

---

1. Voyez *Catalogue raisonné* des tableaux, dessins, estampes,
bronzes, terres cuites, laques, porcelaines de différentes sortes,
montées et non montées; meubles curieux, bijoux, minéraux,
cristallisations, madrépores, coquilles et autres curiosités qui
composent le cabinet de feu M. Boucher, premier peintre du
Roi. A Paris, chez Musier. MDCCLXXI. La vente de ce cabinet, estimé 100,000 écus, produisit 110,919[l] 19[s].

ces costumes et ces figures baroques repris à
Watteau, qui devaient, sous la main du premier peintre de Mme de Pompadour, faire de
la Chine une des provinces du Rococo !

Ainsi entouré, dans ce paradis de ses yeux
et de ses goûts, Boucher vivait heureux. Il
semble qu'on le voie assis près de sa boîte à
couleurs aux onze tiroirs, ayant à côté de lui sa
pierre à broyer de porphyre, tenant son appui-
main garni d'ivoire, laissant dans ses distrac-
tions aller son regard à tous ces petits modèles
qui garnissaient les murs : le petit vaisseau, la
petite galère, le petit canon, le petit carrosse
monté à la Dalène, merveilleux joujoux que
suivaient d'autres joujoux plus consultés par
lui : la petite charrue, la petite herse, la petite brouette, le petit tonneau, le petit bateau
de pêcheur, mobilier d'une ferme d'enfants,
accessoires en miniature de la vie rustique,
que vous retrouverez si bien enjolivés à toutes
les pages de sa Pastorale. Et dans cet atelier
où chaque jour entrait quelque nouvel objet
curieux ou charmant, où les cartons ventrus
s'emplissaient de dessins sans que Boucher les
trouvât jamais assez emplis, quelques amis in-

times venaient tous les jours, après le dîner,
passer de longues heures. Ils admiraient l'acquisition, l'objet nouveau, la belle tentation à
laquelle Boucher n'avait pu résister; puis ils
se plaisaient à le regarder peindre ou dessiner,
jouissant de voir les formes naître et se former
si vite sous le badinage de ses crayons et de
ses pinceaux, prenant plaisir à ce rare spectacle d'une facilité divine, d'une fécondité
inépuisable. Ils attendaient, ils enlevaient
au passage les dessins réussis, les compositions bien venues, les inspirations d'une verve
bénie. De ceux-là, le premier était ce M. de
Sireul qui, dans sa passion pour Boucher,
avivée par la mort du peintre, continuant
à réunir ses dessins, les premières idées
de ses compositions les plus capitales, devait
laisser cette prodigieuse collection appelée
si justement par l'expert *le portefeuille de
M. Boucher*[1].

Compagnie familière, amitié confidente,
cour d'amateurs, causerie qui, de son bruit
ailé, accompagne le travail, inspiration de tant

1. Catalogue des tableaux et Dessins précieux qui composent le cabinet de M. de Sireul, Paris, 1781.

de choses rayonnantes, éclats de lumière jouant dans le feu des curiosités naturelles, échos des rêves et des imaginations du peintre partout répétés, rien ne manquait donc à Boucher dans ce lieu où il se sentait si près de sa muse, que l'idée lui vint un jour de s'y représenter visité par Vénus et l'Amour.

Pour retrouver Boucher dans son atelier, ce portrait nous manque. Mais nous avons le pastel de Lundberg conservé au musée du Louvre : Boucher est là jeune, la physionomie animée et comme allumée, l'œil brillant, l'air vif, heureux; Lundberg semble avoir saisi son visage dans le feu d'un souper, au milieu des causeries qui petillent et du plaisir qui rit. Nous avons encore le portrait peint par Roslin[1] et gravé par Salvador Carmona pour sa réception à l'Académie, image officielle du peintre qui va être le premier peintre du Roi. Il est en riche habit de velours; les plus fines dentelles se chiffonnent en jabot sur sa poitrine et jouent en bouillons autour de sa main armée du porte-crayon. Regardez sa tête, son

1. Ce portrait est au Musée de Versailles.

gros et grand nez, ses yeux saillants, ses larges
paupières plissées, sa bouche largement taillée
en pleine chair, humide comme la bouche de
Piron, ses traits forts, son regard fin : c'est
une aimable figure de vieillard épicurien, une
physionomie sympathique qui ne respire que
bonté, gaieté, sensualité, volupté spirituelle.
Et l'homme, de l'accord de tous les contemporains, ne démentait point son masque : cœur
sensible, caractère obligeant et désintéressé,
généreux de ses productions jusqu'à la prodi-
galité, incapable de basse jalousie, au-dessus
des vils appétits du lucre et se refusant à
abuser de sa vogue pour élever le prix de ses
tableaux, plein de répugnance pour l'intrigue
et laissant à son talent et au hasard des circonstances le soin de sa fortune, c'est ainsi
qu'ils vous le peindront. Écoutez-les encore :
pas de peintre plus habile à railler les défauts
de sa peinture que lui-même[1], pas d'homme
plus indulgent aux autres ; et pour tout vice,
le plus aimable des vices sociaux, un trop
grand goût pour le plaisir, qu'il garda toute sa

---

1. *Le Chinois au Salon*, 1769.

vie, en compagnie de Toqué, qui aimait le plaisir presque autant que lui, et de Monnet, l'entrepreneur de spectacles, qui l'aimait bien autant que Toqué ; joyeux convive, amusant conteur, qui apportait à la table égayée de vins, de femmes et de chansons, l'esprit de l'atelier, un esprit dont le sel ne devint jamais amer dans sa bouche : — voilà Boucher.

Ami de la jeunesse, aimant à s'en entourer, à s'y retremper, il laissait à toute heure libre accès dans son atelier. N'ayant point de ces tâtonnements, de ces incertitudes de main, de ces défaillances qui font qu'un peintre se cache pour produire, il donnait leçon les portes ouvertes, disant « qu'il ne savait conseiller que le pinceau à la main[1] » ; et deux ou trois touches posées par lui sur la toile apportée en apprenaient plus au jeune peintre que tout ce qu'il aurait pu lui dire. Aussi était-il entouré de l'affection de cette jeunesse qui l'avait vu, tant qu'il lui était resté un peu de santé, soutenir le bon droit et donner sa voix à la justice avec toute la chaleur de son carac-

---

1. *Almanach littéraire,* 1778.

tère. Elle se rappelait ce qu'il avait fait pour
Vien. Revenu de Rome, Vien, refusé deux
fois par l'Académie, avait supporté courageu-
sement le premier refus; mais, accablé par le
second, il avait déclaré qu'il renonçait pour
toujours à l'honneur d'appartenir à l'Académie.
Boucher, voyant son tableau, sautait au cou
du candidat désespéré, et lui déclarait que si
ses confrères ne le recevaient pas, jamais lui,
Boucher, ne remettrait les pieds à l'Académie.
En 1767, lorsqu'une intrigue de Pigalle et de
Lemoine fait obtenir le premier prix de sculpture à Moitte, au détriment de Milon, auquel
l'attribuait le jugement général, dans cette
émeute des élèves de l'école sur la place du
Louvre, voulant faire faire le tour de la place
à Milon sur le dos de Moitte à quatre pattes,
les huées s'élèvent contre Cochin, Pigalle et
Vien, que les élèves punissent de leur partia-
lité en les faisant passer à travers la double
haie de leurs dos tournés; mais, quand Boucher paraît, tous les dos se retournent, la jeunesse lui fait face, les bras l'étreignent, tous
l'embrassent : il s'est opposé de toutes ses
forces à l'intrigue, il a soutenu avec Dumont

et Vanloo la cause de Milon, la cause de tous
les élèves [1].

XII

Boucher avait eu de sa femme un fils qu'il
eut le secret chagrin de ne pouvoir élever à la
peinture d'histoire et à l'héritage de son nom,
et qui se confina modestement et sans bruit
dans l'architecture et l'ornementation. Il eut
aussi deux filles dont il maria l'aînée à Deshayes. Deshayes mourait à trente-quatre ans,
dans la pleine jeunesse de son talent, laissant
ce beau tableau de *Saint Benoît mourant,* qui
promettait presque un maître à l'école française; et sa femme le suivait au tombeau
quelques années après.

Boucher avait donné sa seconde fille à
Baudouin. Celui-ci, quoi qu'en aient dit les
jugements du temps, répétés de confiance
par le nôtre, était un homme de talent et
un peintre de mœurs. Mettez-le, dans ce

1. Œuvres de Diderot. *Salons d'exposition,* Paris, Belin,
1818.

siècle, à côté de Crébillon fils, vous lui aurez
rendu sa place. Il a la légèreté, l'audace
piquante, l'indécence bien apprise, le joli ton,
le badinage délicat, la tournure leste, le ton
français des meilleurs morceaux de *la Nuit et
le Moment*. Il n'est point un miniaturiste gra-
veleux ; il est un dessinateur de la galanterie,
dessinateur inspiré de toutes les élégances
friponnes du temps, toujours fin, toujours spirituel, qui réalise, dans une série de scènes à
la Collé, le Théâtre de société du siècle. Supérieur par le sentiment de la composition,
par le mouvement de l'arrangement, à tous les
vignettistes ses contemporains, il révèle dans
ses gouaches de rares qualités de coloriste.
Quelle distance de ces gouaches peinées,
sorties de la main lourde des Allemands ap-
pliqués, les Lawrence, les Freudeberg, à ces
libres et petillantes esquisses de Baudouin,
réchauffées de terre de Sienne dans les
ombres, toutes pimpantes de vert tendre, de
blanc, de bleu, de rose, éclaboussées de ces
touches que Hall imitera de si loin, lavées
d'une aquarelle si brillante qu'elle dépasse Fragonard et atteint Bonington !

Boucher aimait ce gendre ; il aimait l'homme
et son talent. Baudouin adorait son beau-père :
et voilà qu'à la fin de la vie de Boucher, de
cette vie attristée par la mort des siens, Baudouin partait encore avant lui et mourait tout
jeune. C'était en 1769. Boucher, depuis longtemps souffrant d'un asthme, ne présentait
plus à ses amis, depuis quelques années, que
« l'image d'un spectre ». Cependant il travaillait toujours, s'enfermant dans cet atelier qu'il
aimait, s'acharnant au labeur comme l'ouvrier
poursuivant sa journée dans le jour qui tombe.
Quand la mort vint, le 30 mai 1770[1], à cinq

1. Voici l'acte de décès de Boucher, tel que nous le retrouvons sur les registres de la paroisse de Saint-Germain-
l'Auxerrois. Remarquons que cette heure de la mort de
Boucher, cinq heures du matin, détruit absolument la légende romanesque qui le fait mourir à son chevalet.

« Paroisse Saint-Germain-l'Auxerrois.

« May. 1770. Le jeudi trente et un, Sʳ François Boucher,
premier peintre du Roy, ancien directeur et recteur en son
académie royale de peinture et de sculpture, associé libre de
l'académie royale de Saint-Pétersbourg, âgé d'environ soixante
et sept ans, époux de dame Marie-Jeanne Buzeau, décédé
d'hier à cinq heures du matin au château du Louvre, a été
inhumé en cette église en présence de Sʳ Juste Nathan Boucher, architecte, son fils, de François Jean Baudouin, son
petit-fils, et de Sʳ Charles Étienne-Gabriel Cuvillier, pre-

heures du matin, il y avait sur son chevalet
un tableau ébauché qu'il avait prié sa femme
de donner à son médecin Poissonnier[1].

Boucher, qui ne se vantait pas, disait,
c'est Desboulmiers qui le rapporte[2], qu'il
comptait n'avoir pas composé moins de dix
mille dessins, croquis ou finis; n'avoir pas
peint moins de mille tableaux, en y compre-
nant les ébauches et les esquisses.

mier commis des bâtiments du Roy, ami. — BOUCHER, CU-
VILLIER, PIERRE, VIEN, MONTUCLA, VANLOO, CHAPEAU,
curé. »

1. Nécrologie de 1771. Éloge de Boucher.
2. *Mercure de France*; septembre 1770.

LA TOUR

LA TOUR

I

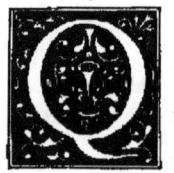UELQUEFOIS, dans ces collec-
tions d'amateurs logées au qua-
trième étage d'une maison de Paris,
et qui représentent l'occupation,
la privation et la joie de toute une vie, il arrive d'apercevoir, sur un coin de mur, un petit
cadre noir[1], au bas duquel un bout de papier
porte d'une vieille écriture, d'une encre jaunie,

---

1. Ce petit cadre noir est le cadre dans lequel La Tour
avait encadré toutes ses *préparations*, préparations qu'il semble
avoir précieusement gardées jusqu'à sa mort, et dont il avait
fait autour de lui comme un musée. C'est dans ces cadres
noirs qu'on les retrouvait encore, il y a quelques années, au
musée de Saint-Quentin.

un nom qui se laisse à peine lire. Là dedans,
dans le châssis de sapin, sous un verre à vitre,
il y a une feuille de papier qui a dû être bleue
autrefois, et qui a maintenant le *passé* du
temps : elle est de travers dans le cadre, l'encadreur n'a fait que plier en quatre la grande
feuille, et l'a fourrée tant bien que mal dans le
bois noir. Vous regardez ce qu'il y a sur le
papier : quelques coups de crayon de couleur
heurtés, de larges lumières à la craie, des ba-
lafres de sanguine et de noir, rien que cela, —
et c'est une tête. Vous regardez toujours ; cette
tête vient à vous, elle sort du cadre, elle s'enlève du papier, et il vous semble n'avoir jamais vu, dans aucun dessin de n'importe quelle
école, une pareille représentation d'une figure,
quelque chose de crayonné qui fût autant quelqu'un de vivant. Et à mesure que vos yeux
étudient, votre admiration croît devant cette
brutalité créatrice et cette puissance d'animation, devant cette science incomparable de
l'anatomie du visage humain, l'armature des
traits, l'indication de l'orbiculaire enchâssant
les yeux, le rendu prodigieux du sens et du
lacis des muscles expressifs, des élévateurs du

nez et de la lèvre, du *risorius* qui fait le sourire et l'ironie de la bouche... Qu'est-ce donc,
cette tête dans ce mauvais cadre ? Un premier
jet, une ébauche, l'empoignement au premier
coup d'une ressemblance, ce qu'on appelle en
langue d'art une *préparation* de La Tour, —
un de ces chefs-d'œuvre qui arrachaient à Gérard ce cri d'humilité : « On nous pilerait tous
dans un mortier, Gros, Girodet, Guérin et moi,
tous les G, qu'on ne tirerait pas de nous un
morceau comme celui-ci [1] ! »

II

La Tour naquit à Saint-Quentin en 1704 [2].
Son père était un musicien attaché au cha-.

---

1. *La Tour*, par M. Charles Blanc. *Histoire des peintres de
toutes les écoles.* Paris, Renouard.

2. Nous donnons ici l'acte de naissance de La Tour, d'après
M. Charles Desmazes. (*Maurice-Quentin de La Tour*, 1854.)

« Paroisse Saint-Jacques, année 1704.

« Le cinquième de septembre est né et a été baptisé par le
soussigné, prêtre curé, Maurice-Quentin, fils légitime de
M⁰ François de La Tour, chantre, et de Reine Zanar, sa
femme. Le parrain, M⁰ Maurice Mégniol ; la marraine, demoi-

pitre royal de la Collégiale. Il eut l'enfance
ordinaire et légendaire de presque tous les
peintres : au collége, sous le principalat de
Nicolas Desjardins, il couvrait ses cahiers,
grecs et latins, avec l'image de tout ce qu'il
voyait, des croquis de la classe, de ses camarades, du magister et de sa férule[1]. Cette
vocation toucha peu son père, qui avait
l'idée d'en faire un ingénieur, malgré sa vue
courte. Cependant, en dépit des corrections,
l'enfant persistait dans ses goûts, copiait à la
plume toutes les estampes qu'il trouvait, man-
geait son petit argent d'écolier à acheter des
crayons et des modèles de dessin. Au milieu
de cela, tombaient à Saint-Quentin des académies dessinées par le peintre Vernansal, et

selle Marie Méniolle, épouse de noble homme Me Jean Bou-
tillier l'aîné, ancien mayeur de cette ville, lesquels ont signé.

« *Signé :* MAURICE MÉNIOLLE, MARIE
MÉNIOLLE, DE LA TOUR et
MAILLET, curé. »

1. Les biographes parlent d'une vue de Saint-Quentin dessinée dans ce temps par le jeune homme, et offerte à Nicolas
Desjardins. Le dessin conservé au musée de Saint-Quentin
sous le n° 94, et attribué à La Tour père, ne serait-il pas
cette vue?

apportées par un de ses élèves : le jeune La
Tour les voyait, et, pris de la passion d'en
faire autant, il déclarait vouloir être peintre
à son père, qui, pénétré d'idées bourgeoises,
et sans nulle confiance dans ce métier hasar-
deux, opposait à cette fantaisie d'enfant un
refus net et dur. Alors le jeune homme se
sauvait à Paris : il avait à peine quinze ans.

L'intérêt de ces détails, que l'on trouve
dans l'*Abecedario* de Mariette, est de nous faire
voir, contrairement au récit du chanoine Du
Plaquet et du chevalier Bucelly d'Estrées, l'arrivée de La Tour sur le pavé de Paris, non plus
en peintre déjà connu, mais en véritable
échappé de collége, sans ressource, sans talent, armé déjà pourtant d'un caractère, et
prêt à affronter la vie et l'avenir avec le courage des vraies vocations. Ne connaissant personne de l'art à Paris, et ayant lu sur une
estampe le nom de Tardieu le graveur, il lui
avait écrit pour lui demander aide et conseil ;
et Tardieu, croyant que le jeune homme voulait se faire graveur, lui avait répondu qu'il
pouvait se mettre en chemin et venir le trouver.
A son arrivée, quand le jeune homme lui eut

dit qu'il voulait se faire peintre, grand embarras. Où le placer? Tardieu a l'idée de penser à Delaunay, qui tenait boutique de tableaux sur le quai de Gesvres. Là, La Tour est refusé. Vernansal, chez qui on le conduit, ne lui fait pas un meilleur accueil. Enfin il trouve à entrer chez Spoëde, peintre médiocre, mais bonhomme, chez lequel il travaille avec la volonté d'un homme qui a tout à apprendre et à conquérir.

Les biographes saint-quentinois placent tout au début de sa carrière un voyage à Reims, où le peintre alla, disent-ils, ne se trouvant pas assez riche pour faire le voyage d'Italie, et désirant étudier les œuvres laissées dans la ville historique par les artistes que le sacre de nos Rois y attirait. Les détails si précis donnés par Mariette, et qui ne laissent aucun doute sur l'échappée de La Tour à Paris, nous permettent de reporter à une date bien plus présumable ce voyage du peintre à Reims. Rappelons-nous que La Tour est venu à Paris à quinze ans, c'est-à-dire vers 1719. Il y est resté quelques années. Quelle occasion a pu vers ce temps le faire aller à Reims? N'est-ce

pas le sacre de Louis XV, qui a lieu le 25 octobre 1722? La Tour a dix-huit ans; il a reconnu la faiblesse des talents, l'insuffisance
des leçons de son maître; il veut essayer sa
fortune, travailler à sa guise. Quelle plus belle
chance, pour les débuts d'un peintre de portraits inconnu comme lui, que le sacre, le
concours de tout ce monde, des célébrités,
des étrangers, de la haute noblesse! La même
pensée, le même espoir, mêlé peut-être au
désir d'étudier dans les Flandres Rubens et
Van Dick, le mène, quelques années après ce
séjour à Reims, à ce Congrès de Cambrai, indiqué depuis 1720 et ouvert en janvier 1724; grand
congrès où toutes les puissances de l'Europe
envoyèrent pour terminer, entre l'Empereur et
l'Espagne, les questions non réglées par la paix
de Bade; grand congrès où, dans le long temps
que dura l'assemblée, «les cuisiniers, au dire de
Saint-Simon, eurent plus d'affaires que leurs
maîtres »; vrai camp du Drap d'or de la diplo-
matie d'alors, dont le faste, la lutte ruineuse,
l'émulation folle à qui aurait le plus de carrosses et d'équipages magnifiques, le plus de
gentilshommes, le plus de riches livrées de

toutes façons, faillirent amener un règlement pour les entrées et la suite des ambassadeurs de toute l'Europe[1]. L'endroit était bon pour toutes les industries de luxe qui y affluaient. Dans l'ostentation, l'entraînement de dépense, le mouvement de société de ce monde, il y avait de l'argent et de la notoriété à gagner pour un peintre. Un talent devait y être bientôt reconnu et prôné. A peine La Tour avait-il fait là quelques portraits, que leur ressemblance inspirait à chacun le désir d'être peint par le jeune peintre. Il peignait l'ambassadrice d'Espagne. L'ambassadeur d'Angleterre lui ayant offert un logement dans son hôtel à Londres, il passait en Angleterre. Le haut patronage sous lequel il se présentait le faisait réussir. Il ramassait des guinées, et, après un assez court séjour, il revenait à Paris avec les germes d'un vrai talent et un peu d'or qui assurait la liberté à son travail. Toutefois, craignant de perdre à Paris le bénéfice de ses succès de Londres, sachant l'instinct de l'homme et du Français à admirer les talents de l'étranger,

1. *Mémoires complets et authentiques du duc de Saint-Simon,* 1858. Vol. XVIII.

le rusé Picard avait la spirituelle idée d'exploiter le commencement d'anglomanie du siècle : il se donnait et se faisait annoncer comme un *peintre anglais* [1].

III

. La Tour peignait ses portraits au pastel. L'irritabilité de ses nerfs, la délicatesse de sa santé, l'avaient forcé d'abandonner la pratique de la peinture à l'huile [2]. En se consacrant à ce genre de peinture aux crayons de couleur, où il devait trouver son génie, il suivait son

1. *Éloge historique de M. Maurice-Quentin de La Tour*, peintre du Roi, conseiller de l'Académie royale de peinture et de sculpture de Paris, et honoraire de l'Académie des sciences, belles-lettres et arts d'Amiens, fondateur de l'école royale gratuite de dessin de la ville de Saint-Quentin, prononcé le 2 mai 1788 à l'hôtel de ville de Saint-Quentin par M. l'abbé Du Plaquet. A Saint-Quentin, F.-T. Hautoy. 1789. — Mémoires de la Société des sciences, arts, belles-lettres et agriculture de la ville de Saint-Quentin, 1834-36. *Notice historique sur Maurice-Quentin de La Tour*, par M. Bucelly d'Estrées.

2. Les amateurs doivent renoncer, croyons-nous, à voir ou à acheter de la peinture à l'huile de La Tour. Il n'en existe pas un échantillon authentique qui puisse servir de morceau de comparaison. Les têtes à l'huile exposées au musée de

temps. Il obéissait à cette mode qui semblait
ranimer et renouveler, dans la France du
xviii° siècle, le goût des *crayons* français du
xvi°. Et qui sait s'il n'y eut pas dans sa voca-.
tion une influence de ce passage de la Rosalba à Paris, en 1720 et en 1721? La Tour
avait pu assister à ce triomphe du pastel, à
cette fortune des crayons de la Vénitienne,
visitée par le Régent, recherchée du plus grand
monde, écrasée de commandes et d'argent,
sollicitée, suppliée pour un portrait par les
Parabère et les de Prie[1], les plus grandes
dames de la cour, prises au charme de cet art
donnant à la femme je ne sais quelle légère

Saint-Quentin n'ont rien qui puisse justifier une attribution à
La Tour. Une légende du pays voudrait lui donner une peinture possédée par M. Rigaut : un portrait de femme, en mantelet de dentelle noire sur une robe rouge, des mitaines de
satin aux mains. Trois petits traits sur le petit doigt, en manière de coups de pastel, ne suffisent guère à baptiser La Tour
ce portrait qui n'a pour lui ni la signature du faire, ni la
recommandation d'une tradition bien authentique; portrait
d'ailleurs fort ordinaire, et dans le genre de ceux que nous
voyons journellement attribuer dans les ventes à Chardin ou
à Tocqué.

1. *Diario degli anni MDCCXX et MDCCXXI scritto di
propria mano in parigi Da Rosalba Carriera dipintrice famosa.*
In Venezia, MDCCXCIII.

vie de nuage, un souffle de ressemblance dans une fleur de couleur. Quoi qu'il en soit, La Tour bénéficiait bien vite de cette popularité faite au pastel par la Rosalba. « Il mettait peu de temps à ses portraits, dit Mariette, ne fatiguait point ses modèles, les faisait ressemblants, n'était pas cher. La presse était grande. Il devint le *peintre banal*. »

Vers ce temps, quelques portraits qu'il avait faits pour la famille de Boullongne, étant tombés sous les yeux de Louis de Boullongne, le premier peintre du Roi, y découvrant, sous le lâché du faire, le don natif qui met la ressemblance au bout d'une main de portraitiste, voulut voir La Tour, l'encouragea, lui promit un avenir s'il voulait travailler. Et ne serait-ce pas la voix de Boullongne qui, au milieu des compliments unanimes donnés à un portrait terminé du jeune peintre, lui jeta ce conseil sévère : « Dessinez, jeune homme, dessinez longtemps[1] ? » Grande parole qui sauva La Tour du métier. Renonçant au gain, aux faciles succès, il resta deux ans sans peindre,

1. Notice de Du Plaquet,

enfermé et enfoncé dans l'étude du dessin ; et de ces deux ans passés à se chercher, des années d'efforts qui les suivent, conseillées et guidées par l'amitié de Largillière et de Restout[1], il sort ce grand dessinateur, le plus grand, le plus fort, le plus profond de toute l'école française, le dessinateur physiono-miste ; il sort ce pastelliste tout nouveau, s'élevant à la puissance, à la solidité, à toutes les énergies d'effet avec ces crayons de ten-dresse et de caresse, uniquement faits, semble-t-il, pour exprimer le pulpeux du fruit, le velouté de l'épiderme, le « duvet » des habillements du temps ; il sort ce créateur du pastel, qui de cet art de femme s'adressant à

---

1. « ... Il m'avoua qu'il devait infiniment aux conseils de Restout, le seul homme du même talent qui lui ait paru vrai-ment communicatif ; *que c'était le peintre qui lui avait appris à faire tourner une tête et à faire circuler l'air entre la figure et le fond en reflétant le côté éclairé sur le fond et le fond sur le côté ombré ; que, soit la faute de Restout, soit la sienne, il avait eu toutes les peines du monde à saisir ce principe, malgré sa sim-plicité ; que lorsque le reflet est trop fort ou trop faible, en général vous ne rendez pas la nature ; que vous êtes faible ou dur, et que vous n'êtes plus ni vrai ni harmonieux.* » Le *Salon* de 1769, par Diderot, publié par M. Walferdin, *Revue de Paris*, sep-tembre 1857.

la femme, des dessins de la Rosalba, de cette peinture de coquetterie flottante, à demi fixée, volatile, pareille à la poussière de la grâce, tire et fait lever un art mâle, large et sérieux, une peinture d'une telle intensité d'expression, d'un tel relief et d'une telle illusion de vie, que cette peinture arrive à menacer, à inquiéter toute l'autre peinture, et qu'un moment, les portes de l'Académie se ferment par peur, au genre du maître [1].

1. L'Académie résout de ne plus recevoir de peintres en pastel. *Lettre sur la peinture, la sculpture et l'architecture*, 1749. — Sur cette résolution, un peintre en pastel, du nom de Loir, quitte le pastel pour la sculpture. C'est ce Loir, et non La Tour, qui avait déjà modelé un portrait de Vanloo et une figure du satyre Marsyas. *Réflexions nouvelles d'un amateur des beaux-arts.* — A mesure que les succès de La Tour grandissent, ce mouvement d'hostilité, de jalousie contre le pastel s'accuse plus nettement. *Le Jugement d'un amateur sur l'exposition des tableaux* dit en 1753 : « M. La Tour a poussé le pastel au point de faire craindre qu'il ne dégoûte de la peinture. » La même année, le *Salon* se plaint de ce « qu'on préfère le pastel pour les portraits à l'huile »; et le critique attaque le pastel, sa crudité, sa poussière farineuse, sa touche « dure et désagréable, que l'art et le talent ne peuvent sauver. Il est vrai que la glace lui donne un vernis brillant, mais elle déguise les défauts sans les détruire. Elle n'empêche pas que le grain du crayon ne se détache par la suite, et que la fleur de la peinture ne disparaisse peu à peu. L'esprit qui anime les pastels de M. de La Tour en a imposé ».

IV

La Tour commence à exposer en 1737[1].
A cette première exposition, il est remarqué,

1. Voici la liste des expositions de La Tour :

1737.

Addition des agréés.

Sur la face à droite de l'escalier, à côté du portrait de
MADAME DE MONTMARTEL :

Deux portraits au pastel, l'un représentant Mme BOUCHER
et l'autre celui de l'auteur qui rit.

1738.

Le portrait en pastel de M. RESTOUT, professeur de
l'Académie, dessinant sur un portefeuille.

Un portrait en pastel représentant Mme de ***, habillée avec
un mantelet polonais, réfléchissant, un livre à la main.

Un portrait en pastel de Mlle DE LA BOISSIÈRE, ayant
les mains dans un manchon, appuyée sur une fenêtre.

Autre, représentant Mme RESTOUT en coiffure.

(Le *Mercure de France* mentionne à cette exposition le portrait de M. MANSARD, architecte, non mentionné dans le
livret.)

1739.

Le portrait en pastel de M. DE FONTPERTUIS, conseiller au Parlement.

Au-dessous, celui de M. DUPOUCH, appuyé sur un fauteuil.

reconnu : le *Mercure* signale l'effet de son envoi sur le public.

L'année suivante, dans le flux et le reflux des spectateurs, la foule s'arrête, stationne

Un portrait au pastel représentant le Frère FIACRE de Nazareth.

1740.

Un portrait en pastel représentant M. DE BACHAU-MONT.

Autre, représentant Mᵐᵉ DURET dans une bordure ovale.

Un portrait jusqu'aux genoux de M. de*** , qui prend du tabac.

1741.

Un tableau en pastel de 6 pieds 2 pouces de hauteur sur 4 pieds 8 pouces de large, représentant M. le président DE RIEU en robe rouge, assis dans un fauteuil, tenant un livre, dont il va ouvrir le feuillet, avec les attributs qui composent un cabinet, comme bibliothèque, table, paravent et un tapis de Turquie sous les pieds.

Autre tableau représentant le buste d'un nègre qui attache le bouton de sa chemise.

1742.

Le portrait de Mᵐᵉ la présidente DE RIEU, en habit de bal, tenant un masque.

Celui de Mˡˡᵉ SALÉ, habillée comme elle est chez elle.

Celui de M. l'abbé ***, assis sur le bras d'un fauteuil, lisant à la lumière un in-folio.

(C'est sans nul doute l'abbé HUBERT, conservé au musée de Saint-Quentin.)

Celui de M. DUMONT LE ROMAIN, professeur de l'Aca-

devant ces portraits frappants de vérité, dont
le *Mercure* note brièvement et naïvement le

démie royale de peinture et de sculpture, jouant de la
guitare.

   Un petit buste de l'auteur, ayant le bord de son chapeau
rabattu.

1743.

Un portrait au pastel représentant M. le duc DE VIL-
LARS, gouverneur de Provence, chevalier de la Toison d'or.

Autre, représentant M. ***.

(Le *Mercure* nous apprend que ce portrait est celui de PA-
ROCEL, peintre de l'Académie.)

Autre, représentant Mlle de ***.

1745.

Le ROY.

Le DAUPHIN.

M. ORRY, ministre d'État, contrôleur général, peint en
grand.

M. ***, ami de l'auteur, aussi en grand.

(Mariette, dans son *Abecedario,* nous donne le nom de cet
ami : M. DUVAL D'ESPINOY, secrétaire du Roi.)

Plusieurs autres portraits sous le même numéro.

1746.

Quatre portraits au pastel sous le même numéro.

(Les *Réflexions sur quelques causes de l'état présent de la peinture en France,* 1740, nomment deux de ces portraits : Le
peintre RESTOUT et PARIS-MONTMARTEL.)

1747.

Plusieurs portraits au pastel sous le même numéro.

Le *Mercure* et la *Lettre sur l'exposition des ouvrages de*

succès, en les marquant de l'astérisque avec
lequel il désigne les morceaux les plus remar-

peinture de l'année 1747 nomment, dans l'ordre où ils sont placés
du côté de l'escalier, les portraits suivants : Mme la comtesse
DE LOWENDAL, M. le maréchal DE SAXE; de l'autre :
M. le duc D'YORCK, Mme DE MONTMARTEL; plus bas, au
milieu : M. le comte DE CLERMONT; à sa droite, M. LE
MOINE, sculpteur, M. BINET, M. l'abbé LE BLANC; à sa
gauche, M. GABRIEL, premier architecte du roi, M. CUPIS,
M. MONDONVILLE.)

1748.

Portraits en pastel représentant :

Le ROI.

La REINE.

Le DAUPHIN.

Le prince ÉDOUARD.

M. le maréchal de BELLE-ISLE.

M. le maréchal DE SAXE.

M. le baron DE LOWENDAL.

M. le comte DE SASSENAGE.

M. ***.

M. ***.

(Les *Réflexions sur quelques circonstances présentes,* 1748,
nomment ces deux derniers portraits : M. SAVALETTE père,
M. SAVALETTE fils. Le portrait de M. Savalette père fut
réexposé, en 1780, au *Salon de correspondance* de la Blancherie.)

M. DE MONCRIF, de l'Académie françoise.

Madame ***.

M. DU CLOS, de l'Académie françoise et belles-lettres.

Madame ***.

M. DU MONT LE ROMAIN, adjoint à recteur.

qués au Salon. Le public va au Restout, à ce joli portrait de Mademoiselle de la Boissière,

1750.

Plusieurs têtes au pastel, sous le même numéro.

1751.

Plusieurs portraits au pastel, sous le même numéro.

(Le *Mercure* nous permet de nommer parmi ces portraits M. DE LA REYNIÈRE, Mᵐᵉ DE LA REYNIÈRE et M. DILLE.)

1753.

Le portrait de Mᵐᵉ LE COMTE, tenant un papier de musique.

Celui de Mᵐᵉ DE GELI.

Mᵐᵉ DE MONDONVILLE, appuyée sur un clavecin.

(Ce portrait fut exposé avec celui de M. DE MONDON-VILLE, au *Salon de correspondance*, en 1782.)

Mᵐᵉ HUET, avec un petit chien.

Mˡˡᵉ FERRAND, méditant sur Newton.

Mˡˡᵉ GABRIEL.

M. le marquis DE VOYER, lieutenant général des armées du Roi, inspecteur général de la cavalerie, honoraire associé libre de l'Académie royale de peinture et de sculpture.

M. le marquis DE MONTALEMBERT, mestre de camp de cavalerie, gouverneur de Villeneuve-d'Avignon, associé libre de l'Académie royale des sciences.

M. DE SILVESTRE, écuyer, premier peintre du Roy de Pologne, directeur de l'Académie royale de peinture et de sculpture.

M. de BACHAUMONT, amateur.

M. WATELET, receveur général des finances, honoraire associé libre de l'Académie royale de peinture et de sculpture.

que nous retrouvons dans la gravure de Petit,
avec son attitude aisée, naturelle, et selon le

M. NIVELLE DE LA CHAUSSÉE, de l'Académie fran‑
çoise.

M. DUCLOS, des Académies françoise et des Inscriptions,
historiographe de France.

M. l'abbé NOLLET, maître de physique de M. le Dau‑
phin ; de l'Académie royale des sciences et de la Société
royale de Londres.

M. DE LA CONDAMINE, chevalier de Saint‑Lazare,
de l'Académie royale des sciences, de la Société royale de
Londres et de l'Académie de Berlin.

M. ROUSSEAU, citoyen de Genève.

M. MANELLI, jouant dans l'opéra du *Maître de musique*
le rôle de l'impresario.

1755.

Le portrait de Mme la marquise DE POMPADOUR, peint
au pastel, de 5 pieds 1/2 de haut sur 4 pieds de large.

1757.

Plusieurs portraits peints au pastel sous le même numéro.

(Le *Mercure* nomme parmi ces portraits le médecin TRON‑
CHIN, le directeur de l'Opéra‑Comique MONNET, et la
grande chanteuse FEL. Il mentionne encore un capucin, dont
l'*Éloge de La Tour*, par Du Plaquet, nous révèle le nom : c'est
le Père EMMANUEL, capucin de Saint‑Quentin, le confes‑
seur de la jeunesse du peintre.)

1759.

Plusieurs portraits en pastel sous le même numéro.

1761.

Plusieurs tableaux en pastel sous le même numéro.

(Le *Mercure de France* et les *Observations d'une Société*

mot du temps « artistement négligée » : tête
nue, en coiffure plate, à demi souriante, la

d'amateurs nous donnent cette année-là les noms du comte
DE LUSACE, de CRÉBILLON le tragique, du duc DE
BOURGOGNE, de Mme LA DAUPHINE, de M. BERTIN.
Le *Salon* de Diderot nomme M. LAIDEGUIVE, notaire.)

1763.

Portraits en pastel :
Monseigneur LE DAUPHIN.
Mme LA DAUPHINE.
Monseigneur le duc DE BERRY.
Monseigneur le comte DE PROVENCE.
Le prince CLÉMENT DE SAXE.
La princesse CHRISTINE DE SAXE.
Autres portraits sous le même numéro.

(Le *Mercure* et la *Description des tableaux exposés au Salon
du Louvre* mentionnent, dans ces portraits innommés, le portrait de LEMOINE le sculpteur.)

1767.

Le livret de l'Exposition de 1767 ne mentionne rien de
La Tour. Le *Salon* de Diderot indique de lui, cette année-là,
l'ébauche d'une tête de femme, le portrait de l'oculiste DE-
MOURS et de l'abbé DE LATTAIGNANT.

1769.

Plusieurs têtes sous le même numéro.

(La *Lettre sur le Salon de peinture de* 1769 parle de quatre
portraits de La Tour, parmi lesquels elle cite le portrait de
GRAVELOT.)

1771.

(Le livret ne mentionne rien cette année de La Tour; mais

mine intelligente, malicieuse, les yeux noirs
et éveillés, charmant type de la laide piquante,

le *Mercure* parle de trois pastels dont le *Dialogue sur la peinture* nous apprend l'arrivée tardive au Salon, et sans doute
après l'impression du livret.)

1773.

Plusieurs têtes sous le même numéro.

Ajoutons à cette liste des expositions la liste des portraits
gravés d'après La Tour. Nous ne mentionnons pas les gravures modernes, parmi lesquelles nous ne connaissons de
reproductions de portraits inédits que Mme de Pompadour,
gravée par Massard, et Mme de Mondonville, gravée par de
Montaut.

La Tour (en chapeau bordé), pastel de Saint-Quentin.
gravé par son ami G.-F. Schmidt, graveur du roi, en 1772.
In-fol.

La Tour (coiffé d'un petit bonnet), gravé par son ami
Schmidt, 1742, in-fol.

(Schmidt dit, dans son catalogue : « On a des épreuves
avant la lettre, mais elles sont rares. »)

La Tour, gravé par son ami Smith. Londres, 1751.

(Schmidt dit, à propos de cette copie, dont le graveur
anglais a cherché à enlever la vente avec une mise en scène de
son cru : « On a fait en Angleterre une copie plus petite de
ce portrait, en manière noire. Elle est assez fidèle, excepté
dans les accessoires. Au lieu d'une porte fermée, elle offre une
femme vue par le dos, levant sa chemise et montrant le derrière. Nous laissons au lecteur à juger de ce trait de satire
On aperçoit aussi sur le canevas du chevalet l'esquisse d'une
femme qui lève sa chemise et montre son devant ; ce qui n'est
pas dans l'original. »)

— Messire Jean Pâris de Montmartel, la tête d'après

enveloppée dans cette toilette à la polonaise,
de soie, de fourrure et de dentelle, qu'aime le
pasteliste, les deux coudes appuyés sur la

M. Q. de La Tour, l'habillement et le fond dessinés et le tout
conduit par C.-N. Cochin le fils, gravé par L.-J. Cathelin.
Gr. in-fol.

— Charles-Louis-Auguste Foucquet de Belle-Isle, duc de
Gisors, pair et maréchal de France. De la Tour *effigiem pinxit.*
Moitte, *sculptor regis, tabulam integram delin. et sculp.* In-fol. —
Ce portrait a encore été gravé par Mellini et Vangelisti.

— Woldemar de Lowendal, maréchal de France. Les ornements inventés par Gravelot. Gravé par Will. 1749, in-fol.
— Gravé par Levesque et Romanet.

— Jean Restout, peintre ordinaire du Roi, gravé par
Moitte, 1771, in-fol.

— Jacques Dumont le Romain, peintre du Roi, gravé par
J.-J. Flipart. In-fol.

— René Fremin, sculpteur, gravé par P.-L. Surugue le
fils, 1747, in-fol.

— Charles Richer de Roddes de la Morlière, gravé par
Lépicié. In-fol.

— Marie-Gabrielle-Louise de la Fontaine Solare de la
Boissière, gravé par Petit. In-fol.

— Antoine Vicentini, dit Thomassin, gravé par T. Ber-
trand. In-fol.

— Sylvia, actrice, gravé par Surugue le fils. In-4.

— Marie, princesse de Pologne, reine de France et de Na-
varre, gravé par Petit. In-4.

— Louis, dauphin de France, gravé par Petit. In-4. —
Gravé par Basan, Aubert, Larmessin.

— Josephe de Saxe, dauphine de France, gravé par Petit
fils. In-4. — Gravé par Aubert.

pierre d'appui d'une fenêtre, les deux mains cachées dans un petit manchon qui raccommoderait, dit l'auteur de la *Lettre à la mar-*

— Marc-René de Montalembert, gravé par A. de Saint-Aubin. In-4.

— Crébillon, gravé par Moitte. In-4. — Gravé par Cathelin et Ingouf junior, 1784.

— L'abbé Nollet, gravé par Molès, 1771, in-4. — Gravé par Beauvarlet.

— De Moncrif, gravé par Cathelin. In-4.

— Hubert Gravelot, gravé par Massard. In-4. — Gravé par Gaucher.

— Pierre Demours, médecin oculiste, gravé par Masquelier, 1792, in-4.

— Bernard le Bovier de Fontenelle, gravé par Dupin. Chez Odieuvre. In-8.

— J.-J. Rousseau, gravé par A. de Saint-Aubin. In-4. — Gravé par Ficquet, etc.

— Voltaire, gravé par Cathelin. In-4. — Gravé par Ficquet, etc.

— D'Alembert, gravé par Maviez, 1788, in-8. — Gravé par Dagoty, etc.

— Nivelle de la Chaussée, gravé par Ingouf junior. In-8.

— Sophie Arnould dans le rôle de Zyrphé de l'opéra de *Zélindor,* gravé par Bourgeois de la Richardière. In-8.

— Charles Duclos, de l'Académie française, gravé par Duflos. In-12.

— Le catalogue Paignon-Dijonval mentionne encore : Charles, prince de Galles, gravé par M. Aubert.

quise de S. P. R., les femmes les plus brouillées
avec ces petits manchons[1].

En 1739, le portrait populaire de l'exposition de La Tour était le père Fiacre, quêteur
des PP. de Nazareth, un personnage des plus
répandus dans le monde et que venaient reconnaître au Salon tous les enfants de Paris;
« portrait impatientant de ressemblance »,
s'écrie un critique. Un nouveau côté du talent du peintre apparaissait là : devant ce
personnage marqué de tous les symptômes de
son état et de tous les signes de sa robe,
commençait dans le public la reconnaissance
du singulier génie de La Tour à peindre le
métier, l'état, le caractère social de ses personnages[2]. Et le succès de son Salon l'amenait à peindre, à quelques mois de là, la maîtresse du Roi, Madame de Mailly[3].

En 1740, son exposition de trois pastels

1. *Description raisonnée des tableaux exposés au Louvre.*
Lettre à M™ᵉ la marquise de S. P. R. 1738.

2. *Description raisonnée des tableaux exposés au Salon du
Louvre.* 1739.

3. « 23 décembre 1739. L'on peint actuellement M™ᵉ de
Mailly en pastel. C'est un nommé La Tour. » *Mémoires du duc
de Luynes,* vol. III.

est un triomphe. Les gazettes parlent d'une explosion d'admiration.

En 1741, le pastelliste, jaloux d'élever et d'agrandir son genre, arrivait à l'exposition avec un portrait composé et de dimension supérieure à toutes ses autres œuvres. Il montrait dans un grand pastel, — un *tableau,* comme il est dit dans le livret du Salon, — le président de Rieux, vêtu d'une simarre noire et d'une robe rouge, assis dans son cabinet, sur un fauteuil de velours cramoisi, adossé à un paravent, et ayant sur sa droite une table couverte d'un tapis de velours bleu enrichi d'une crépine d'or; grand morceau qui faisait s'extasier sur chacun de ses détails : la perruque, le rabat, la dentelle, la légèreté du cheveu, la finesse de la trame du linge et l'apprêt de l'ouvrière, la délicatesse et le dessin immense de la dentelle, tout cela se voyait, se sentait. Ce n'était plus du crayon, c'était de la « *Saxe même;* M. de La Tour avait le secret de toutes les manufactures ». La tabatière sur la table, une tabatière de ces *Maubois entrelassées,* et une plume un peu jaspée d'encre sur ses barbes, étaient déclarées le dernier mot de l'illusion. Un chef-d'œuvre sans prix, — disaient les critiques et le public, parmi lesquels courait le bruit que le cadre et la glace seuls avaient coûté cinquante louis[1].

En 1742, l'année où deux pièces de vers du *Recueil* de Maurepas célèbrent son beau portrait de l'ambassadeur turc[2], c'est la même affluence, la même foule devant ses pastels. On les assiége, on ne veut pas les quitter, on y revient. La curiosité ne se rassasie pas de voir le portrait de Mademoiselle Salé[3], « comme elle est chez elle », un portrait d'intimité, de déshabillé familier et galant, où la célèbre danseuse est représentée dans la vérité et la simplicité d'une pose d'habitude, assise sur un fauteuil de damas vert, « les bras à côté l'un de l'autre, les mains avancées vers les coudes »,

1. *Lettre de M. de Poiresson-Chamarande, au sujet des tableaux exposés au Salon du Louvre.* 1741.

2. *Recueil manuscrit de Maurepas,* vol. **XXXI**.

3. Ce portrait, décrit en 1741 dans le *Mercure,* fut sans doute exposé cette année-là sans être mentionné au livret, après l'impression duquel il est à présumer qu'il arriva, comme certains autres pastels de La Tour. — Voyez sur le « *chez elle* » des grandes danseuses et des grandes chanteuses de l'Opéra du temps les curieux détails donnés par le *Code de Cythère ou Lit de Justice d'amour.* A Erotopolis, 1746.

sans gants, en habit couleur de rose[1]. Et cette année-là, il y a une recrudescence, un déchaînement de vers des Pesselier en l'honneur de La Tour.

Les expositions se suivent, les envois de La Tour se succèdent, l'enthousiasme augmente; les acclamations de l'admiration publique étouffent l'envie, la jalousie, déchaînées par ce genre de peinture qui fait déjà concurrence à la peinture à l'huile, lui prend de ses clients et de sa gloire, lui enlève des talents comme Coypel ne peignant plus qu'au crayon et devenant le charmant pastelliste du portrait de Madame de Mouchy en toilette de bal masqué.

En 1745, par les portraits du Roi, du Dauphin, du ministre d'État Orry, La Tour touche à la cour, à ce Versailles où il va demain avoir ses grandes entrées et faire éclater tout haut ses caprices.

En 1746, il donne au Salon le portrait de Montmartel. On croirait voir le Roi de l'argent du temps, dans ce financier que nous

1. *Mercure de France*, septembre-octobre 1741.

représente la gravure de Cochin[1], tranquille et majestueux, le regard hautain et froid, la bouche grande et fermée, assis pesamment et carrément, les jambes croisées, dans la sereine et sévère digestion du million, un peu renversé dans son fauteuil doré, les bas roulés, le brocart tendu sur un ventre arrondi, les mains au repos dans des manchettes de Valenciennes, sur les chamarrures superbes de son habit. Et que d'opulence l'encadre! La rocaille s'élève tout autour de lui à une espèce de somptuosité

1. Il faut s'arrêter ici sur une indication qui n'a fait réfléchir aucun des biographes de La Tour. La gravure de ce portrait porte au bas la mention : « La tête seulement d'après M. La Tour, l'habillement et le fond dessinés et le tout conduit par C.-N. Cochin. » A l'extrême rigueur, cela pourrait s'entendre d'une gravure dont la tête aurait été faite d'après l'original et le restant d'après une réduction dessinée par Cochin. Mais nous trouvons au bas d'un autre portrait en pied, celui du maréchal de Belle-Isle : « *De La Tour effigiem pinxit; Moitte, sculptor regis, tabulam integram delin. et sculp.* » Dans ce portrait encore, la tête seule est attribuée à La Tour. Ces deux mentions positives, si on les rapproche du peu de détail accordé à ces deux pastels par les critiques de Salon, pastels perdus d'ailleurs, et sur lesquels on ne peut vérifier la touche de La Tour, ces deux mentions attestent sans réplique que ces deux portraits, sans doute d'une dimension semblable à ses têtes ou à ses mi-corps ordinaires, ont été ainsi agrandis et arrangés pour la gravure par des mains étrangères. Quoique

ronflante; et l'écrasante splendeur du rococo
éclate dans ce cabinet, ces boiseries, ces tapisseries, ces ors, ces cuivres, ces sculptures,
ces ciselures, cet éblouissement de meubles
chantournés qui sont des bijoux d'art. Estampe
magnifique : la Richesse n'eut jamais de plus
riche portrait

En 1747, le nouvel académicien [1] .envoie
au Salon onze pastels que la notoriété diverse
des personnages, grands ou connus, recom-
mande à l'intérêt. Le portrait de l'abbé Le

nous ayons entendu dans la bouche d'une fille de M. Lebas
de Courmont, le traducteur de *Vasari* et un des amis de La
Tour, cette tradition, qu'elle tenait de son père, que La Tour
ne peignait jamais que la tête et qu'il renvoyait à un spécia-
liste pour les étoffes, cette terminaison de ses pastels par un
autre pastelliste ou graveur n'a dû être que très-accidentelle
dans l'œuvre du maître. Nous en avons pour preuve l'harmonie
générale, le travail d'une même main de ses pastels ordon-
nancés, la grande part d'éloges faite au portraitiste par le temps,
pour sa science des détails, des étoffes, des accessoires dans
les portraits de Rieux et de la Pompadour, pour cette illusion
de vérité des objets, des livres, des porcelaines que le grand
peintre sait toucher d'une touche si personnelle, et dont il
accompagne avec tant de goût ses figures.

1. La Tour avait été nommé agréé de l'Académie le
27 mai 1737. Il fut reçu académicien le 24 septembre 1746, et
élu conseiller le 27 mars 1751. Note communiquée par M. Duvivier.

Blanc était reconnu pour un des plus forts
pastels de La Tour, celui de M. de Mondonville pour un des plus piquants. On trouvait
dans ce dernier, paraissant écouter si son
violon est d'accord, un admirable naturel d'attitude, une expression parlante, une flamme
des yeux où se voyait l'impatience de l'inspiration et le génie du musicien[1].

En 1748, La Tour avait une exposition encore plus nombreuse. Sa liste commençait
comme la première page de l'Almanach royal :
le Roi, la Reine, le Dauphin. Et les portraits
de la Reine, celui du duc de Belle-Isle, celui
de Dumont le Romain dans sa robe de chambre
rayée, étaient proclamés comparables à ce
qu'il avait fait de plus beau[2].

En 1750, l'année où des vers du *Mercure*
nous apprennent qu'il a sur le chevalet le portrait de Sylvia, le Salon est pour La Tour une
victoire, et une victoire sur un rival que son
écrasante supériorité relègue d'un coup au se-

1. *Lettre sur l'exposition des ouvrages de peinture de l'année* 1747.

2. *Réflexions sur quelques circonstances présentes, contenant
deux lettres sur l'exposition des tableaux au Louvre cette année* 1748.

cond rang. Il y avait un agréé dont les pastels,
depuis 1746, portaient ombrage à La Tour. « Il
craignait, dit Diderot, que le public ne pût
sentir que par une comparaison directe l'inter-
valle qui les séparait. » Une idée d'assez vilaine
malice vient à La Tour : il propose son portrait à peindre à son rival. Celui-ci s'y refuse
par modestie. La Tour insiste, le presse, décide enfin, à force d'insistance, l'innocent
artiste qui peint le maître en surtout noir[1].
Pendant qu'il travaille, La Tour se met sour-
noisement de son côté à se peindre. Arrive
l'exposition. Perroneau, c'était l'agréé, expose
le portrait du maître, un La Tour en surtout
noir, en gilet de brocart rose galonné d'or, la
main passée dans le jabot de dentelle, — un
très-beau et très-fin portrait qui tient aujourd'hui vaillamment sa place au Musée de
Saint-Quentin, au milieu de tous les pastels de
son grand rival. La Tour semble avoir mali-
gnement posé pour ce portrait, un lendemain
de plaisir[2], relevant de fatigue; sa figure en-

---

1. *Salon de* 1750.

2. Un livre du temps, rare et inconnu, qui révèle un La
Bruyère religieux du XVIIIᵉ siècle, l'*Ecole de l'homme,* 1752,

core jeune, matoise et futée, se laisse voir là, usée et tirée, avec le teint et la paupière rougis d'un roué. Mais au beau milieu de ce succès de Perroneau, voilà le portrait de La Tour par La Tour qui paraît[1]. La Tour s'est entendu avec Chardin pour le placer à côté du portrait en surtout noir. Et Perroneau est tué par le voisinage. La Tour avait fait un tour de fourbe. Du reste, Perroneau s'en releva. Contrairement à l'assertion des biographes de La Tour, son concurrent ne s'expatria pas en Danemark. Il resta en France, et les Salons

lance à ce propos cette épigramme amère à La Tour : « Prends ton temps pour te peindre, ambitieux *Toural;* tu es en bonne humeur, tes yeux brillent, et tu as le teint clair et vif. Saisis le moment; peins-toi. Une longue insomnie te rend aujourd'hui le visage terni, tu as la vue chargée par un cruel mal de tête, tu es bouffi, méconnaissable. Qu'attends-tu ? Peut-il y avoir un instant plus propre pour faire faire un portrait qui ne te ressemble pas? Ne l'échappe point; cours chez ton rival, aide encore l'occasion qui travaille contre lui : fais-toi peindre; paye, et largement. »

1. Ce portrait n'est point, comme le dit Diderot, le portrait de La Tour en chapeau rabattu, la moitié du visage dans la demi-teinte et le reste du corps éclairé, exposé en 1742. Ce n'est point non plus le portrait riant exposé en 1737 et publié par Schmidt en 1743. C'est un portrait qui figurait parmi les quatre têtes anonymes exposées en 1756.

de 1751, de 1753, de 1755, nous le montrent avec une réputation vivante. Il semble le peintre officiel des demoiselles de l'Opéra, des *demoisillons* à noms amoureux et vagues, qui s'appellent au livret Mademoiselle Rosalie, Mademoiselle Silanie. En même temps, des princesses, comme la princesse de Condé, lui donnent la préférence sur La Tour. Enfin, des académiciens tels que Lemoine, Adam, Oudry, continuent à demander à ses crayons leurs portraits ou ceux de leurs femmes. Et l'on aurait tort de faire, à côté de La Tour, une si petite figure de son émule : dans ce portrait qui nous reste de lui au Louvre, d'un homme en habit gris, le ragoût des petites touches, le modelage dans le tapotage, le travail artiste, léger, spirituel, le verdâtre corrégien des demi-teintes d'où s'enlèvent des tons de santé et le rose du front, du nez, des pommettes, du menton, l'animation riante de toute la tête, nous montrent un artiste que La Tour a eu raison de redouter, et qui, en marchant derrière lui, a souvent dû l'atteindre.

En 1753, le public, tout accoutumé qu'il était à cette féconde production de chefs-

d'œuvre par le portraitiste, ne laissait pas que
d'être un peu surpris en lui voyant exposer
dix-huit portraits. Au milieu de cette véritable
galerie, la curiosité se pressait devant un portrait de Rousseau qui avait manqué se fâcher
avec son peintre, dit Fréron, pour s'être trouvé
trop mollement assis sur une chaise garnie de
paille et dont les bâtons étaient ornés de
pommes : un banc, une pierre, ou même la
terre, il n'aurait voulu que cela [1]. La préférence
des amateurs se portait sur Madame Lecomte,
la maîtresse de Watelet, tenant un papier de
musique d'une main qui semblait sortir du
cadre, au bout d'un bras ayant le clair-obscur
et la couleur d'un morceau peint à l'huile [2]. Ils

1. Ce portrait, dans lequel Diderot ne voyait que « l'auteur du *Devin de village*, bien habillé, bien peigné et ridicu-
lement assis sur une chaise », d'abord destiné à Mᵐᵉ d'Epinay,
fut donné par Rousseau à la maréchale de Luxembourg. La
Tour fit de Rousseau un second portrait, que Rousseau voulut
bien accepter, et duquel il remercia La Tour en lui écrivant
« que cet admirable portrait lui rendait, en quelque sorte,
l'original respectable ». Un de ces portraits est à Saint-Quentin;
l'autre, selon une indication de M. Mantz, serait chez M. Coindet,
de Genève. Une très-belle préparation d'un de ces portraits de
Rousseau appartient à M. Eudoxe Marcille.

2. *Observations sur les ouvrages de MM. de l'Académie de
peinture et de sculpture,* 1753.

faisaient aussi grande estime du portrait de
. Sylvestre, touché de cette façon avec laquelle
La Tour semblait vouloir parler spécialement
au goût des peintres. Car, presque dans toute
sa longue carrière et à toutes ses expositions,
il est à noter que le pastelliste eut deux manières : l'une pour le public, l'autre pour les
artistes, la première fondue, la seconde libre
et heurtée. La remarque en avait déjà été
faite en 1741, lors du contraste entre le faire
du président de Rieux et celui du nègre ;
en 1746, entre le Restout visant à l'effet presque
brutal par les touches posées, non mariées,
du visage, et le Pâris-Montmartel d'un travail
si moelleux et si raccordé. A ce moment, vers
cette exposition, la manière artistique de La
Tour commençait à dominer chez lui; et au
Salon de cette année, la critique constate l'entraînement du pastelliste à cette touche moins
caressée, même dans ses portraits de femme [1].

1. *Sentiments d'un amateur sur l'exposition des tableaux du
Louvre*, 1753. — *Lettre à un ami sur l'Exposition des Tableaux
faite dans le grand salon du Louvre* le 25 août 1753.

V

La Tour est maintenant arrivé à la plus haute fortune de l'art. Le voilà connu, célèbre, en pleine possession de sa réputation. Il est du monde, de la plus grande société, de la meilleure compagnie, des dîners du lundi de Madame Geoffrin, où Mariette le voit venir assidûment pendant des années. Il est de cette agréable et *opéradique* société de M. de la Popelinière à sa maison de Passy[1]. Il est de l'intime familiarité du ministre Orry. Il a les plus charmantes, les plus flatteuses relations, des liaisons de grands seigneurs, de littérateurs, de savants. Son atelier, dans son logement du Louvre, ce palais dont l'ancienne monarchie avait fait l'hôtel royal de l'Art, son atelier au n° 8[2] voit passer tout le siècle : Nollet, son bon voisin, Crébillon, l'abbé Hu-

1. *Mémoires de Marmontel.*
2. Ce logement fut accordé à La Tour en 1750.

bert, dont il aimait tant la conversation; le vainqueur de Fontenoy, auquel il fit avoir, selon une légende des biographes, sa pension de 200,000 livres sur les états d'Artois; Paulmy d'Argenson, Mondonville, Buffon, la Condamine, Duclos, Helvétius, Dupuis, d'Alembert, Diderot, tout le personnel de l'Encyclopédie, l'Académie des philosophes; Restout qu'il appelait « son maître », le sculpteur Lemoine qui a fait son buste[1], Largillière qui avait encouragé ses débuts, Rigaud, dont il avait vaincu la jalousie et qui était venu chercher son amitié après son pastel de Louis XV, Gravelot, qui lui dessinait l'encadrement de ses portraits gravés, Carle Vanloo, Pigalle, Vernet, Parrocel, Greuze. Il gagne tout l'argent qu'il veut. A sa table largement servie s'asseyent tous les jours des compatriotes, des amis, dont il promène l'après-dînée avec lui dans le jardin de l'Infante[2]. Au milieu de cette vie de large aisance, d'une simplicité opulente; frottée à

---

1. C'est aux dîners de Lemoine, où venaient Le Kain, l'avocat Gerbier, Grétry, que Mme Lebrun fit connaissance de La Tour. Voyez ses *Mémoires*.

2. *Mémoires de Diderot.* Septembre 1765.

toutes les gloires, à tous les grands talents du
temps, un billet d'ami, de l'abbé Le Blanc[1],
nous montre l'artiste passant de son atelier
dans les coulisses, allant perdre la fatigue de
son travail dans des parties avec les comédiennes, gaies parties, fins soupers, soirées
délicieuses, d'où devait sortir la passion qui
remplira la vie du célibataire, et fera à l'octogénaire boire ses derniers verres de vin à la
mémoire de sa maîtresse. Nommer la femme,
la chanteuse pour laquelle le poëte Cahusac
mourut fou dans les loges de Charenton, du
regret de ne l'avoir pas épousée[2]; la chanteuse
pour laquelle le chroniqueur Grimm tomba
malade de cette singulière maladie d'amour,
de la léthargie que raconte Rousseau; la chanteuse qui créa la Colette du *Devin de village*,
la chanteuse à la voix si légère, la chanteuse
« au timbre d'argent[3] »; nommer Mademoiselle Fel, c'est expliquer ce grand et long

---

1. Lettre de l'abbé Le Blanc à La Tour, sans date. Remise
au lendemain d'une partie qui n'a pu s'exécuter jeudi à cause
d'une répétition dont Mˡˡᵉ (le nom est biffé) ne pouvait se
dispenser. *Catalogue de Laverdet.* Octobre 1862

2. Le *Colporteur*, par Chevrier.

3. La *Bigarrure*, vol. IX.

amour de La Tour. Nous la retrouvons au
Musée de Saint-Quentin; tête étrange, im-
prévue et charmante, qui semble dépaysée là,
au milieu de cette galerie de femmes du
XVIIIe siècle, avec son front pur, ses grands
sourcils, la langueur de ses grands yeux noirs
veloutés de cils dans les coins, son nez grec,
ses traits droits, sa bouche paresseuse, son
ovale long, tout cet ensemble de physionomie
exotique si bien couronnée par cette coiffure,
un mouchoir de gaze liséré d'or, coupant le
front de travers, descendant sur l'œil droit,
chatouillant une tempe, et remontant sur le
bouquet de fleurettes piqué à l'autre : ainsi
l'on se figurerait une Levantine, rapportée
d'Orient sur une page de l'album d'un Liotard;
ou plutôt telle on rêverait l'Haydée de Don
Juan[1].

1. Les derniers biographes de La Tour, MM. Champfleury
et Dréolle, n'ont pas hésité à lire et à reconnaître Mlle Fel dans
Mlle Fay, le nom historique de ce portrait. Sans doute, la ressemblance des deux noms, la presque similitude de leur pro-
nonciation, la tradition, le portrait de Mlle Fel exposé en 1757,
la répétition qu'en exposa Ducreux, l'élève de La Tour, au
Salon de conversation, le genre de relations de La Tour, l'intimité dans laquelle la grande chanteuse vivait avec les amis
du peintre, presque toutes les vraisemblances doivent faire

La Tour est riche, il est amoureux, il est heureux. Dans le portrait qu'a gravé Schmidt, où le peintre s'est représenté, dit l'annonce du *Mercure* de 1743, dans le négligé pittoresque de son costume d'atelier, et où son geste moque le carillonnage à la porte de l'abbé Hubert[1], La Tour, dans sa petite veste de tra-

supposer que la maîtresse de La Tour fut bien la Fel, et non une Fay, également actrice, mais oubliée par le bruit et les almanachs de théâtre du temps.

1. De l'abbé Hubert, et non de l'abbé Le Blanc. Car, en dépit de l'allégation de Bucelly d'Estrées affirmant le goût de La Tour pour la conversation de l'abbé Hubert, il y avait des jours où le peintre en était fatigué. Nous en trouvons la preuve dans les deux descriptions que Schmidt donne, dans le catalogue de son œuvre, des deux portraits qu'il a gravés de La Tour :

« N° 50. Le portrait de La Tour. Il est représenté à mi-corps, regardant par une fenêtre, sur laquelle il s'appuie, et montre de la main gauche une porte fermée qu'on voit dans le fond ; il a la mine riante. Derrière lui il y a un chevalet. Voici l'occasion qui lui donna l'idée de se peindre dans cette attitude. M. de La Tour avait parmi ses amis un certain abbé qui venait le voir très-fréquemment, et passait souvent une partie de la journée chez lui, sans s'apercevoir qu'il l'incommodait quelquefois. Un jour, notre peintre, résolu de faire son propre portrait, avait fermé la porte au verrou afin d'être seul. L'abbé ne tarda pas à venir et à frapper à la porte. M. de La Tour, qui l'entendait et qui était dans l'attitude de dessiner, fit le geste de pantomime que nous voyons dans son

vail, paraît jouir de l'existence et en respirer
les joies. Une vie de bonheur rit dans l'homme,
petille dans l'éclair de ses yeux bleus, palpite
dans la sensualité de ses traits, sur ses lèvres
minces, sur sa bouche railleuse, sur son masque
d'ironique gaieté. Dans cette tête forte, carrée,
spirituelle, épanouie et gouailleuse, au crâne
déjà dégarni, dans cette figure de Démocrite
et de Scapin, il y a comme une félicité de cy-
nique ; et du peintre philosophe il semble qu'il
se dégage la physionomie d'un Voltaire trivial,
charnu, matériel, presque satyriaque.

portrait. Il semble se dire à lui-même : Voilà l'abbé, il n'a
qu'à frapper, il n'entrera pas. Cette attitude ayant plu au
peintre, il prit le parti de s'y peindre..... » — « N° 45. Le
portrait du peintre de La Tour en ovale sur un chevalet. Il est
vu à mi-corps, tourné vers la gauche de l'estampe. La tête,
vue de trois quarts, est coiffée d'une perruque et couverte
d'un chapeau bordé, dont le bord est rabattu par devant. Vêtu
simplement, il a une table devant le chevalet, sur laquelle il
y a quelques livres, une boîte à pastels et des feuillets sur
lesquels est écrit : Maurice-Quentin de La Tour, peintre du
roi et conseiller en son Académie royale de peinture et de
sculpture. On voit encore derrière ce chevalet attaché au
mur ce portrait de l'abbé, dont nous avons fait mention sous
le n° 50. »

Or, quel est ce portrait? C'est le portrait de l'abbé Hubert,
une figuration parfaitement reconnaissable du grand tableau
de Saint-Quentin.

VI

En 1755, La Tour n'exposait qu'un pastel : le portrait en pied de Madame de Pompadour, de 5 pieds 1/2 de haut sur 4 pieds de large. C'est le pastel qu'on voit au Louvre.

Habillée d'un satin blanc où courent les branchages d'or, les bouquets de roses et les fleurettes, robe d'argent aux grandes manchettes de dentelles s'ouvrant au coude, au corsage enrubanné d'une *échelle* dont le violet pâle est tendre comme le calice d'un pavot lilas, Madame de Pompadour est assise sur un fauteuil de Beauvais, dans une attitude familière qui retrousse un peu sa jupe et laisse voir un bout de jupon de dentelle, et sous le jupon deux pieds qui croisent l'une sur l'autre deux mules roses au haut talon. Sa main droite appuie à peine, d'un geste qui voltige, sur le papier d'un cahier de musique qu'elle tient de l'autre main, le bras plié et accoudé sur une console. Ses cheveux sont sans poudre. Son regard n'est point au cahier de musique ; doucement distrait, il semble écouter, tandis qu'un demi-sourire erre sur ses lèvres. Derrière elle, c'est une tenture bleue, coupée de baguettes dorées qui encadrent sur un côté un panneau de peinture : une marche de paysans dans un chemin de campagne. Auprès d'elle, sur un canapé, une guitare encore frémissante dort sur un cahier de musique. Sur la console où son coude repose, des volumes reliés en veau, comme des livres d'usage et des amis de tous les jours, montrent, à portée de sa main, la compagnie de son esprit : c'est le *Pastor fido*, sorti des presses d'Elzévir en 1659 ; la *Henriade*, vendue à sa mort sous le n° 721 de sa bibliothèque ; le tome III de l'*Esprit des lois* et le tome IV de l'*Encyclopédie*. A côté d'une sphère, un livre à couverture bleue à demi ouvert, portant sur le dos : « Pierres gravées, » laisse pendre sur la console au pied d'or une gravure au bas de laquelle on lit : *Pompadour sculpsit*, et ces mots : « Représentation de la situation où est le graveur en pierres fines et des divers instruments... » Au bas, un carton noué de bleu et armorié aux trois tours est le carton de l'œuvre gravé de Madame de Pompadour.

Dans ce portrait, qui est le grand effort de La Tour, et où il a tenté de faire son chef-d'œuvre, on peut voir toutes les ambitions du portraitiste. Au lieu de chercher, comme un Nattier, à enlever son modèle dans l'Olympe, dans une divinisation de mythologie, il travaille à l'asseoir devant l'Histoire dans une sorte d'immortalité de réalité. Il indique la *virtuose* avec ce papier de musique, la musique d'un opéra des Petits Appartements, qu'il lui met à la main et dont il lui fait mourir l'harmonie aux lèvres. Il signifie la maîtresse avec cette pose, cet air distrait et occupé, cette attitude de trois quarts, ce regard « à vue perdue », cette attention à la cantonade, ce sourire comme à un vague bruit de porte intérieure, à la venue espérée et attendue du roi. Mais ce n'est pas assez. Rompant avec la tradition française des Rigaud et des Largillière, abandonnant les allégories flottantes, les pans de rideaux nobles, les colonnades pompeuses, les fonds tragiques et vagues inventés pour être l'atrium banal de tous les portraits solennels, La Tour ose cette

révolution de mettre la personne qu'il représente dans le cadre de sa vie, dans le milieu
de ses habitudes et le décor de son rôle. Pour
compléter la physionomie d'un portrait, il
songe à peindre autour du personnage la physionomie de ses entours et ce qu'il y a de son
caractère dans les choses autour de lui. De
même qu'il a représenté le président de Rieux
au milieu de l'opulence du magistrat, il représente la favorite dans un appartement tout
rempli d'elle, où vivent ses goûts, où sont ses
livres, ses meubles, ses gravures, le charme
et l'excuse de son règne. Dans ce mobilier,
ces accessoires qui ne semblent qu'accompa-
gner cette figure de la Pompadour, l'amour de
l'art et la liberté d'idées qui circulent parmi les
objets autour d'elle, le grand et nouveau portraitiste a visiblement cherché à mettre la cé-
lébration, l'apothéose des pensées, des occupations, de l'esprit et de l'âme de celle que
Voltaire pleurera comme un philosophe[1].

1. Jusqu'à cette exposition, la critique n'a guère pour La
Tour que des éloges montés au ton d'enthousiasme de l'abbé
Le Blanc. A peine y a-t-il un Lieudé de Septmanville pour
mettre très-injustement les pastels de La Tour au-dessous des

VII

Il y a sur ce portrait de la favorite une anecdote curieuse, et qui peint La Tour. Mandé à Versailles ,pour peindre Madame de Pompadour, il répond : « *Dites à madame que je ne vais pas peindre en ville.* » Pourtant un de ses amis le décide. Il promet donc de se rendre à la cour au jour fixé, mais à condition

pastels de la Rosalba et des pastels si durs, aux tons d'émail recuit, de Vivien. A ce Salon, la critique commence à critiquer. La *Seconde Lettre à un partisan du bon goût* conteste la ressemblance de la marquise, trouve que le portrait n'est pas posé d'une manière avantageuse avec sa tête de trois quarts ses regards perdus ; que la coiffure, les cheveux relevés par derrière et sans poudre, est peu gracieuse. Le critique accuse La Tour d'avoir trop visé au portrait d'un philosophe dans un portrait de femme. Il est mécontent du dessin du col, qui, avec ses ombres fausses, ne lie pas la tête au corps, et des plis de la robe, dont on ne reconnaît pas l'étoffe. La *Réponse à une lettre adressée à un partisan du bon goût* reproche à La Tour d'avoir enlevé à l'original toutes ses beautés et place le portrait de Mme de Pompadour bien au-dessous du portrait que le peintre avait fait de lui-même. La *Lettre d'un particulier à un de ses parents,* revenant sur la position désavantageuse de la tête, dit que si le pastelliste l'avait fait regarder le public, il aurait évité « le désagréable de ce long et large reflet qui prend depuis l'oreille jusqu'à la clavicule, et qui, caractérisant trop la pomme de la joue et la mâchoire inférieure, donne des années de plus au modèle. »

que la séance ne sera interrompue par personne. Arrivé chez la favorite, il réitère ses
conventions, et demande la liberté de se mettre
à son aise. On la lui accorde. Tout à coup il
détache les boucles de ses escarpins, ses jarretières, son col, ôte sa perruque, l'accroche
à une girandole, tire de sa poche un petit
bonnet de taffetas et le met sur sa tête. « Dans
ce déshabillé pittoresque, notre génie, ou, si
l'on aime mieux, notre original commença le
portrait. Il n'y avait pas un quart d'heure que
notre excellent peintre était occupé, lorsque
Louis XV entra. La Tour dit, en ôtant son
bonnet : *Vous aviez promis, madame, que
votre porte serait fermée.* Le Roi rit, de bon
cœur, du costume et du reproche du moderne
Apelle, et l'engage à continuer : *Il ne m'est
pas possible d'obéir à Votre Majesté,* réplique
le peintre, *je reviendrai lorsque madame sera
seule.* Aussitôt il se lève, emporte sa perruque,
ses jarretières, et va s'habiller dans une autre
pièce en répétant plusieurs fois : *Je n'aime
point à être interrompu*[1]. »

1. *Almanach littéraire,* ou *Étrennes d'Apollon pour l'année* 1792.

Telles sont les façons de La Tour. Le peintre à la mode use et abuse de la mode. Nul peintre n'a imposé comme lui à son siècle la tyrannie de l'artiste et le bon plaisir du talent. Il faudra que le Roi, dont il est le locataire et le pensionnaire, subisse ses impertinences, pour avoir son portrait de sa main[1]. Le portraitiste n'achève pas les pastels des filles du Roi, de Mesdames de France, pour

1. Quand il est mandé pour faire le portrait du Roi, on l'introduit dans une pièce qui reçoit le jour de tous les côtés. « *Ah!* s'écrie La Tour, *que veut-on que je fasse dans cette lanterne, quand il ne faut pour peindre qu'un seul passage de lumière?* — Je l'ai choisie exprès à l'écart, répond Louis XV, pour n'être pas détourné. — *Je ne savais pas, Sire,* réplique l'artiste, *que vous ne fussiez pas le maître chez vous.* » Un jour, il fatiguait le Roi par l'éloge irritant qu'il faisait des étrangers. « Je vous croyais Français, dit le Roi. — *Non, Sire.* — Vous n'êtes pas Français? dit le Roi d'un air surpris. — *Non, Sire : je suis Picard, de Saint-Quentin.* » Une autre fois, raconte Chamfort, plaignant la France devant le Roi de n'avoir pas de marine, il s'attira cette fine riposte de Louis XV : « Et Vernet donc? » Il disait au Dauphin, mal instruit d'une affaire qu'il lui avait recommandée : *Voilà comme vous vous laissez toujours tromper par des fripons, vous autres.* C'est l'homme qui se « vante de n'aller à la cour que pour dire leurs vérités à ces gens-là »; un singulier type de donneur de leçons au maître, dont la liberté déplacée, regardée comme une folie, amuse, fait rire et désarme. *Almanach littéraire,* 1792. — *Salon de Diderot,* 1763.

les punir de rendez-vous manqués. La Dauphine ne peut obtenir le sien, parce qu'elle a
eu l'imprudence de vouloir changer l'endroit
des séances, Fontainebleau, dont on était con-
venu, pour Versailles[1]. *Mon talent est à moi,*
disait fièrement La Tour. Avec les plus
grandes dames, il faisait ses conditions, des
espèces de traités; et manquait-on à la plus
petite des clauses, il ne revenait plus; rien ne
le ramenait, le portrait restait là. Consentait-il
à les peindre, il était le maître absolu de la
pose, des traits, du teint du modèle, et ven-
geait durement les portraitistes du siècle, du
supplice d'obéir à toutes les exigences con-
temporaines de la femme qui se faisait
peindre[2].

1. *Abecedario* de Mariette.
2. Donnons ici un amusant croquis de ce supplice des
peintres de portraits d'alors : « *Milord.* On ne se livre pas à
un artiste, on veut le diriger. — *M. Rémi.* On diroit, milord,
que vous avez vu peindre quelques-unes de nos femmes.
C'est une chose plaisante... Mais, monsieur, je ne suis pas
pâle comme ça... Vous me faites de grands yeux bêtes, battus
jusqu'au milieu du visage... J'ai la bouche moins grande, le
nez pas si gros, le menton moins pointu... Voilà une clavicule
excessive, des os menaçants sur la poitrine. Ensuite viennent
les avis de la galerie, et le pauvre diable de peintre est obligé

Avec la finance, son caprice va jusqu'à
l'insolence. On connaît l'histoire de son portrait de la Reynière. Mécontent de son travail
pour lequel il n'avait pas été inspiré, le peintre
demande une dernière séance. Le jour fixé, le

de tout écouter. — *Milord*. Et de tout faire. Il faut alors
donner de la gorge, de petites bouches, des bras ronds et
potelés, du blanc à foison et du carmin surtout pour animer
les yeux, car à toute force on veut les avoir vifs. C'est un
article sur lequel on ne peut jamais se relâcher; et puis les
six boucles de chaque côté, ni plus, ni moins, la toque élevée,
les sourcils noirs avec les cheveux blonds, les cheveux roux
avec un teint de brune. — *M. Fabretti*. Je l'imagine bien. Elles
se voient dans leurs portraits comme elles sont, et veulent
qu'on les rende comme elles seroient dans leur miroir. Aussi
rien n'est dans la nature avec un teint factice, une coiffure,
un habillement symétrique; il est impossible d'avoir la vérité
des Van Dick et des Rembrandt. En France, on doit trouver
tout simple le costume indien : des pendants de nez, du jaune,
du vert sur la figure et des dessins à compartiments sur les
bras et la gorge. — *Milord*. Ce devroit être. Cependant les
femmes ne conçoivent pas qu'il y ait des pays dans le monde
où on puisse décemment paroître en compagnie sans l'épingle
du milieu à la coiffure, sans les nœuds, le parfait contentement et autres meubles de cette importance. On appellerait
cela ici n'être pas habillée. Si j'étois peintre, je ne me prête-
rois point à toutes ces fantaisies. Je saurois les réduire, et il
faudroit qu'après une bonne lessive on m'abandonnât son corps
tout entier pour en tirer tout le parti convenable... » *Dialogue
sur la peinture*, 1773. A Paris, imprimé chez Tartouillis, aux
dépens de l'Académie.

financier envoie un domestique dire à La Tour déjà assis à son chevalet, qu'il n'avait pas le temps de venir. « *Mon ami,* dit Latour au domestique, *ton maître est un imbécile que je n'aurais jamais dû peindre... Ta figure me plaît, assieds-toi là, tu as des traits spirituels, ie vais faire ton portrait. Je te le redis, ton maître est un sot...* — Mais, monsieur, vous n'y pensez pas! Si je ne retourne pas à l'hôtel, je perds ma place... — *Eh bien, je te placerai... Commençons.* » La Tour fait le portrait, M. de la Reynière chasse son domestique. La Tour alors envoie le portrait au Salon, l'anecdote s'ébruite, on veut connaître le spirituel valet d'un sot si riche, et bientôt il n'a plus que l'embarras du choix d'une place[1].

Y a-t-il seulement dans ce trait de La Tour l'ennui et le regret d'avoir peint un imbécile? N'y trouverait-on point une autre rancune contre le financier et sa richesse? Car le peintre est avide. L'estime qu'il fait de lui et de la valeur de ses œuvres le rend exigeant et âpre sur les prix qu'il en demande, et dont

1. *Notice* par Bucelly d'Estrées.

il semble proportionner la cherté à la fortune
de ses modèles. En 1745 il se fâche presque
avec son ami de cœur, Duval d'Épinoy, pour
le payement de ce portrait envoyé au Salon
avec ces vers qu'il avait fait graver sur la
bordure :

> La peinture, autrefois, naquit du tendre amour;
> Aujourd'hui, l'amitié la met dans tout son jour.

Mondonville, son ami, un de ceux chez
lesquels il allait le plus familièrement, n'avait
pas eu beaucoup plus à se louer de lui, à propos
du portrait de sa femme. Avant de le commencer, madame de Mondonville lui fait l'aveu
qu'elle n'a que vingt-cinq louis à dépenser.
Là-dessus, La Tour la fait asseoir et fait d'elle
un portrait charmant. Enchantée à sa réception, madame de Mondonville tire aussitôt
l'argent de sa cassette, et, le mettant dans une
boîte sous des dragées, l'envoie à son peintre.
La Tour garde les dragées et renvoie l'argent.
Madame de Mondonville imagine dans ce jeu
une galanterie et se figure que La Tour veut
lui faire présent du portrait. Ne voulant pas
être en reste de procédés délicats, elle lui fait

remettre un plat d'argent manquant, à ce qu'elle a vu, dans son buffet, et du prix de trente louis. Le nouveau présent n'est pas plus accepté que le premier; il est renvoyé, et madame de Mondonville apprend que M. de La Tour a mis à son portrait une taxe ordinaire de douze cents livres, et qu'il ajoute à cela qu'il ne doit avoir aucun égard pour des gens qui ne pensent pas comme lui sur le compte des Bouffons, dont la musique et les représentations comiques divisaient en ce moment tous ceux qui, à Paris, se piquaient de se connaître en musique.

L'argent semble aussi avoir joué son rôle dans le portrait de la Reynière. La Tour, paraît-il, avait fait entendre qu'il voulait dix mille livres du portrait du financier et de la financière. Sur cette prétention, M. de la Reynière prit le parti de laisser au peintre les deux pastels. Cependant, au bout de plusieurs années, lassé d'avoir ces deux figures dans son atelier, La Tour faisait signifier par exploit à M. de la Reynière de les reprendre, et, devant la menace d'un procès, le financier se résolvait à payer à La Tour quatre mille

huit cents livres, le prix auquel les artistes
Sylvestre et Restout avaient réduit le payement de leur ami[1].

Enfin, sur les exigences de La Tour pour
le fameux portrait de madame de Pompadour,
donnons ce curieux renseignement perdu
dans le *Journal des Arts* du 25 nivôse an VIII :

« Serait-il hors de propos de rappeler à ces
hommes une petite anecdote sur le peintre de
portraits au pastel, La Tour? Il venait de terminer celui de la marquise de Pompadour, et
avait modestement demandé quarante-huit
mille livres. Madame la marquise trouva les
prétentions de l'artiste exorbitantes, et lui envoya vingt-quatre mille livres en or. La Tour,
furieux, se promenait dans son appartement,
criant à l'avilissement de son talent, lorsque
Chardin, son voisin aux galeries du Louvre,
l'aborde d'un grand sang-froid, et lui demande
s'il sait combien tous les tableaux qui ornaient
Notre-Dame, et au nombre desquels se trouvait le chef-d'œuvre de Lesueur, ceux de Lebrun, de Bourdon, de Testelin, ont coûté. —

1. *Abecedario* de Mariette.

Non. — Eh bien, calculez : quarante tableaux environ à trois cents livres, cela fait douze mille six cents livres... Encore, ajoute Chardin, chaque artiste donnait-il le petit tableau aux marguilliers en charge... — La Tour se tut. »

VIII

Singulier homme que ce La Tour! Nature brouillée, complexe, bizarre assemblage des plus disparates morceaux d'humanité. Rapace, écorchant les gens, pressurant le goût du temps pour ses portraits, il est tout à côté désintéressé, généreux, charitable. Grand seigneur dans l'aumône, il ne donne que de l'argent blanc. Il est tantôt bon, tantôt irritable et fantasque. Tout se mêle en lui, de petites vanités, de beaux orgueils, de la passion et de la ruse, des côtés de charlatan et d'homme de cœur, de la bourgeoisie à la Chardin et de la gentilhommerie à la Voltaire. Il est de Saint-Quentin et du XVIIIᵉ siècle, du temps de Rousseau et de M. de Monthyon. De Londres, il est revenu avec l'indépendance du citoyen libre.

On le voit, sauvage à la cour, bourru avec les puissants, insolent avec les riches, montrer un type de Duclos dans un paysan du Danube. Aux princes, il apporte comme une leçon la brochure de l'abbé Coyer sur le mot : *Patrie*[1]. Au maréchal de Saxe, il reproche le sang de sa gloire. Un touche-à-tout, grand liseur, barbouillé, indigestionné de lectures et d'études, politiqueur hardi et frondeur, réglant les destinées de l'Europe en donnant séance à ses modèles[2]; un homme à systèmes, se créant pour lui-même un système de l'art, de la religion, de la médecine[3]; plein de manies, ne

1. Le rédacteur des *Mémoires de Condorcet* place cette anecdote en 1788, et en fait une anecdote révolutionnaire. Il se trompe. La brochure de l'abbé Coyer parut en 1755.

2. *Mémoires de Marmontel*, vol. II.

3. Donnons, sur la médecine de La Tour, cette curieuse lettre, communiquée par M. J. Boilly aux *Archives de l'art français*, vol. II :

« *Mon cher monsieur,*

« *Je suis fort sensible à l'honneur de votre souvenir et de la charmante galanterie que vous me voulez faire de votre nouvelle édition de Londres. J'ai offert à monsieur votre cousin de lui fournir ce que vous souhaiterez de chocolat; il me fait grand plaisir d'apprendre qu'il vous fait du bien; je voudrois qu'il vous fît appeler à présent la jeune mine, quoiqu'on soit jeune tant que l'on se porte bien. Je crois que de l'eau à jeun est un bon préservatif contre les*

faisant rien comme tout le monde, voulant toujours se distinguer de tous, donnant à deviner
comment il venait de Paris à Passy chez M. de
la Popelinière, sans monter en voiture, ni en
barque, ni à cheval, ni sur un âne, sans marcher, sans nager, — en s'accrochant à un bateau qui le remorquait[1], — voilà l'original.

Soyons juste pourtant pour cette originalité de La Tour. Elle se sauve, s'excuse et
s'ennoblit chez lui par l'élévation de l'âme, la
personnalité du caractère, la hauteur des aspirations de l'homme et du peintre, le sentiment
qu'il a de la dignité de l'art, les prix qu'il
fonde, les charités qu'il répand[2], le grand

maladies : elle nettoye l'estomac, lave les reins et prépare une bonne
digestion. En s'y accoutumant peu à peu on peut parvenir à deux
pintes par jour. Ceux qui suivent mon régime m'appellent leur
sauveur. L'intérêt que je prens à votre santé me fait jouer icy le
rôle de médecin d'eau douce; on n'est jamais aussi sûr des autres
remèdes que de celuy-là : c'étoit l'axiome de M. Cochi de Florence.

« J'ay l'honneur d'être, mon cher monsieur, avec la franchise et
la cordialité d'un Picard,

                    « Votre très-humble et très-obéissant
                serviteur.

                    « DE LA TOUR.

« Aux galeries du Louvre, le 24 avril 1774. »

1. Mémoires de Mme de Genlis, vol. I.
2. La Tour fondait à Paris, en 1776, trois prix : le premier

exemple de modestie superbe qu'il donne seul
dans le siècle en refusant la croix de Saint-
Michel et la noblesse qu'elle confère.

d'anatomie, le second de perspective, le troisième de *demi-
figure peinte,* pour la rente desquels il remettait, le 27 avril 1776,
10,000 francs aux notaires devant lesquels fut passé l'acte de
fondation que signaient Pierre, Dumont le Romain, Coustou,
Doyen, Chardin, Cochin, Renou.

Il fondait un autre prix de 10,000 francs pour une médaille
de 500 francs à décerner à la plus belle action ou à la découverte la plus avantageuse dans les arts en Picardie.

Il consacrait une trentaine de mille francs à la fondation
dans sa ville natale d'un *bureau de charité* chargé de fournir des
vêtements à l'enfant pauvre qui vient de naître, des secours
à la femme du peuple en couches, des secours à l'artisan
infirme.

Il fondait encore à Saint-Quentin, en 1778, d'après une
indication du *Mercure,* qu'a relevée M. Mantz, une école gratuite de dessin, sur laquelle il appelait, par une lettre du
21 septembre 1781, encore datée des galeries du Louvre, la
protection de l'intendant d'Amiens, en le remerciant de pro-
téger « un établissement qu'il a espéré devoir être utile à tous
ses concitoyens. »

L'école de dessin de Saint-Quentin était reconnue avec le
titre d'École royale, par lettres-patentes du moi de mars 1782,
et, au mois de mars 1783, s'ouvraient les trois cours : géomé-
trie et architecture, figures et animaux, fleurs et ornement.

Les premiers dons de La Tour pour la fondation de cette
école étaient de 18,000 francs ; mais, reconnaissant l'insuffisance
de cette somme, il y ajouta tous les ans des suppléments, qui,
joints aux largesses dont il grossit ses autres fondations, éle-

IX

' La Tour a au Louvre une grande et magnifique place. Il y est représenté par treize pastels[1] d'un voisinage écrasant pour ses pré-

vèrent, dans un compte fait le 16 thermidor an IX, le principal des libéralités du peintre à 90,174 livres, 3 sols 4 deniers.

1. Voici la liste de ces pastels que M. Reiset, conservateur des dessins du Louvre, a l'obligeance de nous communiquer :

Pastels exposés :

27,611. Portrait du maréchal de Saxe. — 27,612. Portrait de Chardin. — 27,613. Portrait d'un personnage vêtu de noir portant l'ordre du Saint-Esprit et tenant un livre sur son genou (marquis d'Argenson ?) — 27,614. Portrait en pied de Mme de Pompadour. — 27,615. Portrait de Louis XV. — 27,617. Portrait de Louis de France, fils de Louis XV. — 27,618. Portrait de Marie Leczinska. — 27,621. Portrait de Louis de France, fils de Louis XV, plus âgé que dans le n° 27,617. — 27,622. Portrait de La Tour. — 27,623. Portrait de Marie-Josèphe de Saxe, dauphine de France. — 27,624. Portrait de René Frémin.

Pastels non exposés :

27,616. Portrait de Jean Restout, en mauvais état. — 27,619. Portrait de Dumont le Romain, en mauvais état. — Un autre portrait de Marie Leczinska, catalogué sous le n° 27,620, n'a pu être retrouvé jusqu'à présent; peut-être faisait-il double emploi avec le n° 27,618.

décesseurs, pour les pastels durs et noirs de
Vivien, pour les pastels aimables et légers de
la Rosalba. C'est d'abord la Pompadour, son
grand tableau populaire; puis son portrait par
lui-même[1], qui ressemble, dans son effacement
et sa fonte, à un portrait de fantôme ironique
dans une aube de couleurs; le René Frémin
à la coloration puissante; le personnage au
Saint-Esprit qui étonne par le miraculeux
différenciement des trois noirs de son habillement, se touchant sans se confondre : le
noir du velours de l'habit, le noir du satin de
la doublure, le noir de la soie des bas; le Roi,
le Dauphin, le maréchal de Saxe, la Marie
Leczinska, un délicieux pastel où l'on admire
cette si douce et si jolie tonalité de la figure,
le rendu et le modelé de cette chair douillette,
de ce teint de malade et de dévote, sur lequel
jouent de tranquilles lumières et que ramènent
au ton général de petits badinages de jaune

1. Quelle métamorphose, dans ce vieillard inculte et dia-
bolique, du La Tour jeune, du La Tour que nous montrent le
portrait de M. Lagrange et le portrait même de Perronneau,
pimpant, le nez au vent, portant haut, monté sur ses 5 pieds
2 pouces, bien pris dans toute sa nerveuse personne, propret,
coquet, recherché dans ses habits!

pur dans le bleuâtre des demi-teintes. Un admirable dessin de demi-sourire cache la bonté
aux deux coins de la bouche. La pâte du
pastel, arrêtée à l'ombre qui n'est pour ainsi
dire qu'un glacis de crayon, donne à toute la
tête la transparence de la chair. Le pastelliste
a fait des merveilles d'adresse et d'exécution
dans cette robe agrémentée, comme les aimait
la femme de Louis XV, toute enjolivée de
fanfreluches, de passequilles, de pompons,
entremêlée, enlacée de chenille, de cordon-
net, de milanaise, d'or, de dentelle frisée, que
piquent, de distance en distance, des touffes
de cette passementerie qu'on appelait, je crois,
soucis de hanneton [1]. Pourtant ce portrait même
de Marie Leczinska, si achevé, si complet, n'est
pas au Louvre l'œuvre la plus remarquable de
La Tour. Il y a de lui un meilleur morceau,
bien supérieur au grand portrait de madame
de Pompadour, quoiqu'il n'en ait ni l'impor-

---

[1]. Cette tête de Marie Leczinska semble devenir l'effigie
consacrée de la Reine. Les *Mémoires de Luynes* nous apprennent
qu'en mai 1747 il y avait dans les appartements de Versailles
une exposition d'un grand portrait de la Reine, par Vanloo,
qui avait copié la figure sur le pastel de La Tour.

tance ni la célébrité : c'est le portrait de la
dauphine de Saxe jouant avec la monture d'un
éventail renversé, — un coquet mouvement
qu'affectionne le portraitiste et qu'il a déjà
donné à Marie Leczinska. Le travail du portrait de la reine est un peu froid, un peu sage :
ici, dans la dauphine, quelle liberté s'ajoute à
la finesse du faire! Qu'on se figure une vraie
chair d'Allemande, une admirable lumière
bleue des yeux, un teint éblouissant que ver-
gètent de santé de petites hachures rouges, la
pommette des joues avivée dans leur doux vermillon avec deux ou trois égrenures de carmin, des tremblotements de crayon friable
sur le fondu du pastel, des jeux de crayon
d'une autre couleur qui tournent et jouent dans
le sens des muscles, brisant, diversifiant la
teinte générale, lui donnant la coloration rompue et nuancée de la chair; là-dessus, un dernier travail presque imperceptible de hachures
de craie, étendant comme la trame d'un blanc
laiteux sur toutes ces teintes assemblées; et
çà et là dans le portrait des miracles de dessin, de touche, d'éclairage, le reflet de dessous le menton, les pâleurs de la gorge où

trois petits crayonnages d'azur semblent mettre le bleu de veinules ; et cette main ! cette main délicate, de l'indéfinissable rose pâle d'une main de femme à demi éclairée, avec son coup de jour nacré et ces touches de lumière qui jouent sur le satiné de la peau et le perlé des ongles... Mais tous les mots peignent mal un tel portrait : il faut le voir, aller en respirer le charme devant le pastel même.

X

Qu'est le Louvre cependant pour l'histoire et l'étude de La Tour auprès du vrai musée du pastelliste, de son musée à Saint-Quentin [1]?

1. Voici la provenance de cette précieuse et intéressante collection de pastels de La Tour. C'est un legs fait par le frère de La Tour, Jean-François, héritier et possesseur des tableaux qui garnissaient l'atelier du peintre, dans deux testaments remis au notaire Desains, le 20 septembre 1806, et que nous donnons d'après M. Dréolle.

« ..... Je soussigné Jean-François de La Tour, ancien officier de cavalerie, demeurant en cette ville de Saint-Quentin, rue de la Tour, n° 657, nomme et institue mon légataire universel, mon cousin germain maternel, Adrien-Joseph-Constant Duliége, prêtre, vicaire de la paroisse et desservant l'Hôtel-

Ici, ce n'est plus quatorze pastels : c'est une sàlle entière, garnie du haut en bas, peuplée,

Dieu de cette ville de Saint-Quentin, à condition et à la charge par lui d'acquitter et de payer, dans l'espace d'un an à dater du jour de mon décès, tous les legs ci-dessous énoncés et tous ceux que je pourrai faire à la suite du présent testament et en marge ; savoir, &c.

« ..... Je donne et lègue à l'école gratuite de dessin, au bureau de charité des vieux pauvres infirmes, au bureau de charité des pauvres femmes en couches, trois fondations faites par mon frère, Maurice-Quentin de La Tour, tous les tableaux ci-dessous désignés, pour le produit de la vente qui en sera faite à Paris être distribué et partagé entre les trois bureaux de la manière que je dirai ci-après :

1. Le portrait de l'abbé *Hubert*, lisant à la lumière de deux bougies.

2. Le portrait de Crébillon, poëte tragique.

3. Le portrait de Duclos, de l'Académie française.

4. Le portrait de Jean-Jacques Rousseau.

5. Celui de Forbonnais, qui a écrit sur les finances.

6. Celui de l'abbé Le Blanc, qui a écrit sur les Anglais.

7. Celui de l'abbé Pommier, conseiller en la grande-chambre.

8. Celui de Mondonville, tenant son violon à la main.

9. Celui de Manelli, célèbre bouffon italien.

10. Celui de Sylvestre, peint en robe de chambre.

11. Celui de Peuche, peintre de l'Académie, maître de dessin de mon frère.

12. Celui de Lemoine, sculpteur.

13. Celui de Dion, père capucin.

14. Celui d'un frère quêteur, sa tirelire à la main.

15. Celui d'un carme.

encombrée jusque sur le retour des murs des
œuvres du maître; une collection de plus de

16. Celui de Diogène, sa lanterne à la main.

17. Celui d'un vieillard avec une barbe.

18. Celui de Monnet, ancien directeur de l'Opéra-Comique.

19. Celui de Parrocel.

20 et 21. Et deux superbes dessins du même.

22. Celui de la Reynière, riche financier, peint en habit de velours cramoisi brodé en or, assis dans un fauteuil, ayant une main dans sa veste et l'autre main sur sa cuisse.

23. Celui d'une dame, peinte en bleu.

24. Celui de Marie Leczinska, épouse de Louis XV.

25. Celui du prince Xavier de Saxe, qui vient de mourir.

36. La tête du fameux comte de Saxe.

27. Celui du marquis d'Argenson, peint en cuirasse.

28. Celui de Dachery, notre concitoyen, et ami de mon frère, dans un cadre semblable à celui de Jean-Jacques Rousseau.

29. Celui d'un Arménien.

30. Celui de Neuville, fermier général, en habit de moire.

31. Celui de Charles Maron, ancien avocat au Parlement.

« Tous ces tableaux, en pastel, ont été peints par mon frère; les suivants, peints à l'huile, sont de plusieurs auteurs célèbres, savoir :

32. Le portrait d'une jeune personne qui peint.

33. Une esquisse de Mlle Clairon, peinte en Médée, tous deux par Charles Vanloo.

34. Celui d'un jeune Flamand.

35. Celui d'un jeune Savoyard, par le célèbre Greuze.

36. Le portrait du maréchal comte de Saxe.

37. Une chasse au faucon, par Wouwermans.

38. Alphée et Aréthuse.

quatre-vingts portraits terminés ou préparés,
finis ou ébauchés, déroulant le défilé des con-

39. Le fleuve Léthé.

40. Marc-Antoine distribuant du pain à son peuple.

« J'entends et je veux que tous ces tableaux soient vendus
a Paris, comme étant le lieu où on pourra en tirer un meilleur
parti, surtout si les Anglais et les Russes y étaient revenus, et
que le prix de cette vente soit partagé, savoir : la moitié pour
l'école gratuite de dessin, un quart pour le bureau des vieux
artisans infirmes, et l'autre quart pour le bureau des pauvres
femmes en couches. Je désire qu'il soit conservé sur les revenus
de l'école une somme suffisante pour donner des prix d'encouragement et de récompense aux jeunes élèves. »

« . . . . . Je soussigné, Jean-François de La Tour. . .

« Je donne et lègue de plus à l'école gratuite de dessin,
pour rester à demeure dans la salle d'étude, savoir :

41. Le portrait de mon frère, peint en habit de velours
noir et en veste rouge galonnée en or, par Perroneau, et non
une copie qui en a été faite.

42. Mon portrait peint à l'huile et en grand uniforme.

43. Celui d'un jeune homme qui boit.

44. Celui de Dachery, en habit bleu.

45. Celui de Bertout, en habit gris. (Restout.)

46. Un singe qui peint.

47. Celui d'une jeune personne qui coud.

48. Celui d'une dame hollandaise en domino.

50. Celui de Mme de la Popelinière.

51. Celui d'une jeune personne qui tient un pigeon sur son
bras.

52. Celui d'une autre jeune personne à demi nue.

53. Celui d'une autre jeune personne (à demi nue), qui
est au-dessous de Mondonville.

temporains, les ordres et les types du temps, montrant côte à côte, dans le coudoiement de

54, 55, 56, 57. Quatre têtes de vieillard.

58, 59, 60. Trois figures de l'école flamande dans des cadres noirs.

65. 66. Cinq autres figures flamandes dans des cadres dorés.

67. Deux autres tableaux flamands qui sont dans la chambre jaune, à côté de ma bibliothèque.

113. Quarante-six têtes d'étude dans de petits cadres noirs.

122. Neuf autres têtes d'étude dans de petits cadres noirs.

123. Le superbe tableau de la famille royale, qui n'a pas été achevé.

124. Une petite dormeuse, toutes les figures en plâtre blanc.

125. La Vénus aux belles fesses.

126, 127. Le buste de Voltaire et de Jean-Jacques.

«..... Cependant j'autorise messieurs les administrateurs à vendre tout ou partie desdits tableaux, même ceux que je laisse spécialement à l'école, s'ils trouvaient des occasions de vendre avantageusement.

« Fait et signé par moi, à Saint-Quentin, ce 20 septembre 1806.

« Signé : DE LA TOUR. »

La donation de Jean-François de La Tour, mort le 14 mars 1807, fut acceptée par le conseil municipal de Saint-Quentin, le 15 mai de la même année. L'autorisation d'accepter ce legs fut accordée par un décret impérial du 5 septembre de la même année, et renouvelée par un second décret rendu le 9 mai 1808. Cette même année 1808, en exécution des testa-

la contemporanéité, le philosophe Rousseau
et le financier la Reynière, la danseuse Ca-

ments de Jean-François de La Tour, une vente était tentée à
Paris. La feuille rarissime de cette vente, communiquée par
M. Lemasle à M. Dréolle, porte l'en-tête suivant : Catalogue
des tableaux à l'huile de différents auteurs célèbres et des portraits au pastel par le célèbre de La Tour, peintre du ci-devant
roi et de l'Académie de peinture et de sculpture, qui sont à
vendre chez le frère de l'auteur, à Saint-Quentin, département
de l'Aisne. Tous les tableaux en pastels sont fixés par l'auteur,
et sont d'une fraîcheur comme s'ils venaient d'être peints; ils
sont regardés et estimés par les plus grands connaisseurs
comme des chefs-d'œuvre uniques en ce genre, que l'auteur a
porté au plus haut degré de perfection... » Dans cette vente,
le portrait de Rousseau, ainsi annoncé : « Assis sur une chaise,
dont il n'existe que deux originaux, savoir : celui qu'il a donné
à M. le duc de Luxembourg et celui que l'auteur a gardé pour
lui, » montait à 3 francs! Quelques pastels étaient vendus 20
et 25 francs, parmi lesquels il y a sans doute à regretter le
Mondonville, « peint tenant son violon pour le mettre d'accord, »
que nous ne retrouvons plus dans la collection de Saint-
Quentin. C'est à l'insuccès de cette vente, privée des enchères
russes et anglaises, que la France et Saint-Quentin doivent la
conservation et la réunion de ces pastels, si fort méprisés alors,
qu'en 1811, à la vente Lelut, on vendait sous un seul numéro
vingt-cinq préparations de La Tour avec quatorze dessins de
Larue!

Voici, de ce Musée, le catalogue qui en a été rédigé par
M. Mennechet, et auquel nous allons ajouter nos observations et
annotations. Reprochons tout d'abord à M. Mennechet de
n'avoir point fait de distinction entre les attributions provenant de la comparaison des gravures ou des pastels de répéti-

margo et le marquis d'Argenson, M. de Breteuil et le directeur de théâtre Monnet, la

tion, les attributions indiquées par les testaments du frère de
La Tour, et les attributions ayant pour elles l'authenticité du
nom de la personne écrite de la main de La Tour. Regrettons
encore que dans le réencadrement, dans le passage des *préparations* de leur petit cadre noir original à leur nouveau cadre
doré, les indications de nom, écrites d'ordinaire sur une bande
de papier collée sur le bois, ou bien cachées dans le dos de la
préparation, dans un repli de la feuille, n'aient pas été reli-
gieusement conservées et placées sous le verre. Par exemple,
pour mademoiselle Fay, la petite note d'écriture ancienne :
Mademoiselle Fay, actrice, maîtresse de la Tour, que M. Champfleury vit, en 1855, collée sur le cadre du pastel, cette précieuse authentification a disparu. Et nous ne trouvons, dans
la collection, d'indication précise du temps ou de la main
de La Tour que sur trois figures : la Camargo, M. de Julienne,
dont les noms sont écrits à l'encre, et Mlle Puvigny, qui est
écrit au crayon noir. Quant à ces noms de Mme Boëte de Saint-
Léger, de Mme Roussel, de Mme Massé, de Mme Rougeau, ces
noms, qui n'ont pour eux ni la mention dans les testaments
du frère, ni une indication écrite du temps, ni un rapport avec
un portrait gravé, nous nous demandons sur quoi le catalogue,
qui doit au public la raison de ces baptêmes, a ainsi baptisé
ces figures.

1. L'abbé HUBERT, assis devant une table, et lisant.

2. M. DE LA REYNIÈRE.

En habit de velours cramoisi galonné d'or, assis dans un
fauteuil, une main sur la cuisse, l'autre passée dans la veste.

Carnations jaunâtres, pastel fade et passé.

3. Portrait du prince Xavier DE SAXE.

En habit bleu, portant un grand cordon bleu et un crachat

chanteuse Favart et l'économiste Forbonnais,
le bouffon Manelli et le prince Xavier de Saxe,

avec la devise : *Pro fide, lege et rege.* Pastel très-ordinaire.

4. Portrait de M. le marquis D'ARGENSON.

Bon pastel, qui nous montre le marquis avec la physionomie douce, jeunette, naïve, d'un Jehan de Saintré. La cuirasse, si mauvaise dans le portrait de Louis XV, est ici admirablement réussie.

5. DIOGÈNE tenant sa lanterne à la main.

Pastel fait sous l'inspiration de Rubens ou de Jordaens.

6. Portrait de SYLVESTRE.

Peint en robe de chambre, coiffé d'un mouchoir lilas clair
et tenant sa palette de la main gauche ; manière du portrait de
Dumont le Romain.

7. Portrait de VERNEZOBRE, marchand de couleurs de La
Tour.

Coiffé d'un bonnet de fourrures à fond écarlate et drapé
d'un manteau gros bleu. Très-vigoureux pastel jouant l'huile,
mais un peu dur, mais ressemblant plus à un pastel de Vivien
qu'à un pastel de La Tour.

M. Dréolle nous apprend que ce portrait, désigné au testament sous le nom d'un Arménien, a été reconnu postérieure-
ment pour être le portrait d'un marchand de couleurs et de
pastels du quai de la Ferraille, qui fournissait La Tour.

8. Mme DE MONDONVILLE.

Grand pastel à l'état d'esquisse. Mme de Mondonville est
vêtue d'une robe rose pâle, avec un collier de rubans bleus au
cou, une échelle de rubans bleus au corsage ; accoudée sur un
clavecin, le menton dans une main, tandis que l'autre, dans
le plus élégant sentiment de dessin, essaye un accord. La tête
seule est un peu avancée ; les ombres de la gorge sont faites
d'un écrasis de crayon violet, les bras et les mains sont à peine

Moncrif et Parrocel, l'abbé Le Blanc, et Sylvestre, et le tragique Crébillon, l'iconologie
presque entière de l'époque.

colorés, gazés de pastel. Longtemps ce portrait a passé pour le
portrait de Mme de la Popelinière, et l'ancienne attribution
mérite quelque considération : le portrait de Mme Mondonville,
possédé par M. Eudoxe Marcille, et dont l'authenticité semble
faite par le nom de Mondonville, jeté sur la partition de
musique, ne ressemble pas à la Mondonville du musée de
Saint-Quentin ; et le clavecin sur lequel elle est appuyée, et
qui doit être une des causes de sa nouvelle attribution, ne
dit-il pas l'ancien état de Mme de La Popelinière, qui était
chanteuse à l'Opéra.

9. Portrait de DUPEUCHE, maître de dessin de La Tour.

Il est peint en veste et bonnet noir, appuyé, les bras croisés,
sur une chaise de brocart violet, une main froissant un mouchoir bleu.

Pastel d'une touche et d'une vigueur un peu brutales.

10. MONNET, directeur de l'Opéra-Comique.

Peint en habit noir, avec gilet à chamarrures d'or et jabot
de dentelle.

Portrait parlant, à l'œil noir, ayant l'esprit et le perçant de
l'homme de théâtre et d'affaires qu'était Monnet.

11. M. DE LA POPELINIÈRE.

Peint en habit de velours, gilet brodé et jabot en dentelle.
Pastel fatigué, mais qui a gardé une belle et chaude coloration.

12. Jean-Jacques ROUSSEAU.

Peint en habit et en gilet gris, assis sur une chaise.

Pastel d'une grande finesse, mais manquant un peu de
relief.

13. DACHERY.

Stupéfiant musée de la vie et de l'humanité d'une société ! Quand vous y entrez, une
singulière impression vous prend, et que nulle

Peint en habit gris. Pastel supérieur au n° 19, un autre portrait du même personnage, tout barbouillé des tons noirs et
durs du maquillage théâtral ; une tête, d'ailleurs, horriblement
ingrate.

14. PARROCEL.

Je passe les numéros qui ne sont pas de La Tour ou les
têtes sans attributions.

16. MANELLI, bouffon du Théâtre-Italien.

En habit de velours bleu, soutaché de galon d'or, une cravate dénouée de soie rose au col, la perruque en pyramide, la
figure bouffonnante, un rire de vieille dans un masque de
carnaval.

17. Charles MARON, avocat au Parlement.

Pastel bavocheux, où le dessin est perdu.

18. RESTOUT, directeur de l'Académie de peinture.

Pastel ordinaire.

20. DE NEUVILLE, fermier général.

Peint en habit de moire lilas ; vraie figure de financier, dont
le teint fleuri est admirablement rendu avec des accentuations
et des lumières de pure craie.

21. DUCLOS.

Peint en habit de velours bleu. Bon grand pastel poussé au
fini.

22. Portrait d'un homme à longue barbe.

23. L'abbé POMMIER, chanoine de Notre-Dame.

Tête jeune, vive et spirituelle figure ecclésiastique. Le
faire un peu commun.

24. L'abbé LE BLANC.

Pastel dur et briqueté.

autre peinture du passé ne vous a donnée ailleurs : toutes ces têtes se tournent comme

25. Le père EMMANUEL, capucin, confesseur de La Tour.
Mauvais et maladroit pastel.

26. Le Maréchal DE SAXE.

27. DE FORBONAIS, écrivain sur les finances.

Les deux études 28 et 29, dans lesquelles des personnes
voulaient voir une manière première de La Tour, sont des
répétitions ou des copies de la Rosalba ; l'une, la femme tenant
une couronne de laurier, est une copie dont l'original est au
Louvre.

30. La présidente DE RIEUX.

Femme en coiffure basse, poudrée, dans un peignoir blanc,
tenant un masque à la main, la tête seulement faite, tout le
reste à peine frotté de couleur. C'est le portrait indiqué au testament sous le nom de : Une dame hollandaise. Ne serait-ce
pas plutôt le portrait de Mlle Zuilen, l'élève et la correspon-
dante de La Tour, qui devint Mme Charrière? Pourtant le nom
de Mme de Rieux, a pour lui l'autorité du livret de 1742.

31. Jeune homme buvant un verre de vin de Champagne.

34. Préparation pour le portrait de Mme BOETE DE SAINT-
LÉGER.

38. Préparation pour le portrait de CHARDIN, en costume
de chasse, dit le catalogue.

39. Préparation pour le portrait de Mlle PUVIGNY, sans
doute *Puvigné,* la danseuse de l'Opéra, jeune figure au type
bovin, ne justifiant pas les vers :

> Enfant pour qui la nature
> Epuisa tous ses trésors
> . . . .

42. Préparation pour le portrait de Mme ROUSSEL.

pour vous voir, tous ces yeux vous regardent,
et il vous semble que vous venez de déranger
dans cette grande salle, où toutes les bouches

44. Préparation pour le portrait de CRÉBILLON le père.

46. Préparation pour le portrait de M. DE JULIENNE.

Fine et délicate préparation, dans un ton un peu vineux,
rappelant le type de la gravure de Watteau.

49. Préparation pour le portrait de Mme MASSÉ.

51. Préparation pour le portrait du duc DE BOURGOGNE,
petit-fils de Louis XV.

57. Préparation pour le portrait de M. DE BRETEUIL.

59. Préparation pour PARIS DE MONTMARTEL.

Attribution douteuse : pas la moindre ressemblance avec
le portrait gravé par Cathelin.

60. Préparation pour le portrait de la CAMARGO.

63. Préparation pour le portrait de Mme DE LA BOISSIÈRE.

Est-ce la mère du jeune modèle, Mlle DE LA BOISSIÈRE, que
nous montre la gravure de Petit?

64. Étude de tête de femme inconnue.

Une préparation, moins avancée que celle de Saint-Quentin,
et que nous possédons, avec le nom écrit par La Tour, nous
permet d'affirmer que c'est Mlle DANGEVILLE.

68. Préparation pour le portrait de LA TOUR.

69. Préparation pour le portrait de Mlle FAY.

73. Préparation pour le portrait de LOUIS XV.

74. Préparation pour le portrait de Mme DE POMPADOUR.

Très-supérieure à la préparation n° 84, répétant le même
modèle.

75. Préparation pour le portrait de René FREMIN.

Fausse attribution. Il ne ressemble nullement au grand
portrait du Louvre.

78. Préparation pour le portrait de Mme FAVART.

viennent de se taire, le xviiie siècle qui cau-
sait.

79. Préparation pour le portrait de Marie-Josèphe DE SAXE,
femme du Dauphin.
Étude pour le grand tableau n° 85.
80. Préparation pour le portrait de M. D'ALEMBERT.
Admirable préparation.
81. Préparation pour le portrait de M. DE LOWENDAL.
Attribution douteuse : figure ramassée, nez court, tandis
que dans la gravure de Wille, c'est une figure oblongue, au
nez très-long.
82. Préparation pour le portrait de Mme ROUGEAU.
83. Préparation pour le portrait de M. DE MONCRIF.
Détestable préparation et attribution un peu douteuse.
85. Grande esquisse représentant la DAUPHINE faisant l'éducation du duc DE BOURGOGNE, son fils.
Grand pastel. Mauvaise proportion des figures. Composition
très-chargée d'accessoires mal rangés : buste de Louis XV,
console, tenture, tabouret où jouent un chien et un chat, table
chargée de livres à images. La Dauphine, en robe de velours
rougeâtre, agrémentée de fourrure, assise, donne la main à son
fils, tout vêtu de bleu, avec broderies à brandebourgs
blancs, le cordon bleu en sautoir, son bonnet à plumes à la
main ; la tête de la Dauphine et les bras ébauchés. Admirables
lumières de velours dans la robe de la mère et dans le bleu de
l'enfant, mais point d'effet. Un petit fond à droite presque
grotesque : silhouette de soldat montant la garde ; et au delà,
des *remueuses* promenant des enfants.
Cette préparation est intéressante, parce que la tradition
veut que le tableau, terminée et offert par La Tour à l'Hôtel
de Ville de Saint-Quentin, ait été lacéré en 1793.
Pour compléter ce catalogue de l'œuvre de La Tour, il fau-

De cette foule, de ces cadres, de toutes ces figures où La Tour, selon la remarque de Gautier Dagoty, a si bien vaincu la difficulté de garder le lumineux de la peau sans la lais-

drait indiquer tous les pastels éparpillés dans les collections, gardés dans les familles ; travail impossible avec ce nombre de préparations, montant à quatre ou cinq pour une figure, se graduant, en partant d'une première étude, où il n'y a qu'un peu de crayon noir et de craie avec un accent rouge sur les lèvres, allant de là à une seconde ébauche, rehaussée de sanguine et sabrée de crayons de couleurs, mettant dans une troisième de vrais tons de chair qui font presque disparaître le bleu du papier ; et dans une quatrième, une cinquième, plus couverte, s'avançant toujours plus près du grand pastel définitif. Contentons-nous d'indiquer ceux que nous connaissons :

Chez M. Eudoxe Marcille, citons dans le nombre un grand pastel de Mme de Mondonville, appuyée sur un clavecin, vêtue d'un mantelet bleu garni de fourrure, et d'un corsage à coques jonquilles ; sur le papier de musique ouvert sur le clavecin on lit : *Pièces de clavecin de madame de Mondonville.* — Un portrait de Mme de Graffigny, en mantelet noir, en guimpe de dentelle sur la tête ; — deux préparations très-avancées de Voltaire et de Rousseau ; — deux autres préparations de Chardin et de Raynal, &c.

Chez M. Camille Marcille, une préparation du Dauphin, père de Louis XVI, une préparation de Sylvestre, etc.

Chez M. Laperlier, au milieu de préparations d'inconnus, un grand et magnifique portrait de Schmidt, le graveur du portrait de La Tour, coiffé d'un bonnet noir garni de fourrure, la tête appuyée sur la main ; — un portrait de Dupeuche.

Chez M. Carrier, quinze pastels, parmi lesquels le Dauphin, fils de Louis XV.

ser noircir par le blanc de la poudre, se dégagent et se lèvent tout d'abord une tête et un
tableau.

La tête, c'est le portrait de Sylvestre coiffé

Chez M. Walferdin, plusieurs pastels, parmi lesquels celui
de Watelet.

M. Léon Lagrange possède un beau portrait terminé de La
Tour dans sa jeunesse.

M. de Montbrison, un pastel d'homme inconnu de la plus
belle qualité.

A l'exposition d'amateurs du boulevard des Italiens, en
1860, M. Didier avait envoyé un portrait de Jeaurat et un
grand pastel d'une femme assise, vêtue d'une robe bleue, à
jabot de dentelle, tenant un sac brodé, provenant de la vente
Véron (1858).

M. His de La Salle, une préparation du maréchal de
Saxe.

Il existe à Chartres un portrait de M. Boisroger en habit
gris, à brandebourgs et à fourrure, large, chaud et puissant.

M. Gaullieur de Lausanne avait un portrait de Mme Charrière.

A la vente de la collection de M. Boittelle, il s'est vendu
un portrait de La Tour et un portrait de Cupis.

Nous possédons un portrait achevé, et de la plus grande
finesse, d'une femme inconnue, en robe de velours bleu, garnie
de cygne et de dentelles; — un masque de La Tour, une préparation de Mlle Dangeville et une autre de Dumont le
Romain.

Le musée de Valenciennes possède deux portraits d'homme
et de femme inconnus.

La galerie de Dresde, un portrait de la Dauphine Marie-
Josèphe de Saxe et celui de Maurice de Saxe.

d'un mouchoir lilas, en robe de chambre de
lampas bleu à ramages ; une admirable étude
où la conscience et l'art ont tout rendu d'un
masque de vieillard : la clarté de carnation
froide des vieilles chairs, le *brugnoné* du teint,
le travail des rides, le pli de l'amas des années, le chiffonnement puissant du front, les
boursouflures flasques des joues et du menton,
la sculpture tremblée de la vieillesse sur la
face de l'octogénaire.

Le tableau, c'est l'abbé Hubert [1]. — Le
bonhomme d'abbé est représenté à mi-jambes,
assis de côté sur un bout de fauteuil, le coude
appuyé sur une table couverte d'un damas
vert. Devant lui, un gros in-folio, relié en
veau, se dresse sur deux gros volumes jetés
l'un sur l'autre, et faisant pupitre. Une de ses
mains disparaît, posée sur la page ouverte ;
l'autre joue dans la tranche rouge du volume

1. Cet abbé Hubert, représenté dans ce magnifique pastel,
n'est guère connu que par l'inspiration comique donnée par
lui au portrait riant de La Tour, et par les tribulations qu'il
valut à Rousseau de la part de Mme de la Popelinière, enveloppant tous les Génevois dans la haine qu'elle avait vouée à
cet abbé génevois qui avait failli faire manquer son mariage
avec M. de La Popelinière.

d'où sort une marque blanche. La figure de
trois quarts, l'abbé lit. Penché sur la table,
son large estomac relevant le rabat gros bleu
du temps qui s'envole à demi, les lèvres avancées, la mine gourmande, il semble enfoncé
en plein dans une jubilation ecclésiastique et
une jouissance épicurienne de bénédictin. On
le voit sucer la moelle du gros bouquin, savou-
rer des lèvres l'épellement des lettres, des lignes, de la page. Juché sur un carton, un
chandelier de cabinet à deux branches porte
devant le lecteur deux bougies ; une seule
brûle encore, faisant flamber sur le noir sourd
du fond le prisme de sa flamme à base bleue,
et au bout du fumignon charbonné de sa mèche
en feu, sa langue de lumière blanche ; de
l'autre bougie, creusée, ravinée par un fume-
ron, et qui a laissé pendre en grappes, en sta-
lactites, en cascades, sur la bobèche, les énor-
mes coulées de sa cire, il se lève en l'air les
deux ronds de fumée d'une lumière éteinte à
l'instant même. C'est tout le tableau. Un abbé,
un livre et deux bougies, — de cela, La Tour
a su faire, avec l'harmonie du vrai et l'intérêt
de la lumière, ce chef-d'œuvre où, dans un

cadre à la Chardin, le pastel s'élève presque
à Rembrandt.

Pourtant, ce n'est point encore là, dans
tous ces morceaux achevés, dans tant de portraits précieux, que se trouve pour l'amateur
la grande révélation, l'enchantement du musée
de Saint-Quentin. Les *préparations* lui révè-
lent et lui font goûter un La Tour de premier
jet, peut-être supérieur à l'autre, le La Tour
de ces études prodigieuses qui mettent un vrai
visage, avec son premier mouvement, derrière
le verre d'un cadre. Qu'on regarde sur le mur
de droite, toute cette ligne d'esquisses posées
sur la cimaise, toute cette rangée de têtes cou-
pées qui font songer, sans qu'on sache pourquoi, à ces portraits de la Terreur, au bas
desquels le bourreau a arrêté la main du peintre : le procédé disparaît, le pastel s'efface, la
nature apparaît présente et toute vive, sans
interposition d'interprétation et de traduction.
Sur ces visages d'hommes et de femmes on
ne voit plus les couleurs qui font le teint, mais
le teint même; ce n'est plus de l'art, c'est la
vie.

Merveilleux spectacle que ces figures dont

l'existence et le cou s'arrêtent, sur le papier
bleu, dans quelques raies du dernier pastel
employé et tout sale, ou bien dans les larges
hachures d'un crayon brun! Leurs cheveux ne
sont qu'une espèce de tamponnage à la diable,
ayant le massé et le nuage gris de la poudre,
avec une noire hachure à grands coups au-
dessus d'une apparence fuyante d'oreille; et
là-dedans, dans cet encadrement brutal, il y
a une physionomie, prise au vol, fortement,
victorieusement, par une main de génie et de
fièvre, par un maître hardi et inspiré à froid,
en lutte enragée avec la nature, oubliant les
règles, les principes, ce qu'il a appris pour ce
qu'il voit. Ce sont des transparences de dessous de nez faites avec des touches de pur
carmin, des appuiements de blanc de Troyes
rayant de lumières cassées et ressautantes la
fonte et le marbre d'une teinte, des fouettages
de crayon, des bleus ou des jaunes purs brisant la platitude d'un ton, des sillons dans le
courant des muscles laissant comme un passage
d'étrille sur la rondeur d'une joue, toutes sortes
d'audaces arrachées par la verve du moment,
la vue du modèle, et qui jettent sur le papier,

bien mieux que le pinceau sur la toile, la vivacité, l'intensité d'animation, le trompe-l'œil miraculeux des traits et de la chair.

Et ces préparations sont des ressemblances où l'historien, l'observateur, le médecin, le physiologiste peuvent étudier le tempérament de l'individu. Le caractère de santé, d'âge, d'esprit, la constitution de l'homme ou de la femme, les variations de coloris du sang, de la bile, de la lymphe, la particularité des natures, tout est exprimé par le pastelliste.

Dans le plaisant de cette bouche, dans cette face fine et presque simiesque, dans l'ironie de ces yeux qui brillent sans point lumineux, ne retrouve-t-on pas le mystificateur grimacier, le mime philosophe du persiflage et des imitations, — d'Alembert tout entier?

Cette figure ramassée sous cette ébauche de cheveux battus d'un flottement d'étoffe, ces yeux écarquillés, ce nez polisson, court, épaté, sensuel, ce retroussis d'une bouche habituée à jeter des lazzis au public, cette femme, le masque effronté de la malice au village, voilà Bastienne et madame Favart.

A côté, une autre apparition de théâtre :

sur un fond frotté de bleu vif, d'un bout de chevelure poudrée sortant d'un tire-bouchonnage de crayon noir, se détache une sèche petite figure, vivement martelée de tons bleus et roses qui la fouettent d'une vie rosée. Elle a le front spirituellement bossué, des sourcils noirs finement arqués, de ces yeux noirs qu'on appelait des pruneaux, un nez légèrement et délicatement busqué, une bouche sardonique, des traits affinés, ciselés et presque pincés, une charmante maigreur de l'ovale et la vivacité de teint d'un tempérament nerveux, sanguin : c'est la Camargo.

Voulez-vous la Pompadour vraie, celle de l'étude et non du portrait, la favorite bourgeoise, prise à cru et à nu, avant l'idéalisation du pastel officiel? La voici, l'œil à fleur de tête, l'œil bleu de faïence, un duvet très-marqué au-dessus de la lèvre supérieure, le teint sans jeunesse, brouillé, chlorotique, transpercé de bleuissements, *truité* comme dit une chanson du temps, avec du rose fané aux pommettes et du vermillon pâle sur la lèvre.

Et à côté de ces têtes connues et célèbres que d'autres têtes anonymes sur cette même

ligne, jeunes ou mûres, voluptueuses ou pen-
sives, mutines ou profondes, devant lesquelles
la pensée s'attarde et s'oublie, cherchant et
croyant retrouver à un signe une femme des
Confessions de Rousseau ou l'héroïne d'un
conte passionné de Diderot!

XI

Ces têtes de La Tour ne vivent pas seulement par la vérité de leur construction, la réalité de leur dessin, l'illusion matérielle du physique de l'individu; le peintre observateur sai-
sit le moral de la ressemblance. Il fait, en
prodigieux physionomiste, le portrait du
caractère dans le portrait de l'homme. Ses
visages pensent, parlent, s'avouent, et se
livrent. A tous, La Tour donne cet esprit et
cette âme des yeux, le *mens oculorum*, l'expression par où sort et jaillit la personnalité.
Les contemporains disaient justement : Qu'on
ôte à Mondonville son violon, il restera la
figure de l'enthousiasme musical; qu'on dé-

pouille Manelli de son costume théâtral, qu'on
le décoiffe de sa perruque ridicule, ce sera
toujours le type du bouffon ultramontain; et
qu'on regarde le portrait de M. de La Condamine, on sentira, on verra la surdité. Diderot
méconnaît ce grand côté du talent de La
Tour, quand un jour il ne veut reconnaître en
lui qu'un grand praticien, un machiniste merveilleux. La Tour est plus que cela. Il disait
lui-même de ses modèles : *Ils croient que je ne
saisis que les traits de leurs visages, mais je des-
cends au fond d'eux-mêmes à leur insu, et je les
remporte tout entiers* [1]. Voilà ce qui chez le
portraitiste dépasse le praticien : c'est l'effort
et l'ambition d'être, avec ses crayons, un confesseur d'humanité. Entrer dans la peau de
ceux qu'il peint par la fréquentation et un pénétrant commerce, les sortir d'eux-mêmes par
la conversation, les tirer à lui, les accoucher
du fond et du secret d'eux-mêmes, les « rem-
porter tout entiers, » comme il dit, c'est là ce
qu'il veut et ce qu'il lui faut pour ses portraits : embrasser toute l'individualité d'un

1. *Tableau de Paris*, par Mercier, vol II

personnage, signifier tout l'homme par le dedans comme par le dehors, par la pose habi-
tuelle, le mouvement de nature, le geste
échappé, l'attitude révélante, caractériser jusqu'à l'homme social par les marques de l'état
ou les signes du métier, tels furent la haute
idée, le grand rêve poursuivis par La Tour,
et qui élèvent sa vue et sa gloire d'artiste au-
dessus de celle d'un simple grand ouvrier d'art.
Écoutez-le lorsqu'il en parle : « *Il n'y a dans
la nature, ni par conséquent dans l'art, aucun
être oisif. Mais tout être a dû souffrir plus ou
moins de la fatigue de son état. Il en porte l'empreinte plus ou moins marquée. Le premier point
est de bien saisir cette empreinte, en sorte que s'il
s'agit de peindre un roi, un général d'armée, un
ministre, un magistrat, un prêtre, un philosophe,
un portefaix, ces personnages soient le plus de
leur condition qu'il est possible. Mais comme
toute altération d'une partie a plus ou moins d'influence sur les autres, le second point est de donner à chacun la juste portion d'altération qui lui
convienne, en sorte que le roi, le magistrat, le
prêtre ne soient pas seulement roi, magistrat,
prêtre de la tête ou du caractère, mais soient de*

leur état depuis la tête jusqu'aux pieds... [1] »

Comme l'homme, La Tour peint la femme du temps en la pénétrant. Dans les portraits qu'il fait d'elle, il exprime les pensées et les réflexions qui occupent la tête de ces « liseuses de Newton. » Il lui donne la profondeur, la diversité et la complexité de sa physionomie. Tout en lui gardant sa poudre, ses mouches et ses modes, il l'élève au-dessus de ce joli de convention dont abusent les portraitistes d'alors. Il lui ôte ces airs de poupée éveillée qui font d'elle, dans la peinture courante, le type vide, creux et fripon, qu'on imaginerait à une « caillette » d'*Angola*. Le peintre de Marie Leczinska et de la dauphine de Saxe fait donner à la femme la douceur attentive, la bonté réfléchie, le sérieux de la grâce, les plus délicates significations du visage féminin au repos. J'ai là, de lui, sous les yeux, un portrait de femme inconnue, au collier de ruban bleu, au corsage de velours, de dentelle et de cygne : dans ses yeux clairs, aux pau-

1. Le *Salon de* 1769, par Diderot, publié par M. Walferdin. *Revue de Paris*, 1ᵉʳ septembre 1857.

pières un peu abaissées et presque cligno-
tantes, il y a le plus doux recueillement d'idées
que l'on puisse imaginer, et sur la lèvre sérieuse glisse le plus méditatif des sourires. A
côté de ce pastel, voici une préparation : la
Dangeville ; l'expression ici est tout autre :
c'est la mystérieuse et énigmatique expression
d'une Joconde sensuelle, une Joconde des
Menus-Plaisirs. Dans ce carton entr'ouvert,
cette image de la Sylvia, est-ce la folâtre et
piquante figure qu'on attend d'une comédienne
italienne? Non, dans ces traits fins, ce regard
perçant, ce masque délicat de perspicacité,
on croirait voir le portrait d'un diplomate habillé en femme. Et comparez tous les sourires
de femmes de La Tour, aucun n'est banal ;
chacun est personnel, appartient à la personne, dessine et souligne un peu de son caractère, de son humeur, de son intelligence,
de son âme, de son cœur. Voyez par exemple,
à Saint-Quentin, l'opposition de cès deux
femmes qui sourient à côté l'une de l'autre :
dans l'une, madame Massé, c'est le demi-épa-
nouissement fin, délicat, voluptueusement spirituel, de cette quarantaine, qui est l'âge d'ac-

complissement de la femme du xviiie siècle, un
sourire noyé comme dans une douce réminiscence, répandu sur tout ce visage grassouillet,
se continuant dans le riant modelage des fossettes des joues, mouillant presque la tendre
gaieté des yeux ; et à côté, quel contraste,
dans ces lèvres de jeune fille poupine, inno-
centes, moutonnières, ingénues, ouvertes à
l'ignorance de la vie avec un sourire qui a la
pure effronterie des dix-sept ans ! — Là,
comme dans tous ses portraits de femmes, La
Tour se montre le dessinateur le plus exquis
de la plus fine expression féminine : de la
bouche.

XII

Nul peintre du xviiie siècle n'eut, comme
La Tour, le cerveau occupé, tourmenté, ob-
sédé par l'idée et la conception philosophiques
de l'art. Dans l'effort de son talent, « dans
cette lutte avec une nature ingrate qui s'opposait à ses progrès, » il a été l'artiste le plus
méditant, le plus raisonneur avec lui-même, le

plus appliqué à chercher les grandes lois et les secrets de la peinture. Pour le juger, l'embrasser tout entier, il faudrait avoir ses conversations en petit comité avec Diderot, qui le déclare « bon à entendre, » et qui nous a gardé du peintre cet échantillon de pensée et de critique originale à propos de la *Petite Fille au chien noir* et de la manche de chemise manquée par Greuze :

« *L'origine de ce défaut,* disait La Tour, *l'est aussi d'une infinité d'autres plus essentiels. Cela vient de ce qu'on prêche de trop bonne heure aux enfants d'embellir la nature, au lieu de la rendre scrupuleusement. Ils se livrent au prétendu embellissement avant de savoir ce que c'est; en sorte que quand il s'agit d'imiter servilement, comme il faut s'y résoudre dans ces petites choses, ils ne savent plus où ils en sont...*

« *Les professeurs de notre école,* reprenait-il, *font deux fautes graves : la première, c'est de parler trop tôt aux enfants de ce principe; la seconde, c'est de le leur proposer sans y attacher aucune idée. D'où il arrive, qu'entre les enfants, les uns s'assujettissent en esclaves aux proportions de l'antique, à la règle et au compas, d'où*

*ils ne se tirent plus, et sont à jamais faux et
froids ; et que les autres s'abandonnent à un libertinage d'imagination qui les jette dans le faux
et le maniéré, d'où ils ne se tirent pas davantage. »*

Il terminait en confiant à Diderot « *que la
fureur d'embellir et d'exagérer la nature s'affai-
blissait à mesure qu'on acquérait plus d'expérience
et d'habileté, et qu'il venait un temps où on la
trouvait si belle, si une, si liée même dans ses défauts, qu'on penchait à la rendre telle qu'on la
voyait, penchant dont on n'était détourné que par
l'habitude contraire et par l'extrême difficulté
qu'on trouvait à être assez vrai pour plaire en
suivant cette route* [1]. »

A rouler, à retourner ainsi et dans tous
les sens la pensée fixe et la méditation des
moyens et du but de l'art, à chercher des
principes et des théories, à vouloir trouver la
règle d'idéal de son métier, La Tour perdait
peu à peu la spontanéité de son talent. Son
esthétique à la longue paralysait son inspiration. Et comme il arrive à ces vieillesses de

[1]. Le *Salon de* 1769, par Diderot.

peintres, trop méditatives, trop réfléchies,
trop théoriciennes, il en venait à perdre le
feu de son travail et de ses œuvres.

« J'ai vu peindre La Tour, dit Diderot ; il
« est tranquille et froid ; il ne se tourmente
« point, il ne souffre point, il ne halète point,
« il ne fait aucune de ces cortorsions du
« modeleur enthousiaste sur lequel on voit se
« succéder les ouvrages qu'il se propose de
« rendre, et qui semblent passer de son âme
« sur son front, et de son front sur la terre
« ou sur la toile. Il n'imite point les gestes
« du furieux ; il n'a point le sourcil relevé de
« l'homme qui dédaigne, le regard de la
« femme qui s'attendrit, il ne s'extasie point,
« il ne sourit pas à son travail, il reste
« froid [1]. »

Diderot écrit cela en 1767, c'est-à-dire à
cette heure même du refroidissement de La
Tour. Le peintre qu'il nous montre, c'est le
sexagénaire au soir de son talent. L'apogée
de force et de puissance de La Tour, est
autour de cette année 1742, l'année du pastel

---

1. Le *Salon de* 1767, par Diderot.

de l'abbé Hubert. Depuis longtemps, le coloriste s'alourdit. On lui reproche des tons briquetés qu'il n'avait pas à ses premières expositions [1], et un travail d'estompage qui fatigue ses pastels. Le portrait de madame de Pompadour n'a pas répondu à tout ce qu'on en attendait. Et en effet ce morceau capital et populaire de La Tour est loin de valoir, comme exécution, ses premières productions: la figure de la favorite est plate, sèche, découpée; son teint ne vit pas; tout le pastel est pâteux, farineux, pelucheux, écorché, relevé de lumières dures et criardes comme dans les ors de la console. L'harmonie aimée de La Tour, et dont il fait presque toujours le fond de ses portraits et de ses préparations même, l'harmonie bleuâtre, rappelée partout dans ce grand tableau, y prend je ne sais quel' affadissement, quelle tonalité fausse de papier à sucre. Mais là n'est point encore le déclin de La Tour; on peut suivre au Louvre la décadence du grand artiste, en allant de ce beau portrait de la Reine, de ce chef-d'œuvre,

1. *Lettre sur la sculpture et l'architecture*, 1749.

la Dauphine de Saxe, à ce portrait de Chardin, si lourd, si peiné, au ton de brique, sillonnée de craie, la barbe comme frottée de
suie, toute la carnation allumée sans une
lumière de chair, un vrai pastel de province,
justifiant toutes les critiques des ennemis et
des envieux du maître. A Saint-Quentin même,
à côté des plus belles choses, il tombe à ce
détestable pastel du père Emmanuel, où il
est si indignement battu dans sa lutte avec
le faire de Chardin pastelliste. On ne l'a pas
assez remarqué : dans cet art si chanceux,
où le mieux est si périlleux, La Tour n'a pas
échappé à une inégalité qui étonne souvent.
Cependant l'enthousiasme de l'abbé Le Blanc
s'est tu; et, dans la critique, il se fait tout
doucement ce silence dans lequel se perdront
ses dernières expositions. Encore quelques
années, et les *Dialogues de la peinture* parle-
ront de son talent comme d'un talent mort.
C'est déjà un talent glacé, perdu par les
théories, un talent ne produisant guère plus
rien de neuf; un talent mortel, entre les mains
faiblissantes du peintre, à ses œuvres anciennes. Le vieillard a la manie de les re-

prendre; il veut les retoucher avec l'acquit de ses nouvelles connaissances, et il les gâte [1]. « Quel dommage [2]! » entend-il dire autour

1. « Il ne sait pas, dit Bachaumont, s'arrester à propos. Il cherche toujours à faire mieux qu'il n'a fait, d'où il arrive qu'à force de travailler et de tourmenter son ouvrage, souvent il le gaste. Il s'en dégoûte, l'efface, et recommence, et souvent ce qu'il fait, est moins bien fait que ce qu'il avoit fait d'abord. De plus, il s'est entêté d'un vernis qu'il croit avoir inventé, et qui très-souvent lui gaste tout ce qu'il a fait. » *Mémoires de Wille*, vol. 11, note de Bachaumont.

2. Donnons ici une lettre de La Tour, adressée à Mlle de Zuilen, qui fut depuis Mme Charrière, lettre publiée par M. Piot (*Cabinet de l'amateur et de l'antiquaire*, 1861-62), où La Tour parle du travail de ces retouches, et se montre comme dans le déshabillé désordonné de ses idées :

    « Mademoiselle,

« Accablé de projets qui se heurtent et se croisent, d'embarras qui se multiplient, je ne say le plus souvent que devenir; quelque dissipation que je prenne, mes torts me suivent partout, et je passe mes jours à ne rien faire de ce que je devrois et voudrois; quand je suis dans la meilleure intention, des importuns me font remettre au lendemain, suivi d'autres lendemains. Je profite de cet instant pour me jeter à vos pieds et obtenir le pardon que je crois mériter par la vivacité de mes regrets.

« Quand on a seu enfin où j'étois à la campagne, on m'a envoyé le joli étuy d'Aix-la-Chapelle, garni d'un billet digne de vous, aussi prétieux que vous-même. Le cœur et l'esprit plein de vos charmes, j'ai été enlevé au plaisir de vous en témoigner ma sensibilité, ainsi que le chagrin d'avoir perdu l'occasion de recevoir M. le baron de Thuyl; il n'étoit plus à Paris lorsque j'y suis accouru. Je n'ai jamais été à la campagne si à contre-temps. Je voudrois bien que

de lui à propos de ces portraits refaits et dé-
faits, à propos de ce portrait de Restout, son

*la curiosité de voir les fêtes de Mgr le Dauphin pût me procurer la
satisfaction de vous prouver combien je suis et serai toujours plein
de la plus vive reconnoissance et du plus tendre attachement pour
tout ce qui porte le nom de Zuylen et de Thuyl. Je vous supplie de
présenter mes hommages et mes souhaits pour tout ce qui peut être
agréable à M. le baron, votre très-honoré père, messieurs vos frères
et monsieur et madame votre cher oncle et chère tante, madame et
mesdemoiselles de Mars, milord et milady, et tout ce qui vous
appartient.*

> « J'ai l'honneur d'être, avec le dévouement le plus
> respectueux,
>
> « Mademoiselle,
>
> « Votre très-humble et très-obéissant serviteur.
>
> « DE LA TOUR.

« *Aux galeries du Louvre, ce 5 mars 1770.*

« Je vais ajouter un mot à cette lettre, que je n'ai pas jugée
digne de vous être envoyée, ainsi que bien d'autres jetées au feu.
Vous jugerez combien je crois avoir rempli mes devoirs dès que je
m'en suis occupé, cette tournure d'esprit m'a fait beaucoup de
torts et me laisse dans un désordre pénible, et dont je ne sortiray
peut-être jamais.

« Toujours occupé de perfections en tous genres, et par conséquent du bonheur du genre humain, je m'oublie comme un atome
dans l'espace de l'univers. Je devrois être dégoûté de ce zèle de perfection, puisqu'il m'a fait gâter tant d'ouvrages. Ce n'est point par
vanité que je les regrette, c'est qu'il prive la nature des sentiments
de reconnaissance pour les talents singuliers qu'il luy plaît de dispenser. Les poètes, les musiciens reviennent à ce qu'ils ont fait de
mieux, quand leur correction éteint le feu qui avait produit le
sublime; mais tout est perdu dans mon pastel quand je me suis
livré à un instant qui diffère de l'instant donné : l'unité est rompue.

morceau de réception à l'Académie, qu'il reprend et retravaille, changeant le brillant

Le peintre à l'huile, avec de la mie de pain et de l'esprit-de-vin, retrouve l'esprit.

« *Comme je voudrois que les tableaux eussent des touches, des manières de peindre aussi différentes entre elles que les choses repré-sentées le sont dans la nature, de même je désirerois que nos poètes eussent varié leur style suivant les personnages : de grands vers nerveux pour les hercules, pompeux pour les héros, majestueux pour les grands hommes, terribles pour les scélérats, doux, cou-lants, faciles, tendres, suivant le caractère des femmes mises en scene, de mesure et de rimes variées, redoublées quelquefois, ainsi que pour les sujets subalternes. C'est s'occuper de chimères, on ne fait ny tableaux, ny poèmes tels que je les désire. Cette perfection est au-dessus de l'humanité; je l'éprouve actuellement : j'ai sur le chevalet le portrait de feu M. Restout, fait et donné à l'Académie en 1744; j'ai voulu, depuis sa mort, lui témoigner ma reconnais-sance des grands principes de peinture qu'il m'a communiqués, en remaniant cet ouvrage. Après avoir fait cent changements, on me dit : « Quel dommage! » Il y avoit un mouvement qui se communi-quoit à ceux qui le voyoient. Je suis encore après et ay changé jusqu'à ce jour; je ne puis dire quand il sera fini. On attend d'au-tres ouvrages faits antérieurement, que j'ai eu la fantaisie de rema-nier; je les renverrai si un compagnon de voyage arrive avant. Il n'y a pas d'apparence que je puisse faire ce que vous désirez pour celuy de madame d'Athlone. J'ai bien du regret que vous ne vous soyez pas amusée aussi agréablement dans le temps que j'avois le bonheur d'être à Zuylen; je vous aurois conseillé de ne pas tour-menter les teintes quand elles sont justes, de passer légèrement le petit doigt, d'employer peu de couleur et de conserver le papier pur pour les couches fortes; l'ouvrage en sera aussi plus légèremen fait.*

« *Quant aux taches de moisissure par le sel qui est dans les pierres noires et dans presque tous ceux en pastel, il faut éviter qu'ils fassent corps, épaisseur; simplement frottés sur le papier, ils*

habit de soie en un simple habit de couleur
brune, pour obéir à ce grand et juste principe
de sacrifier aux têtes tout l'éclat des accessoires [1]. Mais ses vieux doigts ne servent
plus bien son idée; ses yeux ne voient plus

*ne font pas taches; alors avec la pointe d'un couteau elles s'enlè-
vent; on leur présente un fer chaud près, pour épuiser l'humidité
du sel qu'ils contiennent, et en ôter avec le couteau l'épaisseur.
C'est l'essay que j'en ay fait depuis peu, ainsi que de mettre avec
une brosse une légère teinte d'ocre jaune à l'eau simple, bien délayee
ensemble avec un peu de jaune d'œuf sur du papier bleu; cela empêche le lourd, qu'il est difficile d'éviter par la quantité de couleurs
nécessaires pour couvrir le bleu du papier.*

*« Post-scriptum. — Me flattant toujours pouvoir vous annoncer
que mes tourments alloient finir, j'ai différé d'achever ce barbouillage d'écritures; les regrets de l'Académie m'obligent de tâcher de
remettre le portrait de M. Restout à peu près comme il était. Voilà
bien du temps perdu et des efforts in vanum. Mieux que bien est
terrible! On ne se corrige pas, puisque j'ay tombé dans le cas plus
de cent fois. Bonne leçon pour vous, mademoiselle, qui courez cette
carrière. Si vous n'avez pas l'ambition de trop bien faire, je vous
estimeray bien heureuse de vous être procuré un aussi agréable
amusement sans qu'il vous soit aussi pénible qu'il me l'a été. On
vient m'enlever, je ne say quand je pourrois reprendre. J'avois mille
choses à vous dire sur tout ce que vous méritez et les bontés de votre
honorable famille; mais la crainte de vous impatienter me force de
finir par les assurances de tous les sentiments que vous a voués,
mademoiselle, le plus humble et le plus obéissant de tous vos servi-
teurs.*

« DE LA TOUR.

« Aux galeries du Louvre, le 14 avril 1770.
« A mademoiselle de Zuylen, à Utrecht. »

1. *Dictionnaire des Arts,* par Watelet. Supplément.

la fleur des choses. Au milieu de tout cela,
sur ce triste et suprême labeur, dernier effort
de sa conscience, mêlé à la recherche d'un
vernis [1] qui sauve cette peinture éphémère,
qui l'empêche de s'en aller « moitié dispersée
dans les airs, moitié attachée aux ailes du

1. La Tour chercha toute sa vie la fixation du vernis. Dès
1747, l'abbé Le Blanc, dans sa *Lettre sur l'Exposition des
ouvrages de peinture,* dit « que le vernis de La Tour fixe la
durée du pastel sans en altérer la fleur, et qu'il est à espérer
que ses ouvrages dureront autant que les choses humaines
peuvent durer ». La même année, Lieudé de Septmanville,
dans ses *Réflexions nouvelles d'un amateur,* dit : « Il est vrai
que M. de La Tour s'est donné la torture pour trouver un
vernis qui lui a manqué totalement et qui lui a gâté totalement quantité de tableaux. On n'ignore pas qu'il a offert une
somme d'argent au sieur Charmeton, qui s'est flatté d'avoir
trouvé la façon de fixer le pastel. On convient qu'il a découvert par ses soins quelque *corps subtil* avec lequel il prétend
donner plus de consistance à cette façon de peindre. » Cette
fixation est, du reste, une grande recherche de tout le siècle.
Dans ce goût et cette mode du pastel qui « met les crayons de
couleur à la main de tout le monde », aux mains des hommes,
des femmes, du chevalier de Boufflers et de Mme Charrière,
qui peuple les expositions de la place de Dauphine des pastels
des Montjoie, élèves de La Tour, il y a une émulation d'inventions, de procédés, de secrets, pour assurer un peu de durée
à cette peinture fragile. De 1708 à 1773, ce n'est, dans l'*Avant-
Coureur,* qu'annonces de découvertes : les demoiselles Beauvais préviennent le public qu'elles ont trouvé un secret pour

vieux Saturne », le génie du pastel se débat,
s'agite, expire peu à peu dans le pastelliste
distrait de l'art par de plus hautes spécula-
tions : « Je sortais du Salon, dit Diderot, je
suis entré chez La Tour, cet homme si singulier qui apprend le latin à cinquante-cinq

fixer le pastel sans altérer la beauté et la vivacité des couleurs; un sieur Mauge entretient le public, dans une longue
lettre, sur un nouveau procédé; un sieur Bréa déclare qu'on
peut passer, sur les pastels fixés par lui, la main, même la
pierre ponce. M. de Saint-Michel, gentilhomme piémontais,
peintre du roi de Sardaigne, muni d'un certificat de Cochin,
se vante d'être parvenu à fixer le pastel d'une manière inal-
térable, et d'avoir trouvé la composition d'un pastel très-
beau. Il propose son secret à mille souscripteurs, à raison de
trois louis, en échange desquels ils recevront chacun un livre
qui contiendra les fameuses recettes. On donne le procédé du
prince de San-Severo, qui consistait à employer la colle de
poisson. On indique un autre moyen de fixation, qui est de
couvrir tout le pastel de poussière de gomme arabique passée
au tamis, de dissoudre cette poussière avec de la vapeur d'eau
chaude, et de recouvrir cet enduit d'une couche de vernis à
l'huile. M. Monpetit attaque tous ces procédés, qui ont le
défaut de brunir et de charger les tons du pastel, et renvoie
à l'invention de Loriot, qu'il regarde comme la meilleure.
Enfin le secret de Loriot est divulgué et publié en 1780 par
Renou, secrétaire de l'Académie royale de peinture. — Quant
au secret de La Tour, dont on peut étudier l'effet à Saint-
Quentin, il est encore enfermé dans une lettre autographe du
peintre, que M. Villot doit publier.

ans, et qui abandonne l'art dans lequel il excelle pour s'enfoncer dans les profondeurs de la métaphysique qui achèvera de lui déranger la tête [1]. »

XIII.

Malgré la délicatesse de sa complexion, la faiblesse de santé de sa première jeunesse, les dépenses d'une vie prodiguée au travail et au plaisir, La Tour arrive à la vieillesse, une vieillesse sans infirmités. Ses vieilles années, il va les reposer et les rafraîchir au vert de la banlieue. Presque octogénaire, il quitte les galeries du Louvre pour vivre dans sa petite maison d'Auteuil, cette retraite de patriarche, où venait le visiter le maréchal de Saxe, et près de laquelle le Roi ne passait jamais sans envoyer demander de ses nouvelles. Puis, lorsque ses quatre-vingts ans sont sonnés, il veut revenir pour mourir là où il est

1. Le *Salon* de 1769, par Diderot. *Revue de Paris*, septembre 1857.

né [1], et, le 21 juin 1784, l'artiste, de retour dans
sa ville natale, salué par le canon, le carillon,
les acclamations de ses compatriotes, reçoit,
à son entrée dans sa maison, une couronne
de chêne avec laquelle Saint-Quentin cherche
à payer les fondations de son bienfaiteur et à
honorer la gloire de son grand peintre.

Il survécut quatre ans à cette ovation,
entouré des soins pieux d'un frère [2], l'esprit et le cœur tombés dans une sorte de
douce enfance, la raison attendrie et vacil-
lante, à demi fou, pris d'une espèce d'amour
délirant de l'humanité et de la nature. Cette
tête allumée, et qui, sous le bonnet de taffetas noir dont le peintre se coiffe dans ses
portraits, ressemble à la tête fumante de
Diderot, ce cerveau grisé de lectures, de

1. La tradition d'une anecdote rapportée par M. Dréolle
veut que ce retour de La Tour à Saint-Quentin ait été une
espèce d'enlèvement. Sous le prétexte de l'emmener à la Vil-
lette pour une ascension de Montgolfier, un de ses amis et de
ses compatriotes, M. Cambronne, l'aurait entraîné, avec une
douce violence, jusqu'à sa ville natale.

2. La Tour eut deux frères : l'un qui entra dans la finance,
et dont il hérita ; l'autre qui se fit militaire, et eut une célébrité de duelliste. C'est Jean-François, auquel il légua, en
mourant, sa fortune et ses pastels.

sciences, de mathématiques, de politique, de
théologie, de métaphysique, de morale, de
poésie, bourré, à éclater, de notions immen-
ses, entassées, confuses; cette imagination
généreuse et désordonnée, pleine du chaos
d'une Encyclopédie et de l'utopie d'une Révolution, allaient aux derniers jours, chez le
vieillard, à l'exaltation, à l'égarement. Ses
idées se perdaient dans une cosmogonie in-
sensée et sublime [1], et un panthéisme passionné mettait en lui comme une adoration
embrassante de la création et de la créature.
Dans la campagne, par un beau jour vivant
de printemps, il tombait à genoux, remerciait
Dieu du soleil, parlait aux arbres, et les me-
surant de ses bras, en pensant à l'hiver, leur
disait : — *Bientôt tu seras bon à chauffer les
pauvres* [2].

Il mourait le 17 février 1788 [3], en mettant,

1. *Dictionnaire des Arts*, par Watelet. Supplément.

2. *Éloge de La Tour*, par Du Plaquet. — *Notice de Bucelly
d'Estrées.*

3. Nous donnons, d'après M. Desmaze, l'acte de décès de
La Tour :

« Paroisse Saint-André, année 1788.

« Cejourd'hui lundi, 18 du mois de février 1788, le corps

avec les derniers mouvements de son agonie
des baisers sur les mains de ses domestiques.

XIV.

« *Un magicien,* » c'est le baptême donné
par Diderot au pastelliste. La Tour gardera
ce nom. Son œuvre est un miroir magique
où, comme dans le seau de résurrection du
comte de Saint-Germain, les morts reviennent
et revivent. Il fait revoir les hommes et les
femmes de son temps. De sa galerie de contemporains se dégage pour nous la physionomie de l'Histoire. Il nous fait entrer dans

de M. Quentin de La Tour, peintre du roi, conseiller de l'Académie de peinture et de sculpture de Paris, et honoraire de
l'Académie d'Amiens, transporté à l'église de Saint-Remy, sa
paroisse, en cette église, a été inhumé dans le cimetière de
cette paroisse, en présence de M. Jean-François de La Tour,
chevalier de l'ordre royal et militaire de Saint-Louis, son
frère, et de M. Adrien-Joseph-Constant Duliége, chapelain
de l'église de Saint-Quentin et vicaire de la paroisse de Notre-
Dame, soussigné.

« Fait double, les jour et an que dessus.

« *Signé :* DE LA TOUR, DULIÉGE et
LA BITTE, curé. »

ce merveilleux « salon des ressemblances »
qu'évoquent, d'une cour, d'une société, les
grands portraitistes de vérité et de sentiment,
comme Holbein et Van Dick. Ici ce sont les
princes, les seigneurs, les grandes dames,
l'éblouissement de Versailles ; là, ce sont les
têtes de la Philosophie, de la Science, de
l'Art, les fronts où le peintre a vu du génie,
et que ses crayons, si froids au portrait des
« imbéciles » ont peint avec amour, avec enthousiasme. Voilà ce que La Tour a fait et ce
qu'il a laissé. De la poussière du pastel, de
cette peinture tombée, pour ainsi dire, de la
poudre de l'époque, il a tiré comme la fragile
et délicate immortalité, la miraculeuse illusion de survie que méritait l'humanité de son
temps. Dans son œuvre, il y a le grand et
charmant portrait de la France, fille de la
Régence et mère de Quatre-vingt-neuf. Le
Musée de La Tour, c'est le Panthéon du siècle de Louis XV, de son esprit, de sa grâce,
de sa pensée, de tous ses talents, de toutes
ses gloires.

GREUZE

GREUZE

I.

U milieu de ce grand livre de corruption, les *Liaisons dangereuses,* il est une page inattendue et qui fait contraste avec tout ce qui la précède, tout ce qui la suit, tout ce qui l'entoure. C'est la scène où Valmont va dans un village sauver de la saisie du collecteur les meubles d'une pauvre famille qui ne peut payer la taille. Le collecteur compte ses cinquante-six livres; échappée à la paille, toute la famille, cinq personnes pleurent de joie et de reconnaissance ; les larmes coulent, des larmes heureuses et qui éclairent de bonheur la figure de patriarche du plus vieux. Autour du groupe, le village bourdonne, ses bénédictions murmu-

rent; et voici qu'un jeune paysan, amenant par la main une femme et deux enfants, entoure Valmont de l'adoration des siens et les agenouille à ses pieds comme aux pieds d'une Providence humaine et de l'image de Dieu.

Cette page, dans le livre de Laclos, c'est Greuze dans le xviiie siècle.

II.

Greuze naquit à Tournus le 21 août 1725. Sa famille, originaire des environs de Chàlon-sur-Saône, était, disent les biographes, de bonne bourgeoisie, et gardait avec orgueil le souvenir d'un de ses ancêtres, procureur du roi de la prévôté royale et seigneur de la Guiche. L'acte de naissance de Greuze dérange un peu l'assertion en faisant de Jean Greuze le fils d'un maître couvreur [1]. Dès l'âge de huit

1. Jean, fils légitime de sieur Jean-Louis Greuze, maître couvreur, demeurant audit Tournus, et de Claudine Roch, sa femme, est né le vingt et unième août mil sept cent vingt-cinq, a été baptisé le même jour par moi, vicaire soussigné; le parrain a été sieur Jean Bezaud, aussi maître couvreur, et la

ans, Greuze dessinait en jouant, ne s'amusant
qu'à cela. Sa vocation déjà le pressait et commençait à le posséder. Mais le maître couvreur avait arrangé l'avenir de son fils : il le
destinait à l'architecture. De là, la défense de
dessiner faite à l'enfant, qui se cachait, prenait sur ses nuits et son sommeil pour échapper à son père, suivre son goût et son plaisir.
Un dessin à la plume, une copie d'une tête de
saint Jacques qu'il offrait à son père le jour
de sa fête, et que son père prenait pour une
gravure, lui ouvrait enfin la carrière qu'il voulait : le couvreur se décidait à envoyer son fils
à Lyon, étudier chez Gromdon, le père de la
femme de Grétry. L'atelier de Gromdon était
une véritable manufacture de tableaux : Greuze
n'y apprit guère qu'à fabriquer un tableau par
jour ; au bout de quoi, à l'étroit dans ce métier, sentant ses forces, impatient d'un grand
théâtre, il vint à Paris avec ses rêves, ses am-

demoiselle Antoinette Auberut, femme d'Hugues Brulé, bou-
langer en ladite paroisse; tous lesquels se sont soussignés,
excepté ledit parrain qui ne le fait de ce enquis. Signé : J.-L.
Greuze, Antoinette Auberut et Gornot, vicaire. (*Acte de naissance de Greuze, communiqué par M. le maire de Tournus.*)

bitions, un talent déjà personnel sans être mûr, et son tableau (*Père de famille expliquant la Bible* [1].

A Paris, Greuze disparaît. On ne le trouve dans aucun atelier. Il travaille enveloppé de silence, d'obscurité, de solitude. Il peint de petits tableaux pour vivre, sans bruit, sans nom, achevant de se former sans maître, se dégageant de lui-même. Le public l'ignore, le tableau avec lequel il est venu tenter fortune ne trouve point d'acquéreur. Seul, le sculpteur Pigalle le devine, le soutient contre le découragement, lui promet un bel avenir. Hors cet encouragement, il ne trouve que mauvais vouloir, hostilité et jalousie autour de lui. A l'Académie, où il vient dessiner, on le relègue à la plus mauvaise place, sans égard pour son talent. Les humiliations à la fin révoltent son orgueil, déjà facile à s'emporter [2].

1. *Greuze, ou l'Accordée de village.* Paris, 1813. Notice de Mme de Valori.

2. Il existe un témoignage de la hauteur avec laquelle Greuze subissait à l'Académie les leçons du professeur. Dans un portefeuille de dessins français du XVIII° siècle, provenant de l'évêque de Callinique et conservé à la bibliothèque de l'Arsenal, se trouve une académie d'homme. Une note au bas

Il court chez Sylvestre, ses œuvres à la main. L'ancien maître à dessiner des enfants de France est étonné, charmé. Greuze obtient de lui la permission de faire son portrait, un portrait qu'il exécute sous l'œil de ses rivaux, de ses confrères, à la grande satisfaction de Sylvestre, qui le prenant sous sa protection le faisait agréer le 28 juin 1755.

Mais déjà Greuze était sorti de l'ombre où il avait grandi mystérieusement. Un amateur possédant le goût, le tact et le flair, un curieux intelligent, passionné et sincère, le collectionneur des plus fins morceaux de l'art français, l'homme habile entre tous pour saisir un artiste dans sa fleur, un talent dans sa fraîcheur, une gloire dans un grenier, M. de la Live de Jully, avait acheté le tableau du *Père de famille,* et il en avait fait chez lui une sorte d'exposition publique à laquelle il avait convié tous les artistes et tous les amateurs. Le tableau avait fait fureur. La belle tête du vieil-

de l'académie apprend que Natoire, alors professeur, après l'avoir louée, lui fit remarquer qu'elle était estropiée. A quoi Greuze répondit : « *Monsieur, vous seriez heureux si vous pouviez en faire une pareille.* » (*Archives de l'Art français,* vol. VI.)

lard, robuste, saine et sereine, patriarcale et
rustique, rappelant les vieillards villageois de
Rétif de la Bretonne, et qui semble une figure
à jeter en tête de la « Vie de mon père » ; les
deux jolis garçonnets mettant auprès de ses
cheveux blancs leurs têtes blondes où jouent
le soleil et la jeunesse, le plus grand avec son
habit trop court et sa belle chevelure bouclée
séparée *à la Grève* sous son tricorne, faisant
face au père, les femmes laissant passer une
tête de marmot étonné, immobile, le menton
posé sur la table, la mère attentive et tranquille, confiante et sérieuse, la fille ingénue
et curieuse, écoutant de tous ses yeux, le corps
abandonné, les bras coulés le long du corps ;
ce blanc des corsages et des habits de village
que Greuze révèle et qui va mettre dans son
œuvre une sorte de volupté virginale, l'animation de toute la composition, l'agrément des
détails, les coins de tapage, les bruits d'enfance dans cette scène de recueillement et de
récréation pieuse, et jusqu'au petit polisson
qui excite là-bas, près de la grand'mère qui
file, les aboiements d'un chien, tout était ap-
précié, admiré par la foule choisie accourue

chez M. de la Live. Et quand le tableau était
exposé au Salon de 1755, le public, déjà curieux de l'homme et de son talent, déjà prévenu en sa faveur, faisait à l'œuvre de Greuze
une espèce d'ovation.

Greuze, quoique enivré, sentait qu'il manquait à son talent une. éducation et un achè-
vement : le voyage d'Italie. Il partait dans les
derniers mois de 1755. Mme de Valori affirme
qu'il voyagea à ses frais; il est à croire qu'elle
se trompe. Greuze fut emmené et sans doute
défrayé par l'abbé Goujenot, que l'Académie
recevait associé honoraire le 10 janvier 1756,
alors qu'il était encore en Italie, pour le remercier en quelque sorte de s'être chargé
« de conduire en Italie. M. Greuze, dont les
talents, aujourd'hui si connus, ne. faisaient
qu'éclore et venaient de lui mériter le titre
d'agréé [1] ». Jusqu'à Prudhon, l'Italie, les musées; l'art italien, l'art antique, glissent sur
nos artistes sans les toucher : leur temps, leur
goût, la France .et le XVIIIe siècle résistent
en eux aux exemples, au passé, aux sollicitations des chefs-d'œuvre; ils traversent les le-

1. *Éloge de l'abbé Goujenot.* Le Nécrologe.

çons de Rome sans en emporter rien. De ce voyage en Italie, qui n'eut guère plus d'influence sur le talent de Greuze que sur le talent de Boucher, que rapporta Greuze? un souvenir qui demeura vivant et présent dans sa vie au milieu de tant d'autres aventures, une histoire d'amour que Greuze se surprenait parfois dans sa vieillesse à laisser échapper, lorsque les femmes niaient trop haut devant lui le désintéressement des hommes dans les affaires d'amour. L'anecdote est jolie et le témoignage de Mme de Valori lui donne assez d'authenticité pour qu'elle mérite d'être contée. Elle est dans le temps de Casanova comme le dernier soupir de ces vieilles et tendres légendes sur lesquelles travailla le génie de Shakspeare. Elle a comme le dernier parfum de cette terre d'Armide, de ce jardin d'Italie où la jeunesse de nos artistes a trouvé tant d'amour pendant plus d'un siècle. Et quelle chaîne non interrompue, depuis ceux-là auxquels l'Italie donne le plaisir ou le bonheur, la maîtresse ou la femme, jusqu'à ceux qu'elle enivre de passion et qu'elle tue sous le baiser d'un trop grand rêve!

Greuze avait reçu des lettres de recommandation pour le duc del Orr..., qui l'avait parfaitement accueilli. Le duc veuf avait une fille charmante qui aimait la peinture, et dont Greuze devint bientôt le professeur. Au bout de quelques leçons, Greuze amoureux devinait l'amour de Lætitia, c'était le nom de son élève; mais, effrayé de la distance que mettaient entre elle et lui la naissance et la fortune, il fuyait la tentation en ne retournant plus au palais. Enfoncé dans la tristesse, poursuivi par les épigrammes de ses camarades de Rome, par les moqueries de Fragonard, qui ne l'appelait plus que « le chérubin amoureux », — les cheveux blonds et frisés de Greuze prêtaient à la comparaison, — Greuze apprenait que la jeune princesse était malade, sans qu'on pût savoir d'où son mal était venu. Le voilà errant autour du palais, demandant, cherchant des nouvelles, prêt à tout avouer à la malade. Au milieu de son trouble et de ses angoisses, un jour qu'il dessinait à Saint-Pierre, il est rencontré par le duc, qui l'emmène voir dans son palais une acquisition récente, deux têtes du Titien : « Ma fille, ajoutait le duc, se promet de les copier quand elle sera rétablie ; j'espère que vous viendrez la voir travailler, elle le désire. » Et comme, le duc demande à Greuze une copie pour l'envoyer de suite à un de ses parents, Greuze ne peut refuser ; il retourne au palais et y travaille toute la journée. Chaque matin, il s'informe de la santé de Lætitia à la nourrice, l'éternelle nourrice des *Novellieri*, qui a déjà deviné le secret de Lætitia, devine le secret de Greuze, et s'empresse de porter à la malade l'assurance de la passion du peintre, dont l'aveu, selon elle, n'est arrêté que par le respect et la crainte de déplaire. Là-dessus, elle va chercher Greuze, qu'elle introduit secrètement dans la chambre de la princesse malade, toute maigre, mais *ayant encore sa belle tête de Cléopâtre*. Après un premier silence, la princesse, sur la sollicitation de la nourrice, avouait à Greuze qu'elle l'aimait. — « Oui, reprenait-elle après un instant, monsieur Greuze, je vous aime ! Répondez-moi franchement, m'aimez-vous ? » Et comme Greuze demeurait muet de joie et de ravissement, la princesse, se méprenant sur la cause de son silence, se

cachait la tête dans ses mains et fondait en
larmes. Alors Greuze se jetait à ses pieds, parlait avec des baisers, laissait déborder son
cœur. « Je puis donc être heureuse! » s'écriait
Lætitia. Elle frappait ses jolies mains l'une
contre l'autre. C'était une joie d'enfant.
Elle courait et allait embrasser sa nourrice,
elle se redisait son bonheur, comme au matin
on se répète une pensée qui vous éveille en
riant : — « ... Écoutez-moi tous deux, voilà
mon projet : j'aime Greuze et je l'épouse... —
Y songez-vous, ma chère fille! s'écriait la
nourrice; et votre père?... — Mon père n'y
consentira pas, vas-tu me dire, ma bonne; il
n'y consentira pas, je le sais, il veut que
j'épouse son éternel Casa..., le plus vieux, le
plus vilain des hommes, ou le jeune comte Pal-
leri... que je ne connais ni ne veux connaître.
Je suis riche du bien de ma mère, je puis en
disposer et je le donne à Greuze que j'épouse,
qui m'emmène en France, où tu nous suivras. »
Et, se grisant avec l'avenir, elle arrangeait et
détaillait, avec une volubilité délicieuse, la vie
qu'ils mèneraient ensemble à Paris : Greuze
continuerait à travailler, il deviendrait un Ti-

tien, son maître favori; son père, à la fin, serait fier de l'avoir pour gendre. « Ne voulez-vous pas ? » disait-elle naïvement à Greuze; et le rêve recommençait plus fou, plus enivrant. Quand Greuze la revoyait, il avait fait des réflexions sérieuses. La princesse le plaisantait sur son air de réserve et de gravité, combattait ses raisons avec de la folie et de la tendresse, puis devenait furieuse, l'appelait perfide, lui reprochait d'avoir feint de l'aimer pour mieux lui déchirer le cœur, pleurait, s'arrachait les cheveux. Greuze finissait par tomber à ses pieds et jurer de lui obéir aveuglément. Au sortir de l'entrevue, le sang-froid, la vue nette des choses, lui revenaient. Il prévoyait le désespoir du père, sa malédiction, sa vengeance, tout le malheur qui retomberait sur leurs amours; et décidé à ne plus céder, à ne plus revoir Lætitia, à ne plus laisser ses résolutions tourner au souffle de sa parole, il simulait une maladie qui bientôt devenait réelle; elle le tenait trois mois au lit avec la fièvre et le délire [1].

---

1. *L'Accordée de village*, Notice de Mme de Valori.

Quand Greuze fut rétabli, la princesse était prête à se marier. Elle ne demandait qu'un mot du peintre, elle l'implorait de lui pour rompre son mariage. Ce mot, Greuze eut le courage de ne pas le dire ; mais, pris d'une terrible jalousie pour le fiancé de la princesse, qui était jeune, beau, fait pour fixer une femme, le peintre s'enfuyait, après un éternel adieu, emportant secrètement une copie du portrait de Lætitia, qu'il venait de faire pour son père ; copie précieuse à l'amant qui, plus tard, inspirera au peintre ce joli tableau de l'*Embarras d'une couronne,* où l'on croirait voir l'Ingénuité se confesser à l'Amour, un bas-relief de Dorat où passe la flamme d'Anacréon. Et n'avait-il point encore l'image de cette femme sous les yeux, au fond du cœur, devant la pensée, lorsqu'il peignait la *Prière à l'Amour,* et cette belle brune aux cheveux dénoués, aux beaux yeux noirs implorants, aux mains jointes, toute élancée dans une invocation ardente et douloureuse? Au bas de la planche gravée, on lit une dédicace à la princesse Pignatelli : on s'arrête instinctivement à ce nom de princesse italienne placé là

comme une consécration; peut-être comme le
mot et la clef des initiales trompeuses jetées
par Mme de Valori, ainsi qu'un voile sans
doute, sur l'amante et l'amour du peintre.

III.

En 1757, Greuze exposait [1] une suite de
sujets italiens, italiens seulement par les cos-

1. Voici la liste des expositions de Greuze :

1755

L'Aveugle trompé. Hauteur, 2 pieds. Largeur, 1 pied
7 pouces.
Un Père de famille qui lit la Bible à ses enfants. H., 2 p.
L., 2 p. et demi.
Tête d'après nature.
Portraits de M. Sylvestre, directeur de l'Académie; de
M. Lebas, graveur du cabinet du roi.

1757

Une Mère grondant un jeune homme pour avoir renversé
un panier d'œufs que la servante apportait du marché; un
enfant tente de raccommoder un œuf cassé.
Une jeune Italienne congédiant (avec le geste napolitain)
un cavalier portugais, travesti et reconnu par sa suivante.
La Paresseuse italienne.
Un Oiseleur qui, au retour de la chasse, accorde sa gui-

tumes, les accessoires, les *fiascone* de vin d'Orviete. Greuze, répétons-le, reste Français

tare. (Ces quatre tableaux sont dans le costume italien : deux ont 2 p. 3 p. sur 2 p. 11 p. de large, et les deux autres, 1 p. 1 p. de haut sur 1 p. et demi de large. Les deux derniers tableaux appartiennent à M. Boyer de Fonscolombe.)

Portrait de M. Pigalle, sculpteur du roi.

Portrait de M. ***, en ovale.

Un Matelot napolitain.

Un Écolier qui étudie sa leçon.

Deux têtes, l'une d'un petit garçon, l'autre d'une petite fille.

Des Italiens qui jouent à la more; esquisse à l'encre de Chine.

Autres ouvrages.

1759

Le Repos, caractérisé par une femme qui impose silence à son fils, en lui montrant ses autres enfants qui dorment. (Appartenant à M. de Julienne.)

La Simplicité, représentée par une jeune fille. Ovale. H., 2 p.

La Tricoteuse endormie. H., 2 p. L., 1 p. 8 p. (Du cabinet de M. de la Live de Jully.)

La Dévideuse, H., 2 p. 3 p. L., 1 p. 10 p. (Appartenant à M. le marquis de Bandel.)

Une jeune Fille qui pleure la mort de son oiseau. Ovale.

Portrait de M. de *** jouant de la harpe. H., 5 p. 7 p. L., 2 p. 9 p.

Portrait de Mme la marquise de *** accordant sa guitare. H., 2 p. 10 p. L., 2 p. 3 p.

Portrait de M. ***, docteur de la Sorbonne. H., 2 p. 3 p. ., 1 p. 10 p.

en Italie : il échappe à l'air de Rome, à ses
leçons, à la contagion des grandeurs et des

Portrait de Mⁱˡᵉ de ***, sentant une rose.

Portrait de Mⁱˡᵉ de Amici en habit de caractère. H.. 2 p.
L., 1 p. 8 p.

Portrait de M. Babuti, libraire.

Trois têtes, études. (Appartenant à M. Sylvestre, maître à
dessiner du roi.)

Deux têtes. (Appartenant à M. Massé, peintre du roi.)

Une tête. (Appartenant à M. Wille.)

Autre tête.

Deux esquisses à l'encre de Chine.

1761

Portrait de Monseigneur le dauphin. H., 2 p. L., 1 p. 6 p.

Portrait de M. Babuti. H., 2 p. L., 1 p. 6 p.

Portrait de M. Greuze, peint par lui-même. H., 2 p. L.,
1 p. 6 p.

Portrait de Mᵐᵉ Greuze en vestale. H., 2 p. L., 1 p. 8 p.

Un Mariage à l'instant où le père de l'accordée délivre la
dot à son gendre. H., 2 p. 6 p. L., 4 p. 6 p. (Appartenant à
M. le marquis de Marigny.)

Un jeune Berger qui tente le sort pour savoir s'il est aimé
de sa bergère. Ovale. H. 2 p.

Une jeune Blanchisseuse. H., 1 p. 9 p. L., 1 p.

Une tête de nymphe de Diane.

Plusieurs têtes peintes. (Même numéro.)

Des Enfants qui dérobent des marrons ; dessin.

Un Paralytique soigné par sa famille, ou le Fruit de la
bonne éducation. Dessin.

Un Fermier brûlé demandant l'aumône avec sa famille.
Dessin.

beautés de l'art italien. Il reste le disciple du maître parisien dont il reprendra les scènes

1763

Portraits de Monseigneur le duc de Chartres et de Mademoiselle. H., 3 p. 6 p. L., 2 p. 6 p.

Portrait de M. le comte d'Angevillers. H., 2 p. L., 1 p. 6 p.

Portrait de M. le comte de Lupé. H., 2 p. L. 1 p. 6 p.

Portrait de M. Watelet. H., 3 p. L., 2 p. 6 p.

Portrait de Mlle de Pange. H., 1 p. 3 p. L., 1 p.

Portrait de Mme Greuze. Ovale. H., 2 p. 4 p. L., 1 p. 6 p.

Une petite Fille lisant la croix de Jésus. (Du cabinet de Julienne.)

Tête de petit Garçon. (Du cabinet de M. Mariette.)

Tête de petite Fille. (Du cabinet de M. De Presle.)

Autre tête de petite fille. (Du cabinet de M. Damery.)

Le tendre Ressouvenir. (Ces cinq tableaux ont chacun 1 p. 3 p. de haut sur 1 p. de large.)

1765

Une jeune Fille qui pleure son oiseau mort. Ovale de 2 p. de haut. (Appartenant à M. de la Live de la Briche, introducteur des ambassadeurs.)

L'Enfant gâté. H., 2 p. 6 p. L., 2 p. (Appartenant à M. le duc de Praslin.)

Tête de fille. (Appartenant à M. Godefroy.)

Une petite Fille tenant un capucin. (Appartenant à M. de la Live de Jully, introducteur des ambassadeurs.)

Tête de petite fille. (Appartenant à M. le chevalier Damery.)

Une tête en pastel. (Appartenant à M. le baron de Bezenval.) Ces quatre tableaux ont 1 p. 3 p. sur 1 p. de large.

et jusqu'aux titres dans ses coquettes imitations du *Benedicite* et de l'*Écureuse*. Mais en
même temps que ces tableaux médiocres et
sans accent, bruyants et sans effet, où l'on
croirait voir le tapage d'un élève de Boucher

Portrait de M. Watelet, receveur général des finances.
H., 4 p. 6 p. L., 3 p. 6 p.
Portrait de M. Wille, graveur du roi.
Portrait de M. Caffieri, sculpteur du roi.
Portrait de M. Guibert.
Portrait de Mme Tassart.
Portrait de Mme Greuze. (Ces cinq portraits ont 2 p. 6 p.
de haut sur 2 p. de large.)
Portrait de M. de la Live de Jully, introducteur des am-
bassadeurs.
La Mère bien-aimée. Esquisse.
Le Fils ingrat. Esquisse.
Le Fils puni. Esquisse.

1769

L'empereur Sévère reproche à Caracalla, son fils, d'avoir
voulu l'assassiner dans le défilé d'Écosse.
La Mère bien-aimée, caressée par ses enfants. H., 3 p.
L., 4 p.
Jeune Fille qui fait sa prière au pied de l'autel de l'Amour.
H., 5 p. L., 4 p. 6 p. (Appartenant à M. le duc de Choiseul.)
Jeune Enfant jouant avec un chien. H., 2 p. L. 1 p. 6 p.
Portrait du prince héréditaire de Saxe. H., 1 p. 6 p.
L., 1 p. 3 p.
Portrait de M. Jeaurat. H., 2 p. 6 p. L., 2 p.
Portrait de M. de ***. H., 2 p. 6 p. L., 2 p.

dans la composition d'un élève de Chardin, Greuze envoyait deux têtes, l'une d'un petit garçon, l'autre d'une petite fille, qui, ouvrant en souriant l'aimable galerie de ses portraits d'enfants, commençaient et révélaient la

Trois Têtes d'enfant. (Même numéro.)

La Mort d'un père de famille regretté par ses enfants. Dessin.

La Mort d'un père de famille dénaturé, abandonné par ses enfants. Dessin.

L'Avare et ses enfants. Dessin.

La Bénédiction paternelle. Dessin.

Le Départ de la bercelonnette. Dessin.

La Consolation de la vieillesse. Dessin.

Retiré des expositions à partir de l'année 1769, dans son dépit orgueilleux, Greuze devenait un des membres assidus du *Salon de la Correspondance* et exposait chez La Blancherie.

1779

Une Tête de jeune fille. — *Premier Projet du Gâteau des rois.*

1782

Grand tableau représentant : *Une jeune Fille aux pieds d'une statue de l'Amour, à qui elle fait une invocation.*

1783

Dessin au bistre : *La Marchande de marrons* (du cabinet de M. Damery). *La Dame de charité* (du cabinet de M. Dufresnoy, notaire.

1785

Tête de vestale (du cabinet de M. le duc de Chabot).

grâce de son œuvre. Encore aujourd'hui, le
charme de Greuze, sa vocation, son originalité, sa force apparaît là, et ne se montre que
là, dans ces têtes enfantines. Elles seules
rachètent toutes les faiblesses, toutes les
faussetés et toutes les misères de couleur si
visibles dans les grands tableaux de Greuze,
les blancs baveux, la gamme générale à la
fois sourde et grise, le délayage des tons violet et gorge-de-pigeon, l'indécision des rouges,
la saleté des bleus, la mollesse et le barbo-
tage des fonds, l'épaisseur des ombres. Depuis
que la mode a abandonné ces pages tant admirées, on dirait que la lumière les a quittées :
c'est une peinture de porcelaine qui tourne
au noir. Mais que l'on rouvre les yeux sur
une de ces petites têtes blondes qu'un rayon
éveille, que le soleil caresse et frise, on sent
que la main, la main inspirée d'un véritable
peintre a passé sur ces joues fouettées par le
pinceau du rouge de la santé, a bombé et
lissé ce petit front où le jour vit, a mis dans
cet œil au regard bleu l'éclair et le ciel, a jeté
une caresse d'ombre sous le sourcil ébauché,
a fait de l'arc de la bouche, pressé par les

deux joues, la moue d'un chérubin. Rien de plus frais, rien de plus vivement et de plus légèrement touché : le ton est tendre et comme tout mouillé d'huile, l'empâtement fleurit la chair en l'effleurant; la physionomie naissante, les formes à peine dégagées semblent, sous le frottis qui badine avec elles, trembler comme les choses à l'aube. Une vie grasse anime toutes ces petites figures joufflues, qu'on croit avoir déjà vues animées d'une vie solide dans les portraits de famille de Van Dyck [1].

1. Il n'est pas sans intérêt de donner ici une note de Greuze adressée à Ducreux, et contenant pour ainsi dire le catéchisme de sa pratique :

« *Finissé vos ouvrages tant que vous pourrés, revenés y trente fois si il le faut, vos fonds bien empastes tachés de faire au premier coup et ne craignés jamais de revenir après pourvu que cé soit en glacis; nempastés jamais vos dentelles ni vos gazes; soyés piquant si vous ne pouvés pas être vrai, ne faites jamais vos tete plus grosse que nature ni au dessous autant qu'il vous sera possible. Faites des etudes pour vous orner la mémoire surtout du paysage pour devenir armonieux, nentreprenés que ce que vous pourrés faire dans votre essence et hatés vous lentement, taché d'établir si il est possible vos ombres et de les degrader surtout pour les grandes masses et alors ne posé votre ton quaprès lavoir comparés du fort au foible vous serés toujours surs de faire tourner.*

« *Faites des etudes avant que de peindre en dessinant surtout.* » (*Note autographe de Greuze, communiquée par M. A. Wyatt-Thibaudeau.*)

1.   25

Peintre de l'enfance, Greuze est presque un maître lorsqu'il touche à la tête de la jeune fille. Il excelle à représenter cette beauté de la femme qui se lève et flotte encore dans les traits de la petite fille. Il a des finesses, des tendresses de ton adorables pour les chevelures à peine retenues par un ruban, envolées, poudroyantes, pour le rayonnement doré que la naissance des cheveux fait au haut d'un front, pour le réseau des petites veines bleues ramifiées à la tempe. Il donne à l'œil de la jeune fille la profondeur et la flamme voilée; il sait rendre le *noyé* du regard, en attendrir l'expression, en mouiller la lueur, faire trembler l'émotion ou la passion dans la douceur d'une larme arrêtée par les cils. Il anime tout de jeunesse : la narine est frémissante, un souffle entr'ouvre la bouche, les lèvres pleines se tendent et s'avancent dans un vague mouvement d'aspiration. Des glacis relevés de martelages de pâte sèche, des traînées de lumière jetées sur des demi-teintes fluides et qui éclatent sur l'inconsistance des dessous, il n'en faut pas plus à Greuze pour faire sortir de la toile tous ces jolis visages, ces teints rosés, cette chair blanche,

douillette et chaude, vivante de sang, baignée
de soleil, ces cous effilés, ces épaules rondissantes et caressantes à l'œil comme un couple
de colombes, ces seins gonflés hier, sur lesquels passe et joue le reflet d'une gaze; bonnes
fortunes du coloriste, morceaux peints d'instinct, enlevés de verve, qui parfois rappellent
le grand maître dont Greuze, grimpé sur une
échelle, en compagnie de son ami Wille, au
Luxembourg, interrogeait le génie, dont il
flairait la peinture, le nez sur la toile pendant
de longues heures : Rubens! Et ne faut-il pas
toujours revenir à ce grand nom, comme à la
grande source de tous nos talents français?
Tous descendent de ce père et de ce large
initiateur, Watteau comme Boucher, Boucher
comme Chardin. Pendant cent ans, il semble
que la peinture de la France n'ait d'autre berceau, d'autre école, d'autre patrie que la
Galerie du Luxembourg, la Vie de Marie de
Médicis : le Dieu est là.

Déjà du vivant de Greuze, c'étaient ces
têtes qui faisaient le régal des connaisseurs, la
tentation des fins amateurs. Il faut voir la
fièvre de joie du graveur Wille, lorsqu'il les

achète, l'orgueil avec lequel il en inscrit l'acquisition dans son journal, la fermeté qu'il met à
les défendre contre les convoitises du comte
de Vence. Il s'enflamme sur leurs beautés, il
les estime précieuses entre les plus précieuses
peintures de l'époque; il les couvre de beaux
louis tout neufs. Le peintre, malgré son nom
qui se faisait jour, était loin d'être riche; et ce
fut une providence dans la gêne de ces commencements que cet enthousiasme d'un ami
pour les têtes de jeunes filles échappant si
facilement à son pinceau. Wille l'aide, le
pousse, le vante, le fait connaître, le met en
relation avec l'Allemagne, ce grand marché et
ce grand débouché de l'art français. Il envoie
les étrangers qui viennent chez lui demander
leur portrait à Greuze; il lui rend les mille
services dont Greuze le payera par un chef-
d'œuvre. Un jour, Wille, invité à prendre le
chocolat chez Mme Greuze, était prié par son
mari de se placer auprès de son chevalet; et
Greuze, avec le feu de la reconnaissance et
un certain entraînement de cœur, faisait du
graveur saxon à la physionomie dure, aux joues
couperosées, au petit œil ardent et effaré, ce

beau portrait dont la forte et vivante peinture
efface tout ce que le modèle avait d'ingrat[1].

L'exposition de Greuze au Salon 1759 réus-
sissait auprès du public. Deux années après,
en 1761, un tableau qu'il finissait pendant
l'exposition, et qui n'était exposé que pendant
les dix derniers jours du Salon, l'*Accordée de
village,* emportait l'admiration générale. C'était
une acclamation, une émeute d'enthousiasme,
un prodigieux succès répandu partout, qui
remplissait les salons, qui montait même sur
les théâtres : dans les *Noces d'Arlequin* jouées
la même année, le Théâtre-Italien faisait au
peintre l'honneur, jusque-là sans exemple, de
représenter son tableau sur la scène[2]. Le
public fermait les yeux sur l'inharmonie des
couleurs, le désaccord des tons, le désagrément des nuances, sur le papillotage des
lumières, sur toutes les taches et les insuffi-
sances d'exécution du chef-d'œuvre : il était
fasciné, ravi, pénétré par la scène, l'idée,
l'émotion circulant dans la toile. Il ne voyait

1. *Mémoires et Journal de Jean-Georges Wille,* publiés par
G. Duplessis. Renouard, 1857.
2. *Histoire du Théâtre-Italien,* par Desboulmiers, vol. VII.

que la bonhomie du vieux père, l'heureux
mouvement de la mère se rattachant par une
dernière étreinte au bras de sa fille, la tristesse
de la sœur cadette cachant ses larmes, la
curiosité naïve de l'enfant se haussant sur la
pointe des pieds, le groupe aimable des fiancés,
l'embarras pudique du bonheur de la jeune
fille, le combat sur son visage de l'amour et
des regrets, du cœur de l'enfant et des pensées de l'épouse. On battait des mains à la
délicatesse des détails, à l'esprit des riens que
la pensée du peintre avait touchés çà et là, à
l'ingéniosité de toutes ses intentions, à cet
abandon du bras de la fiancée laissant pendre
le bout de ses doigts sur la main du fiancé, à
l'allégorie du premier plan où l'on voyait une
poule et ses petits, et sur le bord de la terrine,
le poussin, bec en l'air, cou tendu, essayant
ses ailerons. C'étaient dix jours de triomphe;
et le tableau était encore l'événement et l'en-
tretien de Paris, du monde des artistes, du
monde des curieux, lorsqu'il quittait le Louvre
pour entrer dans le cabinet de M. de Marigny [1].

1. Payée 3,000 livres par M. de Marigny, l'*Accordée de vil-*

IV.

Le succès de ce tableau affermissait Greuze dans sa voie, dans sa vocation, la représentation des mœurs bourgeoises et populaires, à laquelle prenaient goût la curiosité et l'intérêt du grand monde lassé de galanteries mythologiques, de nudités friponnes et de *tableautins* galants. Le peintre se mettait en quête de matériaux, d'idées, de modèles, d'inspirations dans le Paris où Mercier glanait ses observations [1], cherchant, comme ce peintre à la plume, ses notes et ses croquis dans la rue et dans les faubourgs, dans les marchés, sur les quais, en plein peuple, en pleine foule. Il

lage était achetée à sa vente (1781), pour le roi, 16,650 livres Ce tableau est maintenant exposé au Louvre.

1. Le vieux Mercier disait à Delort sur une banquette du restaurant Labbaye : « Greuze et moi, nous sommes deux grands peintres, du moins Greuze me reconnaissait pour tel... Greuze, qui m'aimait, voulut me céder son logement à la galerie du Louvre, rue des Orties, parce qu'il n'avait point de soleil, et moi je n'ai pas besoin de soleil pour écrire. » (*Mes Voyages aux environs de Paris*, par Delort. Paris, 1821; vol. II.)

se promenait, il écrivait, il essayait de saisir
sur le vif, toutes brutes, toutes chaudes, les
passions humaines. Le soir, il allait voir s'agi-
ter la vie nocturne de la grande ville aux petits
spectacles, aux guinguettes, aux parades, aux
cafés de ces boulevards qui ne dormaient point.
Il battait le pavé, trouvant ici une figure, là un
trait, parfois illuminé tout d'un coup par un
mot qui lui traçait dans la tête un tableau[1].
Ecoutez-le raconter au *Journal de Paris* comment il attrape au vol, en passant sur le Pont-
Neuf, son sujet de *la Belle-Mère* :

« 13 *avril* 1781.

*Permettez, messieurs, que je profite de la voie de votre
journal pour donner une note historique de l'estampe que je
dois mettre au jour le 28 du présent mois et que j'ai fait graver par M. le Vasseur. Elle a pour titre la* Belle-Mère. *Il y
avait longtemps que j'avais envie de tracer ce caractère, mais
à chaque esquisse l'expression de la belle-mère me paraissait
toujours insuffisante. Un jour, en passant sur le Pont-Neuf,
je vis deux femmes qui se parlaient avec beaucoup de véhé-
mence; l'une d'elles répandait des larmes et s'écriait :* Quelle
belle-mère ! Oui, elle lui donne du pain, mais elle lui brise
les dents avec le pain. *Ce fut un coup de lumière pour moi;*

1. *Nouvelles des arts,* par Landon, an XIII, vol. IV. —
L'Espion anglais, vol. X.

*je retournai à la maison et je traçai le plan de mon tableau,
qui est de cinq figures : la belle-mère, la fille de la défunte,
la grand'mère de l'orpheline, la fille de la belle-mère et un
enfant de trois ans. Je suppose que c'est l'heure du dîner et
que la jeune infortunée va se mettre à table comme les autres ;
alors la belle-mère prend un morceau de pain sur la table, et,
la retenant par son tablier, elle lui en donne par le visage.
J'ai tâché de peindre dans ce moment le caractère de haine
réfléchie qui vient ordinairement d'une haine invétérée. La
jeune fille cherche à l'éviter et semble lui dire :* Pourquoi me
frappez-vous? je ne vous fais point de mal. *Son expression
est la modestie et la crainte. Sa grand'mère est à l'autre bout
de la table : pénétrée de la plus vive douleur, elle élève vers
le ciel ses yeux et ses mains tremblantes, et semble dire :
« Ah! ma fille, où es-tu? Que de malheurs, que d'amertume! »
La fille de la belle-mère, peu sensible au sort de sa sœur, rit
en voyant le désespoir de cette femme respectable, et avertit
sa mère en la tournant en ridicule. Le petit enfant, qui n'a
pas encore le cœur corrompu, tend ses bras reconnaissants vers
sa sœur, qui prend soin de lui. Enfin, j'ai voulu peindre une
femme qui maltraite un enfant qui ne lui appartient pas et
qui, par un double crime, a corrompu le cœur de sa propre
fille. »*

Malheureusement, il était plutôt dans le
génie de Greuze de goûter le vrai que de l'oser,
de s'inspirer de la nature que de la respecter.
La vérité n'était pour lui qu'un point de départ.
Il se croyait obligé d'arranger le sujet qui lui
était jeté ainsi par le hasard de la rue. Il pré-

tait de l'esprit au cœur, des intentions à la
passion, une élégance à la grâce. Il mettait de
la manière dans la naïveté et de la convention
dans le pathétique. Ses croquades, ses silhouettes de la rue, en passant du papier sur
la toile, de sa feuille d'étude à la scène de son
tableau, perdaient la sincérité du mouvement
et comme la franchise de la vie. Idées, expressions, lignes, tout devenait fatalement aimable
sous les pinceaux de l'homme qui devait changer la croix en flèches brisées dans les mains
de Sainte Marie l'Égyptienne. Feuilletez son
œuvre : vous le verrez enjoliver la Misère après
avoir enjolivé la Beauté. Ses enfants, ses petits
déguenillés à la culotte fendue, regardez-les
bien : ne sont-ce pas des amours de Boucher
habillés en Savoyards et descendus par la cheminée? Il y a quelque chose comme la main
d'un metteur en scène qui passe dans toutes
ces compositions : les personnages jouent et
font tableau, les occupations semblent réglées,
le travail est un simulacre, les savonneuses ne
savonnent pas. Les murs mêmes, les fonds,
les chambres, les intérieurs ont la rusticité
convenue et décorative d'une chaumière du

temps dans un parc de grand seigneur. Un
opéra-comique arrêté sur un coup de théâtre,
n'est-ce pas toujours l'effet d'une toile de
Greuze?

En même temps qu'elle fixait le genre du
peintre, l'*Accordée de village* décidait la vocation des idées de Greuze. Il devenait le peintre
de la Vertu. Il se faisait le disciple de Diderot,
de Diderot son maître et son flatteur ; il dessinait, il composait d'après les règles et la
poétique du philosophe ; il aspirait à réaliser
le programme jeté en tête de son théâtre ; il
visait, comme lui, à faire résonner ou frémir
dans les âmes la corde de « l'honnête ». Il voulait, avec des couleurs et des lignes, toucher
d'une manière intime et profonde, émouvoir,
inspirer l'amour du bien, la haine du vice.
D'un art d'imitation, il voulait faire un art
moral ; de ses toiles, une école où le sentiment
serait dramatisé comme dans le *Père de famille*
ou le *Fils naturel*. Sa grande ambition n'était
plus de montrer la main, l'âme, le génie du
peintre, de faire toucher, avec les yeux, de la
chair, du soleil, de la vie ; il assignait des
devoirs à son talent, il lui donnait charge

d'âmes. Entrer jusqu'au cœur du public comme
y entrent le poëte, l'orateur, le romancier ;
atteindre au succès d'émotion du *Doyen de
Killerine* ou de *Cleveland,* jeter aux regards une
forme qui dégage une idée, incarner la morale
domestique, provoquer les bonnes mœurs à
coups de pinceau, les répandre par l'image : tel
fut le rêve qui abusa le peintre prédestiné à
fonder en France la déplorable école de la
peinture littéraire et de l'art moralisateur.

L'idée morale poursuit le peintre dans
toute son œuvre. Greuze est sans cesse occupé
à l'indiquer, à la souligner ; il ne la trouve
jamais assez visible, assez lisible ; il la signifie
par le titre de ses sujets ; souvent même, pour
la faire plus parlante, il la jette, la répand,
l'explique et la commente en marge de ses
esquisses. Que de *moralités* autour de ses allégories! La pensée jaillit avec le flot autour de
ses barques de bonheur et de malheur, représentant la félicité ou le malheur du ménage.
« *Le but du mariage : Deux estres se réu-
nissent pour se garer des malheurs de la vie...
Je suppose que la vie est un fleuve...* » J'ai vu
cela, de sa main, crayonné à la hâte sous un

bateau voguant au gré de l'eau, qui portait un
homme, une femme et des enfants. Hogarth,
développant en une série de planches la vie du
libertin, l'industrie et la paresse, était un
exemple qui le tentait. Greuze rêvait des
déploiements de caractère, de passions, d'aventures qui eussent déroulé, de tableaux en tableaux, la morale d'un roman de Rétif de la
Bretonne. Il nourrissait le projet de peindre en
partie double l'histoire d'une bonne et d'une
mauvaise vie. Et le fond de l'homme, l'âme du
peintre, où les trouver? Dans une confidence
de son imagination, dans la dictée de *Bazile et
Thibaut, ou les Deux Éducations,* le canevas d'un
roman en vingt-six tableaux dont la fin était
la sentence de mort de Thibaut le meurtrier,
prononcée par son ancien ami Bazile, devenu
lieutenant-criminel[1].

1. *Annuaire des artistes,* 1861. *Un Roman de Greuze,* par
Ph. de Chennevières. C'est le roman dont parlait le *Journal
de l'Empire* (11 frimaire an XIV). « ... Greuze avait conçu le
projet de représenter dans une galerie les événements différents que la bonne ou mauvaise éducation reçue dans l'enfance
peut amener dans le cours de la vie. On a dû trouver dans ses
papiers le plan de ce petit roman dont il se plaisait beaucoup
à parler, mais qu'il n'a jamais exécuté. »

V

Il y avait dix ans que Greuze était agréé. Malgré toutes les sollicitations, il n'avait point encore envoyé à l'Académie le chef-d'œuvre
présenté d'ordinaire par les agréés dans les
six mois de leur réception, et décidant leur
nomination d'académiciens. Le succès crois-
sant de Greuze, l'estime que l'Académie faisait de son talent, la crainte qu'elle avait de
paraître méconnaître ou jalouser un peintre
qui ne lui ménageait pas les mépris, tout cela
décidait les académiciens à exiger de Greuze
qu'il déférât dans le délai le plus court aux
obligations du règlement, et qu'il prît dans
l'Académie la place que le public lui donnait.
En 1767, Greuze ne s'étant point encore occupé de les satisfaire, ils lui interdisaient l'exposition du Salon [1]. Mais la rigueur de la me-

1. *Mémoires pour servir à l'histoire de la république des
lettres,* vol. III.

sure était atténuée et expliquée par une lettre
de Cochin, singulièrement flatteuse, et qui
témoignait officiellement à l'agréé tout le désir
que l'Académie avait de le posséder. La réponse
de Greuze à cette lettre était, au dire de Diderot, un modèle de vanité et d'impertinence :
« un chef-d'œuvre seul pouvait la faire pardonner ». Enfin, le 29 juillet 1769, Greuze
consentait à apporter à l'Académie un morceau de réception. Il avait choisi pour sujet :
« Septime Sévère reprochant à son fils Caracalla d'avoir attenté à sa vie dans les défilés
d'Écosse et lui disant : « Si tu désires ma
« mort, ordonne à Papinien de me la donner. »

L'Académie assemblée, le tableau exposé
sur un chevalet subissait l'examen des académiciens, tandis que Greuze attendait dans une
pièce d'attente, sans grande inquiétude. Au
bout d'une heure, la porte de la salle d'exposition s'ouvre à deux battants. Greuze entre.
« Monsieur, lui dit le directeur, l'Académie
vous reçoit. Approchez et prêtez serment. »
Les cérémonies de la réception terminées :
« Monsieur, reprenait le directeur, l'Académie
vous a reçu, mais c'est comme peintre de

genre ¹; elle a eu égard à vos anciennes productions, qui sont excellentes; elle a fermé
les yeux sur celle-ci, qui n'est digne ni d'elle
ni de vous. » Greuze sentait le coup, la phrase
lui entrait au cœur. Place de professeur, fonctions honorifiques, l'Académie enlevait d'un
mot à ses ambitions tout ce qui était le privilége du peintre d'histoire. Étourdi, perdant la
tête, Greuze, qui avait tout à la fois d'un
enfant la timidité et l'orgueil, voulait répondre, se défendre, soutenir l'excellence de
son tableau. L'Académie l'écoutait en souriant, et l'on vit le moment où Lagrenée,
tirant un crayon de sa poche, allait marquer
sur la toile les incorrections des figures².

L'Académie n'avait fait qu'apprécier juste-

1. L'Académie attacha une certaine importance à cette
réception de Greuze uniquement comme peintre de genre.
Une communication de M. Duvivier, de l'École des Beaux-
Arts, nous apprend que sur les registres de l'Académie, les
mots *peintre de genre* ont été renvoyés en marge du procès-
verbal et signés comme approbation spéciale du renvoi par
MM. Lemoine, directeur; Boucher et Dumont le Romain,
recteurs, et Allegrain, professeur. D'ordinaire, les renvois
étaient simplement paraphés par Cochin.

2. *Supplément aux OEuvres de Diderot;* Belin, 1818. *Lettres
sur le Salon de* 1769.

ment le tableau d'histoire de Greuze. Diderot lui-même, qui a pour le peintre de sa Morale une si partiale indulgence et tant d'entrailles, Diderot est obligé d'abandonner la défense de son tableau académique ; il a beau chercher, il ne peut trouver de passable dans toute la toile que la tête de Papinien et la tête du sénateur. Du jugement de l'Académie, Greuze appelait au jugement de ce public qui l'avait tant gâté et gonflé, se faisait gazetier, écrivait à l'*Avant-Coureur.*

LETTRE DE M. GREUZE
A L'AUTEUR DE L'AVANT-COUREUR.

En continuant de rendre compte dans votre dernière feuille, des tableaux exposés au Salon, vous avez commis à mon égard deux injustices, qu'en galant homme vous devez réparer dans la prochaine. D'abord, au lieu de me traiter comme les autres peintres, mes confrères, en payant à chacun d'eux, dans un petit nombre de lignes, le tribut de louanges qu'ils méritent, vous vous êtes étendu avec affectation sur mon tableau d'histoire, pour apprendre au public, comment le Poussin, selon vous, aurait traité le même sujet. Je ne doute pas, monsieur, qu'il n'en eût fait un tableau sublime, mais à coup sûr il s'y serait pris autrement que vous ne le dites. Je vous supplie d'être persuadé que j'ai étudié, aussi bien que vous l'avez pu faire, les ouvrages de ce grand homme et que j'y ai surtout

cherché l'art de mettre de l'expression dans les figures. Vous
avez porté, il est vrai, vos vues plus loin, puisque vous avez
remarqué qu'il mettait les agrafes des manteaux du côté
droit, tandis que j'ai mis celle de la robe de Caracalla du
côté gauche : voilà une erreur bien grave, j'en conviens ; mais
je ne me rends pas si aisément sur le caractère que vous
prétendez qu'il aurait donné à l'empereur. Tout le monde sait
que Sévère était le plus emporté, le plus violent des hommes ;
et vous voudriez que lorsqu'il dit à son fils : Si tu désires ma
mort, ordonne à Papinien de me la donner avec cette épée,
il eût dans mon tableau, comme l'aurait pu avoir Salomon en
pareille circonstance, un air calme et tranquille ; j'en fais
juge tout homme sensé, était-ce là l'expression qu'il fallait
peindre sur la physionomie de ce redoutable empereur.

Une autre injustice bien plus grande encore, c'est, après
vous être étudié à deviner comment le Poussin aurait traité ce
sujet, d'avoir voulu imaginer que j'eusse eu l'idée de peindre
Géta, frère de Caracalla, dans le personnage que j'ai placé
derrière Papinien. Premièrement Géta n'était point présent à
cette scène, c'était Castor, chambellan et le plus fidèle domestique de Sévère suivant Moréri. Secondement, en supposant
gratuitement comme vous le faites, que j'ai eu le dessein de
représenter Géta, vous auriez dû me reprocher de l'avoir peint
trop vieux, il était le cadet de Caracalla. Troisièmement,
j'aurais encore eu le tort de ne pas le peindre en habit de
guerre. Voyez, monsieur, que d'absurdités vous me prêtez,
pour avoir voulu exercer votre critique. Je vous crois trop honnête homme pour me refuser la satisfaction de rendre ma
lettre publique dans votre feuille de lundi. Il doit m'être permis d'expliquer mon tableau tel que je l'ai conçu et de redres-
ser l'interprétation que vous en avez donnée sans me consulter,
sans consulter l'histoire.

Aurez-vous envie de décourager un artiste qui sacrifie tout pour mériter les bontés dont le public l'a honoré jusqu'à présent? Pourquoi, dès mon premier essai, m'attaquer si ouvertement sur un genre nouveau, que je me flatte de perfectionner avec le temps. Pourquoi m'opposer seul entre tous mes confrères, au plus savant peintre de notre école? Si vous l'avez fait pour me flatter, le tour n'est pas heureux, car je n'ai vu dans tout cet article qu'un dessein marqué de me désobliger. Je ne reconnaîtrai que vous n'avez pas eu cette intention, indigne de tout écrivain impartial, que quand vous aurez bien voulu imprimer ma lettre dans vos feuilles.

Je suis etc.

(Numéro de l'*Avant-Coureur* du lundi 25 sept. 1769.)

Le public restait froid, et une petite brochure traduisait et expliquait ce refroidissement et ce désappointement, en proclamant Greuze « vrai dans le simple, sublime dans le naïf, mais incapable dans le genre héroïque ». Pourquoi, disait le critique à Greuze, au lieu de prendre le sujet indiqué par Diderot, la mort de Brutus, avoir été déterrer un événement ignoré, un fait énigmatique et compliqué que l'art ne peut rendre? Et après une analyse des défauts de composition, de dessin et de couleur, déparant ce tableau, il demandait si Téniers était moins Téniers pour n'avoir pas peint la cour d'Auguste, et si Préville n'était pas un des premiers acteurs de la Comédie-Française pour ne pas jouer le rôle de Mithridate? *In pelle propria quiesce,* c'était le dernier trait de cette critique résumant en un mot le conseil et le vœu de l'opinion[1].

Cet insuccès, cet avortement de Greuze, cette défaillance dans la grandeur, la noblesse, le pathétique sévère de l'histoire, n'avaient-ils d'autre raison que le tempérament du peintre, le défaut d'élévation d'un génie facile, mais étroit, le vice de coquetterie d'un dessinateur sans puissance? Son défenseur et son confesseur, Diderot, veut que les hauteurs de l'art, les grandes œuvres aient échappé à Greuze, non parce qu'il manquait de quoi y atteindre, mais parce qu'il eut toujours dans sa vie un tourment, une fatalité, une misère journalière et domestique appesantie sur lui et tenant courbées les facultés de l'artiste sous les ennuis de l'homme et les peines du mari. Le ménage, selon lui, lia Greuze et l'abaissa. La femme qu'il avait assise à son foyer, la jolie Gabrielle

1. *Lettres sur l'exposition des ouvrages de peinture et de sculpture au Salon du Louvre;* 1769.

Babuty, flétrit quelque chose de l'âme de l'artiste en lui donnant la passion de l'argent. A force d'exigences, de débats, de violences, de tortures sottes et de méchancetés bêtes, elle enleva à l'imagination de Greuze la paix, le ressort, le courage de l'effort, la liberté et le silence d'esprit qui bercent la création des choses belles et fortes. Diderot la montre lassant le peintre avec ses taquineries, le diminuant avec ses petitesses, usant ses forces morales, dérangeant ses journées et son labeur, tracassant nuit et jour ses pensées, ses compositions, ses esquisses, mettant un enfer autour de son chevalet, le caprice de ces inconstances autour de son travail. C'est son ouvrage et sa faute que le tableau académique de son mari; elle a fait traîner et languir l'œuvre commencée depuis huit mois, elle a inspiré et commandé les malheureux changements qui ont gâté l'esquisse, une esquisse sublime. Que Diderot exagère, qu'il cède à l'illusion en croyant qu'une femme est capable de faire le jour ou l'ombre dans l'inspiration d'un peintre, d'être le bon ou le mauvais génie de sa palette, sa déposition n'en est pas moins précieuse.

Si elle n'apporte rien à la critique, elle donne
à la biographie le secret des chagrins de
Greuze, elle éclaire la plaie de sa vie.

Revenons au mariage du peintre, à cette
femme, d'abord adorée par lui, son enchantement, ses amours. La voici vivante, parlante,
souriante dans le croquis de Diderot, comme
dans un médaillon battu d'un coup de soleil :
— « Je l'ai bien aimée, quand j'étais jeune et
qu'elle s'appelait mademoiselle Babuty. Elle
occupait une petite boutique de libraire sur le
quai des Augustins, poupine, blanche et droite
comme le lys, vermeille comme la rose. J'en-
trais avec cet air vif, ardent et fou que j'avais,
je lui disais : « Mademoiselle, les Contes de La
« Fontaine, un Pétrone, s'il vous plaît. — Mon-
« sieur, les voilà. Ne vous faut-il pas d'autres
« livres? — Pardonnez-moi, mademoiselle ;
« mais... — Dites toujours. — La Religieuse en
« chemise... — Fi donc! monsieur; est-ce qu'on
« a, est-ce qu'on lit ces vilenies-là? — Ah! ah!
« ce sont des vilenies, mademoiselle? Moi, je
« n'en savais rien... » Et puis un autre jour,
quand je repassais, elle souriait, et moi aussi[1]. »

1. OEuvres de Diderot; Salon de 1764.

Greuze passait devant cette boutique quelques jours après son retour de Rome. Comme
Diderot, il entrait; comme Diderot, il revenait; puis un beau jour, à force de revenir, il
se mariait, ou plutôt il se trouvait marié sans
avoir fait grand'chose pour cela. Il prenait bien
vite son parti d'être heureux. Sa femme était
charmante. Elle avait la jolie tête que les pinceaux de son mari ne pourront oublier, et que
son talent aimera toujours : une mine d'enfant,
un front rond et tout uni, des sourcils écartés
de l'œil qui prêtaient à la physionomie une
expression de naïveté, de longs cils qui donnaient au regard baissé de l'ombre et de la
caresse, un petit nez de jeune fille, fin, droit,
éveillé, une bouche humide, découpée, coquette, l'ovale juvénile et encore plein, la chair
douillette et délicate, une rondeur aimable, un
petit air de sentiment relevant et animant ce
que le visage avait d'un peu moutonnier, —
c'était de cela qu'était faite la beauté de
Mme Greuze, la beauté dont vous retrouverez
les traits, le charme typique, une sorte de
figuration officielle dans la petite estampe de
Massard. Mais la femme même, un autre por-

trait vous la représentera mieux; la ressemblance sera plus intime, l'individualité plus
apparente et plus signifiée dans le tableau où
Mme Greuze est peinte dans son intérieur sous
le titre de la *Philosophie endormie*. Ici, la Volupté
se dégage et paraît sous la Jeunesse. C'est
Mme Greuze surprise dans son sommeil et trahie
par le sourire d'un rêve. Assise et comme
glissée sur une bergère, elle a la tête renversée
de côté contre l'oreiller jeté sur le dossier du
siége. Un *battant l'œil* ouvert et flottant met
autour de ses cheveux roulés, la blancheur et
la légèreté de son chiffonnage. L'espèce de
gilet déboutonné qui enferme sa poitrine et
soutient sa gorge s'écarte sur un fichu de cou.
De ses deux bras abandonnés, l'un pose sur
un livre ouvert que porte une table, l'autre
descend le long du corps jusque sur le genou,
où veille, couché, un carlin aux oreilles rognées,
au mufle froncé, aux yeux en colère. A ses
pieds, auprès de ses mules aux hauts talons,
elle a laissé tomber son tambour à broder et
glisser sa bobine. Elle dort de tout le corps;
le sommeil la possède et délie ses membres
sous le déshabillé, tout ruché et tout festonné,

dont les lignes et les plis paraissent prendre la mollesse et l'abandon de la dormeuse. Les étoffes sont comme affaissées, la toilette est entr'ouverte, la pose est morte, les paupières sont closes, la bouche est chatouillée, l'haleine palpite..... Et ne semble-t-il pas qu'un songe de plaisir baise cette femme sur les yeux?

Greuze peindra encore sa femme d'une façon un peu moins voilée dans la *Mère bien-aimée* sortant la tête de cette couronne de têtes d'enfants qui l'étouffent de baisers, avec un air et un rire qui mettent sous la plume de Diderot un rappel à la pudeur adressée au peintre et au mari.

Il faut dire, pour l'excuse de Greuze, qu'en peignant ainsi sa femme il ne faisait que la peindre en pied. Mᵐᵉ Greuze était, au moral aussi bien qu'au physique, la *Voluptueuse* qu'il représentait dans ses tableaux. Huit ans ne s'étaient pas écoulés depuis leur union, qu'elle avait fait éprouver à Greuze tout ce que l'infidélité conjugale a de plus amer, poussant l'adultère jusqu'à cette effronterie, le cynisme jusqu'à cette insolence dont rien ne peut donner l'idée, si ce n'est le Mémoire navrant

du malheureux mari, que nous croyons devoir donner ici comme le document le plus
intime sur les mauvais ménages d'artistes au
XVIIIe siècle :

*Citoyen[1], je vais vous révéler, malgré moi,
des choses sur lesquelles j'avais jeté un voile
funèbre ; vous verrez que l'on a entassé outrages
sur outrages ; mon honneur, ma vie, ma fortune
et celle de mes enfants, engloutis par une mère
dénaturée.*

*Peu de jours après être arrivé de Rome, je
ne sais par quelle fatalité, je passai dans la rue
Saint-Jacques, j'aperçus Mlle Babuty dans son
comptoir ; elle était la fille d'un libraire ; je fus
frappé d'admiration, car elle avait une très-belle
figure ; je demandai à acheter des livres pour
avoir le temps de l'examiner ; sa physionomie
était sans caractère et même moutonnière ; je lui
fis des compliments tant qu'elle en voulut ; elle me*

1. Ce Mémoire, possédé par M. Jules Boilly, a déjà été
publié, avec de curieuses annotations, dans les *Archives des
Arts* par notre ami M. de Chennevières, qui le donne pour un
Mémoire dicté par Greuze en vue d'une séparation juridique,
vers 1791.

connaissait; ma réputation était déjà commencée, j'étais reçu de l'Académie. Elle avait déjà près de trente et quelques années, par conséquent menacée de faire la sainte Catherine toute sa vie; elle employa toutes les cajoleries possibles pour m'engager de l'aller revoir, et que je n'avais que faire de prétextes, que l'on me verrait toujours avec plaisir. Je continuai à faire des visites pendant à peu près l'espace d'un mois. Un après-midi je la trouvais plus animée qu'à son ordinaire; elle tenait une de mes mains et, me regardant d'un air très-passionné, elle me dit : « Monsieur Greuze, m'épouseriez-vous si j'y consentais? » Je vous avouerai que je fus confondu de pareille question; je lui dis : « Mademoiselle, n'est-on pas trop heureux de passer sa vie avec une femme aussi aimable que vous? » Je crois que cette manière de répondre était tout à fait insignifiante; cela n'empêcha pas que sur-le-champ elle prit son parti, et dès le lendemain matin elle s'en fut avec sa mère sur le quai des Orfévres; elle fit faire, chez M. Strass, des boucles d'oreilles de diamants faux, et dès le lendemain elle n'eut rien de plus pressé que de les mettre à ses oreilles. Comme elle demeurait dans une boutique, toutes

*les voisines ne manquèrent pas de lui en faire
compliment et de lui demander qu'est-ce qui lui
avait donné; et à demi-voix, les yeux baissés, elle
disait : « C'est M. Greuze qui m'en a fait présent. » — « Vous êtes donc mariée? » — « Ah
non! » (Comme on dit oui en secret à tout le
monde). Mes amis ne tardèrent pas à m'en faire
compliment; je les assurai qu'il n'y avait rien de
plus faux et que je n'étais pas dans un état de fortune à me marier. Outré d'une pareille effronterie, je n'y retournai plus. Je demeurai alors
dans le faubourg Saint-Germain, rue du Petit-
Lion, dans un hôtel garni que l'on appelait
l'Hôtel des Vignes. Il s'était passé trois jours
sans que j'eusse entendu parler de rien; je l'avais
même déjà oubliée, lorsqu'un beau matin elle vint
frapper à ma porte, accompagnée d'une petite
cuisinière qu'elle avait; je ne répondis point; elle
savait que j'y étais, elle redouble des pieds et des
mains comme une vraie furie. Alors, voyant
qu'elle pouvait se perdre de réputation, j'ouvris
ma porte, elle se précipite dans mon appartement
tout en larmes; alors elle me dit : « J'ai tort, monsieur Greuze; mais c'est l'amour qui m'a égarée,
c'est l'attachement que j'ai pour vous qui m'a*

fait servir d'un pareil stratagème; ma vie est
dans vos mains. » Alors elle se précipite à mes
genoux, elle me dit qu'elle ne se relèvera pas que
je lui aie promis de l'épouser; elle tenait mes deux
mains qu'elle baignait de ses larmes; j'en eus
pitié et je lui promis tout ce qu'elle voulut. Cependant nous ne fûmes mariés que deux ans après
dans la paroisse de Saint-Médard (qui n'était
pas la sienne), de crainte des plaisanteries que
l'on aurait pu lui faire, attendu qu'elle avait
dit qu'elle était mariée. J'entrai en ménage avec
trente-six livres, le lendemain de mes noces.

Les sept premières années de notre mariage
ne furent point accompagnées d'événements extraordinaires; nous avions eu trois enfants; il nous
en restait deux à qui il fallait veiller, les in-
struire de leur religion et conduire à la messe au
moins une fois le dimanche; mais comme elle n'a
aucune espèce de religion et que pendant vingt-
sept ans que nous avons été ensemble, elle n'a pas
été une seule fois à la messe : cette tâche était
trop forte pour elle; elle les mit au couvent où
elles ont resté l'une onze ans et l'autre douze. Là
elles furent abandonnées, ou visitées rarement;
ma fille aînée me disait un jour que je l'allai voir :

« *Il y a un an et sept jours que maman ne nous a pas vues.* » *Elle en était pénétrée de douleur.*

J'avais donné à graver mon Paralytique *à M. Flipart, il devait le mettre au jour dans le courant de l'année. M*^{me} *Greuze crut apercevoir une lueur de fortune, elle me dit* : « *Monsieur, il me faut un domestique.* » *Je lui répondis* : « *Vous savez que nous n'avons pas de rentes et que par conséquent ce n'est pas une chose que nous puissions faire, dans ce moment-ci surtout ; mais si vous voulez attendre après Pâques, je ferai en sorte de vous satisfaire.* » *Pour toute réponse elle m'appliqua un soufflet à tour de bras, je vous avouerai que je fus tout transporté de colère et que je le lui rendis.*

Revenons à mon commerce d'estampes que compose le corps de mes ouvrages, que j'ai fait graver par quatre graveurs différents : M. Massard, M. Gaillard, M. Levasseur et M. Flipart, qui ont été mes associés.

Mme *Greuze avait écarté ses enfants qui pouvaient devenir ses juges ; il fallait jeter du froid entre mes associés et moi, elle le fit fort habilement ; de ce moment je n'eus aucune part au commerce, tout se faisait sans ma participation ; j'étais d'ailleurs très-peu propre aux affaires ;*

l'amour que j'ai toujours eu pour mon art, m'a fait oublier les intérêts et la fortune de mes enfants. Quelquefois je me suis avisé de dire : « Vos comptes ne me paraissent pas clairs. » Elle me répondait : « Monsieur, vous n'y entendez rien et croyez que je régis vos affaires mieux que vous ne feriez vous-même. » Je rentrais dans mon atelier, mes pinceaux à la main, j'oubliais toute la nature; une pensée nouvelle, le plaisir de la tracer m'empêchait de voir l'abîme qui était sous mes pas. Toujours avec sa même habileté, elle calcula que je pourrais bien un jour lui demander des comptes, et comme elle avait déjà distrait des sommes considérables de mon commerce et que je pourrais lui en demander compte, elle me dit : « J'ai bien du malheur, j'ai mis sans votre aveu, je m'en repens, trente ou trente-six mille livres sur un vaisseau, croyant faire votre fortune; les Anglais viennent de la prendre à la sortie du port. » Mais je lui dis : « Comment avez-vous pu faire une pareille chose sans le faire assurer et comment s'appelait le capitaine? » Jamais elle ne put m'en dire le nom. Comme le temps de notre séparation s'approchait et, qu'il fallait rendre ses comptes et mettre de l'ordre

*dans nos affaires, elle prit son parti en grand
maître et déchira tous les registres ; enfin je ne
pus jamais savoir les sommes qu'elle avait reçues.
Les comptes furent toujours très-exacts avec mes
associés, et tout fut réglé comme il convenait.
« Mais, madame, pourquoi avez-vous déchiré les
registres ? » — « Parce que cela m'a plu et que
je n'ai point de comptes à vous rendre. » Le
commerce avait rapporté trois cent mille livres,
et il en a manqué cent-vingt mille dans la maison, non compris les estampes que je lui avais
données à son profit pour la récompense des peines
qu'elle se donnait pour le commerce ; elle ne devait
faire tirer que cinquante épreuves pour elle et
notre associé ; au contraire, c'est qu'elle en faisait
tirer cinq cents qu'elle vendait à son profit, trois
à quatre louis pièce. Il y a eu neuf planches de
gravées pendant que nous avons vécu ensemble,
dont elle a fait son profit.*

(Fin de l'article du Commerce.)

ÉVÉNEMENTS DOMESTIQUES
à commencer sept ans après son mariage.

*Ce fut M. Dazincourt (Blondel d'Azincourt)
qui premier fut cause des désordres de ma mai-*

*son. Il y vint d'abord comme amateur; bientôt
Mme Greuze s'en empara et elle l'aima avec fureur,
et m'en fit un jour la cruelle confidence, mais que
c'était un attachement tendre et pur. Il eut grande
part au désagrément que j'éprouvai à l'Académie,
parce qu'il était lié avec tous les artistes; j'ai
violemment soupçonné Mme Greuze d'avoir préparé
ce désagrément avec lui. Ce n'est donc plus ma
femme, c'est avec une ennemie avec qui je suis
obligé de vivre, que je vais trouver à chaque
pas.*

*Sur la fin du règne de M. Dazincourt,
Mme Greuze prit du goût pour un élève que
j'avais chez moi; je rentrai un jour sur les neuf
heures, je trouvai Mme Greuze fort embarrassée
de sa figure, mon élève debout devant la cheminée
ne sachant que devenir; je crus qu'il convenait
de renvoyer ce jeune homme et je le fis; alors le
désespoir fut dans la maison. Mme Greuze, toujours un poignard à la main pour se tuer, n'en
faisait cependant rien, et je fus inexorable. Bientôt Mme Greuze changea de goût; certain frui-
tier-oranger qui m'avait servi lorsque je restais
rue des Vieux-Augustins, chez un vitrier, en
chambre garnie, m'avait fourni des falourdes; il*

vint me voir et me dit que son fils avait des dispositions pour la peinture, que je l'obligerais infiniment si je voulais lui donner des conseils. Il
avait seize à dix-sept ans et Mme Greuze près de
cinquante. Ce jeune homme lui plut, elle le prit
sous sa protection; elle lui confia nombre de
choses d'une assez grande valeur, jusqu'à la concurrence de quinze mille livres. Ce jeune homme
était devenu libertin; je crois que Mme Greuze eut
lieu de s'en plaindre, puisqu'elle le fit arrêter
comme lui ayant volé la somme ci-dessus; il fut
conduit chez M. Muron, exempt de police; le père
fut averti pour réclamer son fils; ce galant
homme, désolé de voir son fils soupçonné de vol,
ne put s'empêcher de dire : « Madame, mon fils
est un enfant, et vous êtes une femme raisonnable;
pourquoi lui avez-vous confié une si grande
somme? Mais comme je suis un honnête homme
et que je ne veux pas que vous perdiez tout, je
vous donne sur ma maison, sise rue des Vieux-
Augustins, deux mille livres que vous prendrez
après ma mort. » L'acte en fut passé chez M. Pre-
vot, notaire, rue Croix-des-Petits-Champs, dont
elle a reçu l'argent à la mort de cet honnête
homme; dont une partie fut employée à acheter

un carrosse. Les incommodités de Mme Greuze ne firent qu'augmenter, elle fut obligée d'avoir recours à M. de Veluose, qui avait un excellent sirop anti-vénérien qui ne réussit pas, et elle fut obligée d'avoir recours à M. Louis, chirurgien, secrétaire de l'Académie de chirurgie, qui termina la cure. Si Mme de Veluose n'est pas morte elle peut certifier ce que je dis : car elle ne voulut pas la payer. Peu de temps après elle fit connaissance de M. de Saint-Maurice, conseiller au parlement, à présent émigré. Sa figure en dessous, son air sournois et rampant, m'en avait si fortement imposé qu'il fallait que je le visse pour le croire; il avait si cruellement corrompu son cœur que les atrocités ne lui coûtaient rien. Rentrant chez moi, je la trouvai derrière le paravent dans le salon de compagnie, dans une situation qui n'était point équivoque; je me retirai, et le lendemain je lui en fis des reproches; elle me dit : « Cela est vrai, mais je m'en f... » Ce n'était plus rien pour moi, je connaissais trop bien sa conduite, un crime de plus ou de moins n'était rien; je ne vivais déjà plus avec elle depuis plusieurs années. C'est par ses conseils qu'elle absorba toute ma fortune, c'est lui qui doit avoir toutes les sommes que Mme Greuze

a soustraites de ma maison; dans des contrats
faits sur sa tête à lui-même et dont il lui payait la
rente, et lui avait donné des obligations des
sommes qu'il avait à elle; d'autres parties doivent
être placées sur la tête de son fils à rentes via-
gères, dont Mme Greuze avait donné le tiers pour
jouir de la totalité pendant sa vie, et après sa
mort retourner sur la tête de son fils. Elle a pris
toutes ces précautions pour que je ne puisse jamais
savoir les sommes qu'elle m'avait volées.

AUTRE ANECDOTE.

Un de mes amis, venant me voir, trouva encore derrière le fatal paravent la même personne.
Comme nous étions près de nous séparer, elle fut
le consulter; et comme elle se servait très-impro-
prement du nom d'honnête femme : « Ah! madame,
vous avez oublié le paravent. »

Nous quittâmes la rue Thibotodé et nous
vînmes dans la rue Notre-Dame-des-Victoires[1].
L'âme plus perdue que jamais, ayant déjà sa

1. Par brevet de mars 1769, Greuze occupait un logement
aux galeries du Louvre.

propriété particulière, abandonnait sa maison à
ses domestiques, négligeant même sa cuisine, au
point que ses casseroles étaient probablement
pleines de vert-de-gris; je le présume, car on me
fit chauffer un bouillon que je pris la veille de
Noël et qui me mit aux portes de la mort; car
je fus quatorze heures dans les convulsions, sans
secours; vainement l'on envoya chercher les chi-
rurgiens et médecins, personne ne voulut venir
que vers les sept heures du matin, M. Le Doux
qui vint par hasard pour me voir et qui m'ordonna
du thériaque; il y a à peu près douze ans ; il m'en
est resté une douleur dans la poitrine qui existe
encore.

Nous couchions toujours dans la même cham-
bre; lorsque je me réveille en sursaut, j'aper-
çus Mme Greuze, à la lumière d'une lampe de
nuit, qui allait m'écraser la tete avec son pot de
chambre, et alors je lui fis, comme vous devez bien
penser, de vifs reproches; elle me dit : « Si tu
raisonnes, je crie à la garde par la croisée, et je
dirai que tu m'assassines. »

Je quittai la rue Notre-Dame-des-Victoires,
et je vins demeurer rue Basse (porte Saint-Denis),
où je demeure à présent. Elle prit son apparte-

ment, et moi le mien. Nous fûmes dès ce moment-
là tout à fait séparés.

Plusieurs personnes me dirent qne Mᵐᵉ Greuze
recevait de fort vilain monde chez elle, et comme
j'avais deux demoiselles, il était important que je
ne souffrisse pas cette conduite-là. Je pris mon
parti, je restai chez moi ce jour-là, et je vis ren-
trer chez ma femme, vers les sept heures du soir,
un jeune homme d'environ trente ans, qui jadis
avait été coiffeur, qui pour le moment avait un
petit emploi que l'on lui avait fait donner; j'entrai chez elle sur-le-champ et je lui demandai ce
qu'il voulait, que je n'avais pas l'honneur de le
connaître; il me dit tout bonnement : « Je viens
voir Mᵐᵉ Greuze, » et je lui répondis : « Ma
femme ne reçoit que les hommes que je lui ai pré-
sentés et je ne vous connais pas; » il me dit :
« Cela m'est égal et je viendrai chez vous toutes
les fois que madame le requerera. » Je me suis
aperçu que c'était un piége que l'on me tendait
pour faire une esclandre; je me retirai sans rien
dire, me promettant bien de m'adresser aux
magistrats; j'adressai ma plainte chez M. Chenu,
commissaire de police, rue Mazarine.

Notre séparation fut alors résolue. Nous

*convînmes de faire notre partage en deux parties
égales, quoique nous fussions trois contre un ; je
lui donnai tous les ustensiles nécessaires, dont
j'ai acte du tout, passé par-devant notaire ; et
treize cent cinquante livres de rente pour sa pension, dont un contrat, chez M. de Saint-Maurice,
de mille livres de rente et les deux autres de trois
cent cinquante livres dont elle jouit depuis près
de sept ans.*

VI

L'humiliation d'être accepté par l'Académie comme « peintre d'histoire » exaspérait
Greuze, et le rendait furieux d'orgueil. Les
livres, les brochures, les Salons de Diderot
peignent tout l'excès de cette vanité du peintre,
nerveuse, irritable, gonflée et débordante, que
Greuze affichait, étalait avec des brutalités et
des grossièretés d'ouvrier [1]. A la moindre cri-

---

1. Il y avait de la brutalité de *sabotier,* dit Mariette, dans
l'homme. Le dauphin lui demandant, après qu'il eut terminé
son portrait, de faire le portrait de la dauphine, Greuze répli-
qua, devant la dauphine présente, qu'il le priait de l'en dispenser, *parce qu'il ne savait pas peindre de pareilles têtes,* faisant
allusion au rouge dont elle était couverte.

tique faite à ses œuvres, l'artiste entrait dans les colères les plus naïves, parfois les plus plaisantes. Mme Geoffrin s'étant permis de critiquer la « fricassée d'enfants » de la *Mère bien-aimée,* il s'écriait : « *De quoi s'avise-t-elle de parler d'un ouvrage de l'art? Qu'elle tremble que je l'immortalise ! Je la peindrai en maîtresse d'école, le fouet à la main, et elle fera peur à tous les enfants présents et à naître* [1]. » Les salons avaient beau rire, Greuze continuait à faire précéder l'exhibition de ses tableaux d'un exorde à peu près conçu en ces termes : « Oh ! monsieur, vous allez voir un morceau qui m'étonne moi-même qui l'ai fait... Je ne comprends pas comment l'homme peut, avec quelques minéraux broyés, animer ainsi une toile, et en vérité, dans les temps du paganisme, j'aurais craint le sort de Prométhée [2]... » Cette admiration de lui-même, cette adoration de son génie, de ses œuvres, résistait à tout chez Greuze. Le ridicule n'y touchait pas, l'ironie glissait dessus. Au Salon de 1765 : « Cela est beau, lui disait M. de Marigny, arrêté devant *la*

---

1. Diderot, *Salon de* 1761.
2. *Correspondance secrète,* par Métra, vol. v.

Pleureuse. — Monsieur, je le sais : on me loue de reste, mais je manque d'ouvrage. — C'est que vous avez une nuée d'ennemis, lui répondait Vernet, son confrère de la loge des Neuf-Sœurs, et, parmi ces ennemis, un quidam qui a l'air de vous aimer à la folie et qui vous perdra. — *Et qui est ce quidam? —* Vous [1]. »

Vernet exagérait : Greuze ne se nuisait point tant à lui-même. Son orgueil avait une sorte d'ingénuité impudique et de candeur effrontée qui désarmait. D'ailleurs le peintre rachetait l'homme. Toutes sortes d'indulgences étaient acquises à ce tempérament bouillant, à cet artiste brûlant d'inspiration, absorbé dans son art, enfoncé de toute son âme et de toute sa tête dans son œuvre, animé et tout plein de ce qu'il peignait, vivant pour ainsi dire ses tableaux, à ce point que le soir, dans le monde, la tristesse ou la gaieté de sa composition du matin était encore comme un reflet sur son front et dans son esprit.

Sous le dédain des académiciens, cet orgueil, habitué à la caresse, se révoltait. Dans

1. Diderot, *Salon de 1765.*

le premier moment d'exaltation, Greuze déclarait à l'Académie qu'il ne voulait point en être; à quoi Pierre lui répondait « que Sa Majesté le lui ordonnerait ». Greuze n'insistait pas, mais il s'excluait volontairement des expositions de l'Académie. Dans sa bouderie, il quittait Paris, allait se fixer en Anjou dans une famille amie, et là peignait des toiles longtemps admirées dans la galerie de Livois, et ce portrait de Mme de Porcin qui est aujourd'hui au musée d'Angers. De retour à Paris, son ressentiment ne s'apaisait point. Il affectait de lutter seul contre l'Académie, disant que l'on ne voyait que « des enluminures » au Salon, et qu'il fallait venir dans son atelier pour trouver des tableaux[1]. La faveur publique, entourant Greuze, l'encourageait dans cette guerre à l'Académie, dans ce mépris de ses expositions. Il exposait chez lui, et la foule accourait devant ses tableaux. L'*Éloge de l'impertinence*, *Adèle et Théodore*, ne manquent point de faire entrer la visite de l'atelier de Greuze dans la liste des occupations remplissant la journée d'une femme

1. *L'Espion anglais*, vol. X.

élégante. Le plus grand monde, les gens les plus haut nommés, la meilleure compagnie, la cour, la noblesse, les princes du sang, les rois de passage à Paris [1], venaient admirer bien haut chez le peintre le portrait de Franklin, la *Dame de charité*, la *Malédiction paternelle*, le *Fils puni*, la *Cruche cassée*, *Danaé*. Tout Paris y passait [2]. A la suite des grands seigneurs et des grandes dames, venait la bourgeoisie du temps, mêlée alors à toutes ces choses de l'art; et Mme Roland nous a laissé dans ses lettres ce curieux récit d'une visite au peintre :

« Du 19 septembre 1777.

« Je me suis rappelé avec attendrissement, jeudi dernier, le plaisir que nous goûtâmes ensemble, Sophie, en allant chez M. Greuze il y a deux ans : j'y fus pour la même cause qui nous y avait conduites alors. Le sujet de

1. Au mois d'août 1777, le comte de Falkenstein envoyait à Greuze le diplôme de baron et quatre mille ducats, en lui commandant un tableau.

2. Quand la curiosité se lasse un peu, que Paris désapprend le chemin de son atelier, Greuze cherche à l'aiguillonner avec des épîtres dédicatoires aux journaux, qui donnent, comme pour la *Veuve et son curé*, la description de son tableau.

son tableau est la Malédiction paternelle ; je n'entreprendrai pas de t'en donner le détail : ce serait trop long. Je me contenterai seulement de remarquer que, malgré le nombre et la variété des passions exprimées par l'artiste avec force et vérité, l'ensemble de l'ouvrage ne produit pas l'impression touchante que nous ressentîmes toutes deux en considérant l'autre. La nature du sujet me semble donner la raison de cette différence. On peut reprocher à M. Greuze ce coloris un peu trop gris que je l'accusais de mettre à tous ses tableaux, si je n'avais vu ce même jour un morceau d'un autre genre qu'il me montra avec une honnêteté toute particulière. C'est une petite fille naïve, fraîche, charmante, qui vient de casser sa cruche : elle la tient à son bras près de la fontaine où l'accident vient d'avoir lieu ; ses yeux ne sont pas trop ouverts, sa bouche est encore à demi béante ; elle cherche à se rendre compte du malheur, et ne sait si elle est coupable. On ne peut rien voir de plus piquant et de plus joli : tout ce qu'on serait en droit de reprocher à M. Greuze, c'est de ne pas avoir fait sa petite assez fâchée pour qu'à l'ave-

nir elle n'ait plus la tentation de retourner à
la fontaine. Je le lui ai dit : la plaisanterie nous
a amusés.

« Il n'a point critiqué Rubens cette année :
j'ai été plus satisfaite de sa personne. Il m'a
raconté avec complaisance ce que l'empereur
lui avait dit d'obligeant : « Avez-vous été en
« Italie, monsieur ? — Oui, monsieur le comte ;
« j'y ai demeuré deux ans. — Vous n'y avez
« point trouvé ce genre, il vous appartient ;
« vous êtes le poëte de vos tableaux. » Ce mot
est d'une grande finesse : il a deux ententes ;
j'ai eu la méchanceté d'appuyer sur l'une, en
reprenant avec un ton de compliment : « Il est
« vrai que si quelque chose peut ajouter à l'ex-
« pression de vos tableaux, c'est la description
« que vous en faites. » L'amour-propre d'auteur m'a bien servi : M. Greuze m'a paru flatté.
Je demeurai chez lui trois quarts d'heure ;
j'étais tout uniment avec Mignonne ; il y avait
médiocrement de monde : il était presque tout
à moi[1]. »

1. Lettres de Mlle Phlipon aux demoiselles Cannet.

VII

Quand les siècles deviennent vieux, ils se
font sensibles : leur corruption s'attendrit.
Heure étrange dans le XVIIIᵉ siècle! on croirait
voir le cœur d'un libertin tomber en enfance.
Humanité, bienfaisance, ces mots lui appa-
raissent tout à coup comme une révélation.
Les malheureux intéressent, la misère touche,
Montyon fonde ses prix, la philanthropie naît.
La charité devient le roman des imaginations.
La famille semble renaître. Le mariage est
retrouvé. A l'idée légère du plaisir succède
l'idée grave du bonheur. Les félicités bourgeoises ont une apothéose. Le ménage est
glorifié. On replace au foyer les dieux du devoir.
La mode est d'être mère, la gloire d'être nourrice : le sein, sous la lèvre d'un marmot, devient fier d'orgueil. De tous côtés, la sécheresse
du temps cherche la rosée, les esprits deman-
dent une fraîcheur, les larmes veulent couler.
Une douce et chaude émotion flotte dans l'air
de ces années palpitantes et troublées où se

lèvent l'aube et l'orage d'une révolution. Rousseau passionne et Florian enchante. Il y a de
l'idylle dans la brise et de l'utopie dans le vent.
Toute la société caresse l'image d'une vertu
qu'elle pare comme une poupée. Les ducs,
dans leurs villages, couronnent des vierges que
les filles de Paris viennent applaudir. Des roses
d'innocence fleurissent à Salency. La morale
se met au petit-lait. Les financiers dessinent
des *Moulin-Joli*. Trianon élève auprès de Versailles ce petit village d'opéra-comique, un
village bâti pour être le fond du théâtre de
Sedaine. L'illusion est universelle, l'ivresse est
nationale ; l'histoire même paraît sourire à ce
rêve enfantin en mettant au haut de ce temps
un ménage royal qui rappelle les types d'une
comédie de Goldoni : le Roi est d'une bonhomie rustique ; c'est le Seigneur bienfaisant
que les contes du temps font arriver à pied
chez les fermiers. On le voit retroussant ses
manches pour sortir d'embarras un charretier
embourbé. Et la Reine n'a-t-elle pas derrière elle
« les Traits d'humanité » de la Dauphine?

Greuze est en peinture le représentant de
ce sentiment. Il est le peintre de cette illusion.

Son inspiration est le suprême élancement de
ce monde vers les tendresses rajeunissantes,
vers les pensées, les tableaux, les spectacles
qui rapportent les lueurs du matin à l'âme d'une
société sur son déclin. Il parle à la sensibilité
de son temps, il s'attache à ses sensibleries.
Il représente et personnifie la charité dans la
Dame de charité. Il caresse et satisfait ses in-
stincts, il donne un corps à ses rêves en retra-
çant à toutes les pages de son œuvre les fêtes
et le couronnement de la vertu, en donnant,
avec ses toiles, des canevas aux historiettes
morales de l'abbé Aubert. La *Paix du ménage*,
le *Gâteau des Rois*, la *Maman*, la *Grand'maman*,
le *Paralytique servi par ses enfants*, la *Mère bien-
aimée* : tels sont les sujets de ses tableaux, leur
thème, leurs titres. Son poëme roule dans le
cercle de la famille ; il y naît, il s'y développe,
il s'y réchauffe, il s'y parfume. Son œuvre se
déroule dans le décor villageois de la félicité
laborieuse ; ses drames même, le *Testament
déchiré*, la *Belle-Mère*, la *Malédiction paternelle*,
le *Fils puni*, sont tirés de la vie domestique.
Le doux attendrissement qui vient de l'enfance
est répandu dans toutes ces toiles, les *Se-*

vreuses, la *Bonne Education*, la *Privation sen-*
sible, le *Retour de nourrice :* le cœur de son œuvre
est un berceau.

Quelle sensation laissent pourtant aux
yeux et à l'âme cet œuvre, cette peinture, les
tableaux de Greuze, les estampes gravées
d'après lui? Quelle impression demeure après
la vue d'une de ses toiles, après l'étude d'une
de ses compositions ? Est-ce l'impression
simple, une et saine qui reste d'un Chardin?
Se sent-on pénétré devant ses scènes de foyer
par le calme, la sérénité bourgeoise, tout ce
qu'il y a d'harmonie sévère et de naturelle
honnêteté dans le *Benedicite* ou la *Toilette du*
matin ? Greuze apporte-t-il à l'esprit une
image nette de la famille, une franche représentation du ménage et de ses joies? Fait-il
toucher, comme Chardin, l'ordre de la maison, les bonheurs de la médiocrité ? Montre-
t-il dans la vérité de son attitude, dans la
réalité de sa mise austère, la bourgeoise du
temps ? Quitte-t-on enfin une peinture de
Greuze l'esprit rempli et content, élevé par
une sincère et droite idée morale, par ce que
laisserait d'émotion douce et de lumière pure

à la pensée le rêve aimable du Bonheur et du
Devoir? Greuze ne produit rien de pareil. Son
œuvre n'a point cette harmonie qui pénètre,
cette simplicité qui touche, cette pureté qui
élève. L'impression qu'il donne est complexe,
trouble, mélangée. C'est que cette peinture de
Greuze a plus qu'un défaut, elle a un vice :
elle recèle une certaine corruption, elle est
essentiellement sensuelle, sensuelle par le
fond et par la forme, par la composition, le
dessin, la touche même. La vertu qui revient
sans cesse sous ses pinceaux semble toujours
sortir des *Contes* de Marmontel. Les tableaux
de famille, dès qu'il y touche, perdent leur
austérité, leur gravité, leur recueillement. Sa
main a je ne sais quoi de coquet et de léger
qui ôte à la maternité son caractère de sain-
teté, ses signes de dignité. Qu'il penche sur la
bercelonnette d'un enfant endormi les deux
figures du bonheur conjugal, il ne saura donner aux parents que le sourire du plaisir, à la
femme que le geste et la caresse de la *fille du
monde.* Partout le tempérament du temps, le
tempérament de l'homme traverse les idées
du peintre, mettant à toute cette morale en

action une pointe de libertinage, ne laissant
par moments entrevoir dans le moraliste qu'un
Baudouin officiellement vertueux. Involontairement, devant ses tableaux, le souvenir revient
de ces *Pantins du boulevard* qui portent en
épigraphe, en face d'une image ordurière :

Ce tableau fait pour Greuze annonce ses autels.

. . . .

A travers ses toiles les plus pures il semble
qu'on aperçoive ses cheveux blancs, ces cheveux blancs qu'admirait et vénérait Mme Lebrun, promenés, traînés, souillés dans les *tau-
dions* de Nicolet, des Associés, des Beaujolais,
des Délassements-Comiques. Ses femmes laissent deviner ses modèles et reconnaître des
demoiselles Gosset...

Arrangements de groupes, accessoires,
poses, attitudes, costumes, tout chez Greuze
concourt à cette irritation sensuelle. Les poses
sont faciles, abandonnées ; les gorges s'avancent, provoquantes et serrées, des corps ra-
massés. La robe et tout l'habillement ajoute
encore à cette voluptueuse mollesse des tissus
ondoyants, des couleurs amoureuses. Entre la

femme représentée par Greuze et le Désir, il
n'y a plus la barrière, le fourreau rigide, le
fichu sobre, la toilette droite, solide, presque
monastique, des bourgeoises de Chardin; tout
flotte, tout vole, tout est nuage, caprice et
liberté autour de ses membres; le linge joue
avec ce qu'il ensevelissait de ses grâces, et ce
linge, jeté par Greuze sur la peau de la femme,
la chatouillant à la saignée des bras, à la naissance des seins, n'est plus le rude linge de
ménage, frais sorti, un peu bis, du cuveau et
de la lessive de ferme : il est le linge du déshabillé galant : souple au tuyautage et au chiffonnage, le linge des bonnets envolés, le linge
des barbes qui battent contre le bout de l'oreille
rougie, le linge des fichus de gaze au travers
desquels passe le rose de la chair et qu'agite
le cœur de la femme, demi-voiles qu'un souffle
dérange avec un rien! Ce ne sont que corsets
et brassières aux lacets lâches, aux nœuds
floches, toilettes déliées, sans résistance, ne
tenant à rien, et que la première attaque,
semble-t-il, va faire couler à terre. Car c'est
là le raffinement de Greuze : il change en pro-
vocation la simplicité et le négligé de la jeune

fille. Il donne une coquetterie friponne, des
plis irritants au voile habitué à toucher la
vierge et tout empreint encore de sa chasteté.
Et la couleur consacrée à la jeunesse, à la
candeur de la femme, la modestie rayonnante
de son costume, le *blanc* devient, dans les scènes du peintre, un aiguillon, une délicate exci-
tation de débauche, un appât, un réveillon qui
rapporte sans cesse au regard un coin du *Lever*
des ouvrières en modes.

De ce blanc, des transparences du linon,
de cette batiste en désordre, quelle femme,
quelle figure fait sortir le peintre de la *Cruche*
cassée, de l'*Oiseau mort,* du *Miroir brisé?* Une
beauté qui a toujours l'œil désarmé, la bouche
éclairée d'une lumière humide, le regard coulant, perdu, vif pourtant et aux aguets sous
les paupières baissées. C'est l'innocence de
Paris et du XVIIIe siècle, une innocence facile et tout près de sa chute; ce sont les
quinze ans de Manon, la petite blanchisseuse
si commodément naïve dans la chambrette de
Desforges. Greuze ne prête point à la jeune
fille dont il répète si souvent les traits d'autre
pureté que le sourire, la jeunesse, la faiblesse

et les larmes. La pudeur virginale telle qu'il l'exprime ramène la pensée à ce livre qu'il nous rappelait déjà tout à l'heure ; l'ingénuité qu'il personnifie est l'ingénuité même de Cécile Volanges, l'ingénuité sans forces et sans remords, cédant à la surprise, aux sens, au plaisir, avec le charme et l'adresse d'une hypocrisie angélique et d'une fausseté naturelle. Et ce type de l'ingénue de Greuze, qui fit son succès et sa gloire, étudiez-le à fond : il vous semblera que le peintre l'a apporté à un siècle vieux, aux appétits usés du xviiiᵉ siècle ainsi qu'on amène à un vieillard l'enfance perverse d'une femme pour le réveiller.

VIII

Greuze avait gagné beaucoup d'argent. Ses tableaux se vendaient fort cher. L'association qu'il avait faite avec Massard, Gaillard, Levasseur, Flipart, pour l'exploitation et la gravure de ses tableaux, lui avait rapporté une fortune. Pendant quelques années, Paris, la pro-

vince, l'étranger, n'avaient voulu et n'avaient
acheté que des sujets de Greuze. Les Baudouin, les Lawrence, toutes les estampes friponnes remontaient au grenier, chassées par
cette morale en images de Greuze qu'on retrouve encore aujourd'hui aux murs des
vieilles maisons provinciales. A cet engouement se joignait, pour les bénéfices de la
société, le caprice des amateurs habilement
caressé, excité, irrité par des recherches et des
remarques dont n'avait pas encore usé le commerce de l'estampe française. Il y eut l'allé-
chement de toutes sortes d'états et de différences, une véritable échelle de tirage faite
pour piquer le goût ou la vanité de la curiosité. Rien ne fut oublié : épreuves avant la
lettre, avant les armes, avant la dédicace,
avant l'adresse, avant le titre de peintre du
roi, avant le point. Ce furent comme les toilettes de l'estampe, depuis le déshabillé jusqu'au grand habit : on la vendit sous tous
les costumes, on la para de toutes ses coquetteries, et le succès de l'opération fut
si grand que, pour échapper à la contre-
façon des états et pour authentifier les plan-

ches, Greuze et ses graveurs les signèrent au dos [1].

La Révolution prenait tout à Greuze. Sa fortune s'envolait en assignats, son nom se perdait, son œuvre passait et s'effaçait. Glissant dans la gêne, il disparaissait dans l'oubli. Il vieillissait en se survivant, traînant le lourd fardeau d'une réputation morte. Son temps était déjà le passé, son public avait vécu. Rien autour de lui n'était plus de son âge. A chaque toile de David, un peu plus de silence et de mépris tombait sur la ci-devant peinture. Greuze passait ses dernières années à écouter le bruit se taire sur sa mémoire : il croyait assister à l'ingratitude de la postérité. Triste fin, qui ressemble à une expiation du succès! Dure épreuve par laquelle passèrent tant d'enfants gâtés du XVIIIe siècle, jetés pardessus la Révolution, dépaysés, égarés, exilés dans le temps, n'ayant plus de patrie ni de soleil pour leur gloire, pareils à des échappés de naufrage qui demeureraient seuls d'un monde englouti!

1. Lettres d'un voyageur à son ami sir Charles Lovers, demeurant à Londres.

Cette vieillesse misérable, oubliée, frappée au cœur, on l'entend gémir dans cette supplique douloureuse au ministre de l'intérieur :

« *Le tableau que je fais pour le gouvernement est à moitié fini. La situation dans laquelle je me trouve me force de vous prier de donner des ordres pour que je touche encore un à-compte pour que je puisse le terminer. J'ai eu l'honneur de vous faire part de tous mes malheurs : j'ai tout perdu. or le talent et le courage. J'ai soixante-quinze ans, pas un seul ouvrage de commande ; de ma vie je n'ai eu un moment aussi pénible à passer. Vous avés le cœur bon, je me flatte que vous aurés égard à mes peines le plus tôt possible, car il y a urgence. Salut et respect.*

« GREUZE.

« *Ce 28 pluviôse an IX.*

« *Greuze, rue des Orties gallerie du Louvre. n° 11* [1]. »

Quelque chose cependant sourit encore dans la vieillesse de Greuze : une femme fut laissée à ses côtés qui mérita le nom d'Anti-

1. Lettre autographe de Greuze, publiée par l'*Iconographie* (collection Chambry). Delort, dans *Mes voyages aux environs de Paris*, nous apprend que cette copie de *Marie l'Égyptienne*, le dernier ouvrage de Greuze, fut commandée au peintre par le prince de Canino, touché de la misère de ses soixante-quinze ans.

gone. Le dévouement d'une fille demeura et
flotta jusqu'à sa mort autour de lui comme
une caresse. C'étaient les mains de la Famille
autour du Paralytique.

Greuze mourait le 30 ventôse an XIII (jeudi
21 mars 1805), et pour suivre le convoi de
l'homme dont les gravures remplissaient le
monde, de l'homme qu'un empereur avait
visité, de l'homme qu'une société tout entière
avait adoré, il n'y avait que Dumont et Ber-
thélemy.

LES SAINT-AUBIN

LES SAINT-AUBIN

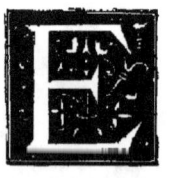N France rien ne réussit comme l'ennui. Charmez la France, amusez-la avec la légèreté, la grâce, la gaieté, l'esprit, avec le sourire d'un œuvre qui soit le sourire de la vie contemporaine ; vous, peintre, tracez d'un crayon qui se joue la comédie de votre temps ; dites, Chardin ou Watteau, l'idéal familier ou poétique de votre siècle, vous n'entrerez pas dans cette gloire solennelle : la considération de la postérité. Singulière patrie que la nôtre ! Ingrate seulement pour les enfants de son génie ! Et voilà, sans plus de phrases, pourquoi les Saint-Aubin sont si bien morts et si bien enterrés.

I

Il est de ces familles qui vivent d'une industrie si rapprochée de l'art, qu'un beau jour les
enfants ou les petits-enfants sautent à pieds
joints par-dessus l'industrie paternelle, et passent à l'art. Il en fut ainsi des deux Saint-
Aubin, Gabriel et Augustin, qui, nourris dans
l'atelier de broderie de leur père Germain de
Saint-Aubin, brodeur du Roi, s'échappèrent
tout jeunes et coururent au dessin. Et des
quatorze enfants que le vieux père Germain
avait eus de sa femme Catherine Humbert, y
en eut-il encore deux d'appelés et de tentés :
Louis-Michel de Saint-Aubin, qui devint un
peintre sur porcelaine, et Charles-Germain de
Saint-Aubin l'aîné, le dessinateur sur étoffes,
qui fit les *Papillonneries humaines*[1].

1. *Catalogue de tableaux, dessins, estampes d'Augustin de
Saint-Aubin,* par Regnault, Paris 1808.

II

Gabriel-Jacques de Saint-Aubin était né à Paris en 1724. Il avait eu les leçons de Jeaurat, de Colin de Vermont, de Boucher. De bonne heure il avait étudié d'après nature, à l'Académie royale de peinture, avec zèle, avec goût. Puis, vers 1751, après plusieurs médailles de dessin obtenues, il avait concouru pour le grand prix de peinture. Il n'eut que le second prix. Murmurant, blessé, Gabriel avait rompu avec l'Académie. L'Académie et l'académique, en un jour il planta tout là, se secoua, fit peau neuve, perdit l'ambition, refit ses dieux, et devint soudain le Gabriel de Saint-Aubin qu'il resta toute sa vie, un artiste ayant rompu avec les routines, les pratiques, les traditions, les respects humains de l'art, cherchant le beau dans ce qu'il avait sous les yeux, dans le spectacle du Paris du xviiie siècle.

Ainsi il vivait, il travaillait dans son coin fort de sa conscience, hors de la loi des coteries, hors la sphère des engouements, comme

fait tout esprit qui a la foi, le courage et le
renoncement au succès présent ; jaloux seulement de se satisfaire et de s'applaudir, s'abandonnant à lui-même, ne résistant pas à son
âme, indulgent à son génie, et se laissant aller
à sa nature. Singulier homme! sachant tout
par là-dessus, et, quoiqu'il eût gardé la naïveté
de son talent, homme de science qui eût pu
en remontrer aux professeurs en chacune des
parties de la peinture ; à l'ombre pourtant,
sans fortune, sans gloire, inconnu, s'il n'y avait
eu pour le montrer au public, de loin en loin,
pêle-mêle avec d'autres inconnus, une pauvre
académie un peu mendiante, un peu errante :
j'ai nommé l'Académie de Saint-Luc.

C'était là une académie au goût de Saint-
Aubin : académie irrégulière, suspecte, avec
des expositions intermittentes, vivant entre la
tolérance et la menace, déménageant des Augustins à l'hôtel Jabach, recueillie par M. Voyer
d'Argenson à l'Arsenal dans la Cour du Grand-
Maître, méprisée et pourtant haïe, tracassée
et poursuivie par l'Académie royale. Mais il
faut si peu pour faire un mont Aventin! Gabriel sortit donc de son tonneau, et alla à

l'Académie de Saint-Luc. Là seulement il se
publie [1], et appelle le jugement, et court, bien

1. L'*Explication des ouvrages de peinture et de sculpture de
Messieurs de l'Académie de Saint-Luc* mentionne, au nom de
Saint-Aubin, en 1774 :

54. *Le Triomphe de l'Amour sur tous les dieux,* plafond de
3 pieds de haut sur 4 de large.

55. *L'École de Zeuxis.* Ce vieillard est supposé au milieu de
ses élèves et faisant une étude de guerrier pour un de ses
tableaux; c'est pourquoi le modèle tient une épée. Zeuxis
dessine sur une peau, le papier n'étant pas encore en usage l'an
du monde 3564. Hauteur : 1 pied 10 pouces; largeur : 1 pied
6 pouces.

56. *Effet du tremblement de terre de Lisbonne.* Hauteur :
2 pieds 6 pouces; largeur : 2 pieds.

57. Un sujet des *Contes* de La Fontaine. Hauteur : 1 pied
3 pouces; largeur : 1 pied.

58. *Fête de village* et pendant. Hauteur : 2 pieds; largeur :
2 pieds 8 pouces.

59. *L'Amour maternel et filial,* représenté par une femme
allaitant son enfant. Hauteur : 1 pied 4 pouces; largeur; 1 pied
2 pouces.

60. *Une Jeune Dame faisant réciter la leçon à un petit garçon.*
Hauteur : 12 pouces sur 9 de large.

61. Plusieurs tableaux sous le même numéro.

Gabriel de Saint-Aubin exposait en 1776 dans une autre
exposition de l'Académie de Saint-Luc, qui se tenait dans le
Salon des grâces au Colysée, les numéros suivants :

102. *Son portrait* fait par lui-même, de 14 pouces de haut
sur 11 de large.

ESQUISSES. 103. La *Tentation de saint Antoine,* de forme ronde.

104 et 105. Deux pendants de 10 pouces de haut sur 10 de

paresseusement après le bruit qu'il boude.
Académicien de Saint-Luc, c'est tout le lot
qu'il veut. Professeur professant, l'Académie
de Saint-Luc assemblée, c'est ainsi qu'il a
voulu se présenter à la postérité dans le dessin
à la pierre noire que possédait M. Paignon-

large : l'un est une *scène tragique*, l'autre un *concert. Esquisses.*

222. *Une Mère allaitant son enfant*, en peinture éludorique,
de 17 pouces de haut sur 13 de large.

223. *Le Triomphe de Pompée*, même peinture, de 10 pouces
de haut sur 13 de large.

224. *Le Trait de bienfaisance de la reine à Fontainebleau*, de
5 pouces de haut sur 7 pouces de large, esquisse à gouache.

225. *Une Sevreuse et des Enfants*, deux pastels de 15 pouces
de haut sur 14 pouces de large.

245. *La Rentrée du Parlement.*

246. *Le Roi posant la première pierre de l'amphithéâtre des
écoles de chirurgie.*

Ces deux pendants sont de 9 pouces de haut sur 6 de large.

247. *Vue de l'intérieur de la rotonde du Colysée.*

248. *Un Paysage.*

Ces deux pendants, de forme ronde, sont de 5 pouces de
diamètre.

262. *Nouveau Trait de bienfaisance de la reine arrivée au village de Saint-Michel*, de 6 pouces de haut sur 8 de large.

263. *Le Carnaval du Parnasse* représentant le caractère des
3 théâtres, de 9 pouces de haut sur 12 de large.

Les numéros 262 et 263 sont des gouaches.

Trois ans après la mort de Gabriel de Saint-Aubin, la Blancherie exposait dans son *Salon de la Correspondance*, n° 97,
le petit tableau d'un plafond projeté en 1752, qui n'a jamais été

Dijonval, précieuse feuille de papier perdue, qui aurait emporté avec elle le visage du charmant peintre, si un amateur, M. de Baudicour, n'avait eu la fortune de rencontrer un autre portrait de Gabriel de Saint-Aubin gravé par l'un de nous pour la première fois, — un portrait qui est tout l'homme, et où se lisent ses

exécuté, représentant le *Triomphe de l'Amour*, qui, élevé sur un trône, voit déposer à ses pieds les attributs de tous les dieux que sa puissance a subjugués. N° 98. — *Un Paysage* avec figures dans le genre de Watteau.

Ce serait là toutes les peintures que nous saurions avoir été exécutées par Gabriel, si nous ne découvrions, dans un catalogue du 17 février 1777, catalogue qui semble un débarras de la Duharry en une année de gêne, le n° 185 : un tableau peint sur bois représentant un peintre dessinant d'après un modèle de femme nue couchée sur un canapé. Hauteur 6 pouces 6 lignes, largeur 10 pouces (c'est l'*Académie particulière* gravée par le maître); le tableau fut vendu 60 fr. Un autre numéro de cette vente était une *gouasse* de 10 pouces de large et 7 de haut, où une jeune femme assise, tenant une poignée de verges, faisait lire son enfant. La gouasse fut vendue 48 livres.

Nous trouvons encore en 1808 dans le catalogue de son frère Augustin de Saint-Aubin une composition de vingt-cinq figures, de 36 pouces sur 48, intitulées le *Pouvoir de l'Amour*, (sans doute le *Triomphe de l'Amour*), et un lot de treize esquisses: sujets de scènes familières, vues de monuments et de promenades publiques; la plupart, dit le catalogue, sans bordure ou montées économiquement sous verre.

De toutes ces peintures, à l'heure qu'il est, je crois bien qu'il n'en est pas une seule officiellement reconnue.

tristesses, ses amertumes et l'énergie de sa
volonté.

Au fond, l'académicien de Saint-Luc avait
pris son parti de la gloire académique et se
consolait de ses mécomptes et de ses déceptions dans l'absorption continue du travail d'a-
près nature. Il étudiait sans cesse, à sa façon,
et comme pour lui. C'était une passion de
dessiner, partout, toujours et tout au monde.
Marchant et badaudant ; les églises, les boulevards, les jardins de Paris, les bals de banlieue,
les réjouissances publiques, les expositions du
Salon, les représentations de la Comédie et de
l'Opéra, les rentrées de Parlement, les poses
de la première pierre d'un monument, les endroits de foule, les rendez-vous de monde
faisaient sa joie et sa proie. Crayon en main,
il allait à toute heure et sans trêve, crayon en
main il était ici et là, sur le pavé en pleine
rue, en plein peuple parisien, attrapant à la
volée sur le vrai et sur le vif, le défilé et la
procession des passants. Rencontré, coudoyé,
il ne s'en souciait, toujours croquant, démangé,
possédé, avec une main a laquelle tout était
bon pour fixer en une seconde une scène, un

groupe, un effet, un profil. Et le voici, ainsi
que le dessinateur en titre des fêtes polisson-
nantes de M. de Caylus, qui vous donne toutes
les liesses, et toutes les récréations, et tous
« les jours de gaudriole » de la bonne ville :
le dimanche, et la guinguette avec ses cabinets de verdure, et les *dansées* vigoureuses, et
le bruit des petits pieds des mamselles Godi-
ches sur le sable du jardin, et les beaux airs
des soldats des petits corps, et la chanson des
violons qui répondent aux violons de la veuve
Trophée à l'entrée du cours, et de la glacière
à Chaillot, et de madame Liard au Roule.
Puis c'est le Pont-Neuf et ses charlatans
dans une odeur de beignets, ses revendeuses
et leur train, ses racoleurs et leurs plumets,
et les *giroflées à cinq feuilles* claquantes comme
un fouet, et les *dégoisements des dix-sept péchés
mortels !* Divertissements, réjouissances, bals
de plain-pied avec la rue, et distributions de
vin au peuple de Paris! Avalanches de pains
de Gonesse, brioches, aloyaux, gigots! Et les
farces pompeuses! Et le reste des Fêtes des
fous, cette procession du rire, la promenade
de la figure colossale du Suisse de la rue aux

Ours! Et les parades en plein vent, ébahissement
de Paris affairé qui s'arrête! Et les amusements de Paris, aux dimanches de Saint-Cloud
pleins de musiques! Et le carnaval, ce règne de
la populace! Et le bœuf gras avec ses hérauts à
cheval, son cortége de Turcs à soleil dans le
dos, et son Amour qui était alors un petit roi
couronné, portant en sautoir le cordon de
Saint-Louis! Et ce revenez-y du carnaval, la
foire de Besons, traînant sur la route en triomphe le régiment de la calotte, et chevaux
à plumes, et pyramides de pierrots, et chars
débordant de masques et de lazzis sur l'air :
O réguingué ô lon lan là! — tous les bonheurs
de cet enfant : le peuple, c'est le domaine de
Gabriel [1].

Les dessins de Gabriel, tout contrastés
d'ombres et de lumières, et qu'on dirait tou-

1. D'après les dessins de ma collection, d'après les dessins
de la collection de Paignon-Dijonval qui, indépendamment de
l'*Assemblée de Saint-Luc, Saint-Aubin étant professeur* possédait :
Le Poëte content et *le Poëte mécontent,* deux dessins à la plume
lavés d'aquarelle; — *Promenade dans Paris de la figure colossale
en osier du Suisse de la rue aux Ours,* croquis à la plume lavé de
bistre; — *Statue de Louis XV élevée à Reims,* en 1760; — *Dis-
tribution du vin au peuple de Paris, en* 1779; deux dessins à la

jours conçus en vue d'une eau-forte, ces dessins reconnaissables au milieu de tous les
dessins des dessinateurs du siècle, par leur
caractère de *dessins de peintre*, sont un vrai
régal pour les yeux d'un amateur.

Figurez-vous des dessins dont l'enchantement est fait d'une liberté, d'une audace,
d'une outrance qui semblent les aventures,
les bonnes fortunes, les hasards inespérés
d'un crayon heureux, et qui ne sont que
science et art. Des dessins dont un contour
gras fait saillir les rondeurs du nu, comme de
l'ombre portée d'une ronde bosse, avec des
lignes de lumière qui ne paraissent dessinées
que par la demi-teinte des fonds. Des dessins,
où dans l'*osé* des noirs, des parties à peine
effleurées par le crayon, des parties grises du
ton effacé d'une contre-épreuve, donnent,
dans l'intensité des ombres, le rayonnement

plume, lavés de bistre ; — Deux Vues de *l'Incendie de l'Hôtel-
Dieu*, à la gouache ; — Une *Femme essayant des chapeaux*, devant une glace au-dessus de laquelle est la Folie ; un jeune
homme la regarde avec une lorgnette ; au bas est écrit : *La
Folie invente les chapeaux* ; — *Vue de l'église Saint-Antoine*, en
1774, aquarelle ; — Figure académique d'homme debout, dessin
au crayon noir et blanc sur papier gris.

diffus et vague et comme mangé de lumière
des morceaux éclairés par un coup de jour;
des portraits, ou des sourires de figures comme
lointaines, s'estompent d'une caresse de vie,
dans le tarabiscotage brutal des cadres et le
fouillis heurté des accessoires. Des vignettes
où le contour, tour à tour noyé, tour à tour
profilé par un fin trait d'encre, donne à un petit
personnage de deux pouces de hauteur le tournant d'une forme vivante dans une atmosphère.
Des vélins où, dans la douceur de la plomba-
gine sur la peau, Gabriel enferme une forme
de femme flottante dans sa ligne, hors du
nuage et dans le nuage encore. Des aquarelles,
d'un emportement de coloris, des aquarelles
qu'a bien certainement regardées l'aquarelle
anglaise du commencement du siècle. Des
gouaches pareilles à un revers brouillé et nué
des soies d'une tapisserie de Beauvais, dont
le bariolage fait des hommes, des femmes, des
foules. Des crayonnages, des crayonnages où
pour arriver à son effet Gabriel risque tous les
mélanges, toutes les combinaisons, associe à
la mine de plomb la sanguine et l'encre de
Chine qu'il recouvre encore de griffonnages

dignes de la plume de la Belle. Il délaye sa
pierre d'Italie et la réchauffe avec du bistre,
sur lequel il écrase quelquefois du pastel. Gabriel est préoccupé de tous les moyens ; il est
à l'affût de toutes les ressources, à la recherche de tous les procédés, et emploie même l'or
liquide dans ses essais, ainsi que l'atteste une
lettre de l'*Avant-coureur* de 1771 [1]. A l'aide
de ces essais, de ces tâtonnements, de ces
inventions, de ces découvertes, de ces *ficelles*,
de ce tripotage, — une nouveauté d'alors —
Gabriel arrive à un ragoût, à un gribouillis, à
un barbouillage d'art qu'on ne rencontre chez
aucun autre artiste.

Toute cette science du clair-obscur sur le
papier, toute cette science de la forme, tout
cet art et tout cet esprit de la figuration d'après
nature, ne sont jamais plus à l'aise que dans

---

1. *Avant-coureur*, N° du lundi 29 avril 1771.
..... J'ai vu entre les mains de M. de Saint-Aubin, peintre
d'histoire, de l'or liquide préparé par M. Thomé, chimiste,
demeurant à Paris, vis-à-vis l'école chrétienne. On peut s'en
servir comme de l'encre et le brunir ensuite. Ce secret était
très-connu sous François Ier, comme on peut le voir par le
portrait de ce prince fait en miniature par *Nicolo dell Abate* que
l'on conserve dans le Cabinet des estampes du roi.

la réduction microscopique des choses, dans l'infiniment petit du dessin. Là, Gabriel de Saint-Aubin est vraiment unique et s'est créé une originalité sans égale. En 1808, à la vente après décès d'Augustin de Saint-Aubin, était offert aux enchères un lot qui, indépendamment de 142 dessins, indépendamment d'un grand recueil, comprenait une boîte en carton contenant treize petits portefeuilles et quatorze catalogues de ventes de tableaux, ornés de croquis et de dessins par Gabriel de Saint-Aubin. Tout le lot se vendait 87 francs 10 sous. Et les catalogues, ainsi que les livres qui ne se vendent pas, entraient dans la nuit de quelque cave de bouquiniste, jusqu'à ces dernières années où, le bruit commençant à se faire sur le nom de l'artiste, les catalogues revoyaient le jour, étaient regardés, étaient achetés par des amateurs ; c'est ainsi que peu à peu les quatorze catalogues et d'autres encore faisaient leur apparition dans le monde de la curiosité. Ils tombaient en possession de MM. Pichon, Duplessis, Galichon, qui conquit le sien au prix de 350 francs, à la vente Boilly, 1869. Pendant ce, un lot d'une dizaine

était retrouvé aux imprimés et faisait une
triomphante rentrée au Cabinet des estampes.
En sorte qu'aujourd'hui les amis de Gabriel
peuvent admirer l'adresse avec laquelle le dessinateur dans la largeur d'une marge, dans la
hauteur de la description d'un numéro de
vente, — trois ou quatre lignes à peine, —
fait reconnaissable, un tableau de Van Dyck,
une statue de Houdon, un bijou antique.
L'étonnant, c'est que la plupart du temps le
croqueton est enlevé, improvisé pendant le rapide passage du tableau ou du bibelot sous les
yeux des enchérisseurs, dans le court délai
qui s'écoule entre la levée et la tombée du
marteau de l'huissier-priseur. Encore Gabriel
a-t-il le temps de jeter souvent sous son dessin
le prix de l'objet vendu et le nom de l'acquéreur. Il a le temps d'écrire que ce tableau est
de Patel et non de Bénard, d'indiquer que ce
tableau vient de la collection de M. de Julienne, de proclamer que ce Lancret est *très-
beau*, de faire, à propos d'une gravure, mention d'un état inconnu. Ici en marge de son
dessin de natures mortes de Chardin possédées
par l'orfévre Rœttiers, il décrit le cadre : un

cadre *environné d'un rameau et d'une chaîne d'or ;*
et tout à côté de son croquis de la *Petite Fille
au chien* de Greuze, une note de lui nous révèle
que la petite fille est ·faite d'après *la fille de
l'auteur.* La vente vient-elle à traîner, ces
indications, ces rectifications, ces admirations
notées sur le papier, il trouvera encore le
loisir, si une figure de femme apparaît dans
la salle, de la croquer sur son catalogue.

Dans ces catalogues de vente, aussi bien que
dans les trois livrets d'exposition, également
possédés par la Bibliothèque nationale, tous
les portraits, tous les sujets familiers qui n'ont
pas été gravés, vous en avez une représentation qui, toute petite qu'elle soit, vous permet
de reconnaître, de retrouver les originaux.
Grâce à ce catalogue de Natoire, il vous est
permis de faire connaissance avec une partie
de l'œuvre si peu connu de Subleyras; grâce
à ce catalogue de Michel Vanloo, bon nombre
des tableaux des cinq peintres de la famille
sont sauvés. Notez que ce n'est pas seulement
des tableaux, des statues que Gabriel dessine,
il dessinera et les dessins, et les gravures, et
les médailles, et les antiquités, et les pots-

pourris de la Chine et du Japon, et les écuelles et les aiguières, et les gobelets de Sèvres et de Saxe. Même il ne lui suffit de dessiner tout ce qui méritait d'être catalogué, il faut qu'il dessine tous les objets sans valeur, rassemblés un peu au hasard dans le dernier numéro d'un catalogue; et la vue est curieuse et bizarre dans un étroit bas de page, de l'entassement et de la presse d'une vingtaine de dessins que transpercent les mots imprimés :

Fin.
Lu et approuvé par Cochin.
De l'imprimerie de Prault.

Ces croquis tiennent du miracle; cette phrase peut seule exprimer ce miraculeux talent qui dans cela, que vous prenez tout d'abord pour des pattes de mouches, vous y fait découvrir des académies d'hommes et de femmes, dessinées anatomiquement dans l'effet de lumière d'un grand tableau. Il y a des paysages dont la perspective se déroule dans un frottement au pouce d'un peu de pierre noire; il y a des charges de cavalerie dont la furie est rendue sur le papier qui boit, par quelques

traits de plume, guères plus visibles que ce
que garde d'une lettre encore fraîche le papier
brouillard d'un buvard. Ici une tache savante
rend la nuit d'une peinture de Rembrandt; là
de petites mythologies, au milieu du rien de
blanc réservé dans la salissure du papier,
nagent dans une gloire à la Boucher. Il est de
ces petits croquetons, ainsi que l'*Accordée de
village* d'après Greuze, ainsi que le *Tombeau
de Monseigneur le dauphin* de Bourgogne, qui,
repris après coup à la maison, lavés de bistre,
d'encre de Chine, d'eau blanchie, et retra-
vaillés de plume, sont des chefs-d'œuvre, de
vrais chefs-d'œuvre. Et toujours, même en ces
minusculités, ce contour dont nous avons
parlé, ce contour ressenti dans l'ombre, qui
semble toujours dessiné d'après la ronde bosse,
ou du moins veut en donner l'effet, et qui dans
ces réductions des choses d'art à la grandeur
d'une pierre gravée, les détache et les met en
relief, comme s'il les dessinait d'après l'empreinte de soufre de cette pierre gravée.

Mais vraiment, qu'est-ce, dans l'immense
quantité des dessins de Gabriel de Saint-Aubin,
que les dessins de ces catalogues? ses dessins

pour ainsi dire des jours de pluie et de mauvais temps. Qu'est-ce, auprès de tous les dessins faits les jours où il y a du soleil et du
monde dans la rue, de tous ces dessins, dont
la gravure, si un Musée, si une collection par-
venait à les réunir tous, serait la chronique
illustrée la plus complète des *faits divers* du
Paris du xviii*e* siècle ?

Qu'eût fait cependant Rome, de Gabriel,
s'il eût eu le grand prix? un peintre d'histoire
de la valeur de Subleyras. En effet, deux
tableaux que nous avons vus, chez M. Leblanc,
signés *G. de Saint-Aubin :* l'un représentant la
Loi, l'autre l'*Archéologie,* ne promettaient guère
plus à l'avenir de Gabriel[1]. L'Académie fit
donc bien de le laisser à Paris ; car Paris, c'est
le maître et le génie de Gabriel. Et cependant
il y a de lui, vers 1764, en un jour de retour
aux études de sa jeunesse, une œuvre qui

---

1. Il est bien entendu que je ne juge ici que sa peinture
d'histoire ; pour juger l'autre, qu'il y a tout lieu de croire
colorée et spirituelle comme son aquarelle, il serait nécessaire
d'avoir sous les yeux quelque peinture bien authentique, il
faudrait avoir retrouvé l'*Académie particulière* de la vente de
M*me* Dubarry ou quelque scène familière reconnaissable par la
description des livrets de Saint-Luc.

mérite d'être signalée : l'*Abrégé de l'histoire
romaine* publié chez la librairie Nyon l'aîné. A
première vue, les dessins de Gabriel se dis-
tinguent des dessins d'Eisen et de Gravelot.
Ils sont curieux, ces dessins, par la grandeur
des architectures et des fortifications, par l'ora-
geux des ciels, par la coloration et le mouve-
menté tumultueux des scènes ; curieux, sinon
par une recherche de la couleur locale, au
moins par un effort à reproduire autre chose
que les tragédies romaines jouées par les figu-
rants de la Comédie-Française. Il y a encore,
dans ces dessins, un côté décoratoire tout à
fait inattendu, et dans cet épisode de la première guerre punique sur cette mer toute
couverte de galères à tête d'éléphant, l'infinie
dégradation jusqu'à l'horizon le plus lointain,
des trirèmes, des rames, des voiles, vous donne
l'illusion d'un de ces combats corps à corps de
deux flottes, d'une de ces grandes mêlées
nautiques de l'antiquité. Mais là où Gabriel
fait vraiment preuve de qualités qu'on n'est
pas habitué à rencontrer dans l'école française
du temps : c'est dans le *Triomphe de Pompée*,
dans le fourmillement au pied des monu-

ments de l'ancienne Rome, de ces légion-
naires, de ces captifs, de ces cavaliers, de
ces mimes, de ces hommes, de ces femmes,
de ces enfants ; — une planche dont le gran-
diose de la perspective, la pompe théâtrale de
la mise en scène, la multitude innombrable et
indénombrable fait involontairement penser à
une composition du peintre anglais Martins
dans un décor de Piranese.

Courte station que fait, du reste, Gabriel
dans l'antiquité, ses vingt-sept dessins terminés, le dessinateur revient bien vite, et tout
entier, à son Paris aimé, à tout ce qui s'y passe,
à tout ce qui s'y fait, à tout ce qui s'y voit. La
vieillesse, chez lui, ne fait qu'enfiévrer cette
rage de vouloir tout dessiner, tout fixer, tout
éterniser sur un méchant calepin; et on le voit,
tous les jours de l'année que Dieu fasse, poursuivre sur des jambes éternellement jeunes,
aux quatre coins de Paris l'événement ou la
curiosité du jour. Y a-t-il une illumination de
la galerie de Versailles ? Passe-t-il sur les
boulevards une victorieuse bouche à feu, revenant de la bataille de Lutzelberg ? Encastre-
t-on la colonne de Soissons dans les nouvelles

Halles aux grains et aux farines? Le salon des
Muses du Wauxhall est-il livré au public?
Inaugure-t-on la porte du Palais de Justice?
Fait-on sur la Seine une expérience de bateau
insubmersible? Le Colisée donne-t-il une fête
au roi Louis XV? aussitôt de *visu* et grande
comme la page d'un almanach galant, une
pierre noire, une sanguine, une aquarelle,
une gouache, et quelquefois avec le dessin
une eau-forte. La *Vénus* de M. Mignot « destinée à faire le pendant à l'Hermaphrodite
antique » fait-elle la foule autour d'elle au
Salon de 1757? dans une précieuse encre de
Chine, Gabriel vous gardera la statue de
M. Mignot avec le Turc en contemplation
devant elle. Couronne-t-on Voltaire à la Comédie-Française? Gabriel lavera cette éclatante
aquarelle cachée dans un carton du Louvre et
qu'on regrette de ne pas voir exposée pour la
gloire de son nom. Et toujours, et « en tout
temps et en tout lieu », comme le dit l'*Almanach des artistes de 1777,* crayonnant et dessinant ce Gabriel de Saint-Aubin. Qu'une expérience de chimie ait lieu dans la chambre
d'expérimentation du chimiste amateur le duc

de Luynes , Gabriel sera là, dessinant les alam-
bics, les matras, les abbés et les grandes
dames physiciennes. Que la ville élève les
demi-lunes du Pont-Neuf, affermées par le
roi au profit des veuves de l'Académie de
Saint-Luc, Gabriel sera là, dessinant les gué-
rites en train de s'élever. Que la foire Saint-
Germain brûle, Gabriel sera là, *le même soir,*
dessinant les débris brûlants. Que Damiens
soit à la veille d'être écartelé, Gabriel sera
dans le cachot du condamné, le dessinant
bouclé sur une grosse pierre[1]. Tous ces dessins, tous ces croquis, on le pense bien,
d'après les habitudes du dessinateur de catalogues, portent l'indication du jour, de l'heure
où ils ont été faits. Quelquefois même la chose
représentée a son historique entremêlé d'a-
dresses, de recettes de peinture, d'ordonnances médicales ; c'est une pluie, tout autour,
d'écritures, de caractères qu'on ne peut
déchiffrer qu'à la loupe ; la marge déborde de
notules et de babillages, de prose rimée enjam-

[1]. Dessins des deux ventes Pérignon (mai 1864 et mai 1865);
dessins des armoires du Louvre ; dessins de ma collection ;
eaux-fortes de l'œuvre gravé du maître.

bant le dessin, absolument comme si Gabriel de Saint-Aubin avait désiré s'entretenir avec les futurs collecteurs et les futurs amis de ses caprices.

Il s'y raconte, il s'y avoue, il s'y confesse. On y rencontre en vingt endroits sa haine des jésuites, et en vingt endroits aussi son idolâtrie de Voltaire[1], pour lequel il dépensa une si grande imagination allégorique[2]. Son amour de l'humanité se lit dans cette phrase au-dessous de l'expérience du bateau insubmersible

1. Citons un *Voltaire dans sa bibliothèque* qu'on trouve généralement tiré en rouge et un Voltaire foulant aux pieds la *Pucelle* de Chapelain et considérant les médaillons de Jeanne d'Arc, de Dunois, d'Agnès Sorel qu'éclairent sous ses yeux les génies de la poésie et de la satire.

2. Gabriel est de sa nature très-allégorique. Aux dessins d'après nature qu'il a faits, il faut joindre des centaines de dessins dans lesquels son imagination faisait revivre en plein XVIII° siècle la fable et ses aimables nudités. La naissance des princes, leur mariage, la mort de ses confrères, lui inspiraient des berceaux, des temples, des mausolées autour desquels il faisait monter une spirituelle mythologie. Et bien souvent même dans la représentation des choses les plus réelles et les moins pratiques, il lui faut son petit coin d'allégorie. Dessine-t-il une joute? des Néréides, mêlées à des Éoles joufflus, épancheront leurs urnes dans le ciel. Dessine-t-il une expérience de chimie? Phœbus regardera son image dans un bouclier que lui présente le génie de la science.

de M. de Bonnières : *Le seul honneur est d'être utile aux hommes*. Avec ces petits fragments de confession mis bout à bout il est presque possible de reconstruire l'homme. Une âme d'utopiste qui est déjà une âme de 89, avec une cervelle à l'envers où il y a du philosophe et du fol, de l'artiste et du savantasse. Gabriel vit peu avec les gens de son métier, il vit avec des hommes de lettres, des savants, des grands seigneurs, des comédiens et des comédiennes, dont, au dire de la chronique secrète, il égaye parfois un souper avec l'excentricité de ses idées et de son esprit. Gabriel n'enferme pas sa vie, comme son frère Augustin, dans un joli intérieur bourgeois orné d'une jolie femme. La vie de Gabriel est toute hors le foyer ; quand elle n'est pas dans la rue, elle est dans ce *café de Vendôme*[1], dans lequel je me représente, au milieu d'un public de nouvellistes, l'artiste parlant, pérorant, débagou-

1. Ce café est vaguement représenté dans une vague aquarelle, passée à la vente de mai 1864, n° 301. L'aquarelle a pour titre : *Vue du caffé de Vendôme, tenu par Mangin,* 1777, et porte en bas cette curieuse suscription : *Vue du café où l'auteur passait ses soirées.*

lant tout le bavardage philosophique que ne
pouvait contenir la petite marge de ses dessins.

Au bout de ce vagabondage du matin au
soir, de cette vie de la rue et du carrefour, de
cette frénésie de dessin, prenant à la fin un
caractère de monomanie, il arrivait que Gabriel
n'avait plus souci de sa personne et s'habil-
lait et se laissait vivre à l'aventure, et mourait
en 1780 de l'abandonnement qu'il faisait de
lui-même [1].

Parler des dessins de Gabriel de Saint-
Aubin, c'est faire l'éloge de la moitié de son
talent ; aussi voulons-nous parler de ses eaux-
fortes, de ces planches charmeresses qui font
du petit maître du xviiiᵉ siècle, le seul, l'unique
aquafortiste français.

Ce que nous avons dit de ses dessins, dit
assez que le dessinateur était né pour l'eau-
forte. L'eau-forte est l'œuvre du démon et de
la retouche. Le prime-saut, le premier coup,
la vivacité, le diable au corps de la verve et

1. *Nouvelles de la république des lettres et des arts*, par
M. de la Blancherie, 1783, n° XXVII.

de la main, il faut avoir toutes ces grâces, être
plein du dieu — et de patience. Gabriel était
l'homme de ce procédé, libre, courant, volant,
plein de caprice et d'imprévu[1], avec sa cuisine

1. Je donne le catalogue des eaux-fortes de Gabriel-Louis-
Aubin, d'après le travail de M. de Baudicour, travail bien
incomplet, mais qui a pour lui d'être le premier essai de catalogue qu'on ait tenté de l'œuvre du spirituel petit maître.

1. *Laban cherchant ses dieux* (3 états). I. Avant toute lettre
et avant les travaux sur la cuisse de la femme et le terrain
au-dessous d'elle. II. Avec l'inscription : LABAN CHERCHANT
SES DIEUX, au milieu, à la marge. III. Avec, dans la marge,
sous le trait carré à gauche : *Gabriel de Saint-Aubin, inv.* 1753,
et à droite : *Épreuve du* 10 *mars* 1763.

Sur l'épreuve que je possède et qui provient de Robert
Duménil, il y a écrit à la plume, sur un trait qui ne semble
pas avoir mordu : *Épreuve perfectioné à la plume par l'auteur,*
1769.

2. *Réconciliation d'Absalon avec David* (2 états). I. Avant
l'inscription dans la marge. II. Sous le trait carré, à gauche, on
lit : *Gabriel de St-Aubin,* 1752, et au milieu de la marge ·
RÉCONCILIATION D'ABSALON ET DE DAVID.

3. *Convalescence du Dauphin, allégorie.* I. L'ombre de la
balustrade de l'escalier indiqué seulement par des tailles horizontales et le fond du palais recouvert de tailles verticales.
Au-dessous du trait carré, on lit à gauche : *G. de Saint-Aubin;*
à droite, 1752, et un peu au-dessous : *La France rend grace à
Esculape de la guerison de M. le Dauphin*, et les six lignes expli-
catives de l'allégorie. II. Avec l'entre-croisement des tailles
horizontales et verticales.

4. *Allégorie au mariage du Dauphin, depuis Louis XVI.*

empoignante, avec ses mystères de chimie,
avec les surprises ou les déceptions de la mor-

(2 états). I. Sur le terrain on voit les traces des initiales du
maître, et sous le troisième trait carré, on lit à gauche : *Composé et gravé à l'eau-forte par Gabriel de St-Aubin*, et à
droite : *en Mai* 1771. II. Le nuage, l'aile gauche et la cuisse du
génie, presque blancs dans le premier état, recouverts de nom-
breux travaux. Le nom de Saint-Aubin écrit à la pointe, remplacé par l'écriture d'un graveur en lettres : *Gabriel de Saint-
Aubin del et sculp.* Au-dessous, enfin, l'explication en six lignes
de l'allégorie, et la dédicace à M. et à Mme de Provence, par
Bezacier, chanoine de Saint-Loup à Troyes.

5. *Allégorie des mariages.* Dans l'angle, au bas, à gauche,
sur une pancarte, près d'une basse, on lit : N° 600. Dot,
300 fr., et à droite, sur une varlope : *G. de S. aubin invenit*;
puis dans la marge : ALLÉGORIE DES MARIAGES FAITS PAR
LA VILLE — *de paris a la naissance de Mgr le duc de Bourgogne
en 1751.*

Dans le premier état, la colonne la plus rapprochée, à gauche,
n'offre que des tailles verticales, et les fonds entre les colonnes
sont blancs. Dans le troisième état, la signature du maître
sur la varlope a été effacée et remplacée par celle-ci : *G. de
St-Aubin fecit.*

6. *Pièce allégorique pour l'érection de la statue de Louis XV
sur la place du même nom.*

De cette pièce, représentant un groupe de petits génies
enlevant le voile qui couvre la statue du roi et sur laquelle
on lit : *Gabriel de S^t. aubin f.*, M. de Baudicour n'a jamais
rencontré qu'une épreuve non terminée.

7, 8, 9, 10, 11, 12. Six vues de l'incendie de la foire
Saint-Germain sur une même planche, disposées par trois sur
deux rangs. 7. Sur un pignon de maison on lit : SIX *vues de la*

sure, avec les dégoûts et les reprises de goût
pour une planche qu'on jette et qu'on reprend

*foire de Saint-Germain gravées d'après nature par Gabriel de
S*.*-Aubin,* 18 *mars* 1762. 8. Sur un débris de charpente :
G. de S. Entre cette vue et la suivante, une charge griffonnée
qui porte : *hippolite latude Clair en aout* 1764. 9. Au bas, à
gauche : *G. d S.* 10. Au-dessus du trait carré : *maison du
concierge de la foire incendiée la nuit du* 16 *au* 17 *mars* 1762, et
au-dessous : *gravé par G d S le même soir.* 11. Sur un bout de
mur blanc, à droite, l'inscription suivante : *Grande morsure
—* 23 *décembre* 1762. Sur le terrain on lit : *G..... de S*. *aubin
f,* et au dessous du trait carré : *ruines de la foire de S*-*Germain costé de l'abbaye du même nom.* 12. Au-dessus du trait carre
on lit *G... de S...,* et au-dessous de ce trait : *débris de la foire
du costé du grand café Alexandre.*

13, 14. *Spectacle des Tuilleries en deux vues de même grandeur sur la même planche.* 13. A gauche, sur le terrain, près du
trait carré, on lit : *retouché a la pointe seche en* 1763, et au-
dessous du trait carré dans la marge : *Gabriel de S*. *aubin,*
1760, et enfin au milieu de la marge : SPECTACLE DES TUI-
LERIES, 1760. Le premier état est avant : *retouché a la pointe
seche en* 1763. 14. Au-dessous du tonneau d'arrosage : *Gabriel de
S. aubin f* 1760, et plus loin, au-dessous de la grande roue du
tonneau : *novembre* 1760.

15. *Le Charlatan.* Sous le trait carré à gauche, on lit :
G de Saint aubin f., et au-dessous ces quatre vers :

*Ce charlatan Sur la Scene publique
Joüant les medecins, Se croit au-dessus d'eux
Le medecin meprise l'empirique
Et le Sage a bon droit Se rit de tous les deux.*

Dans le deuxième état, la grille monte jusqu'au piédestal

dix fois. Il se jeta au cuivre, et se trouva aussitôt une pointe à lui, allante et venante

de la statue d'Henri IV, et la caisse de la voiture du charlatan
blanche dans le premier état, est teintée.

16. *Le Bœuf gras.* Sous le trait carré, on lit à gauche :
Gabriel de S. Aubin f., et dans la marge : MARCHE DU BŒUF
GRAS. M. de Baudicour n'a pas vu que la date de la planche,
1750, est gravée sur une affiche qui traîne à terre.

17. *Foire de Beson.* A gauche, au-dessous d'une femme
tenant une hotte, on lit : 1750. *Gabriel de S. aubin pinx,* et
dans la marge : VUE DE LA FOIRE DE BESONS *près Paris.*

18. *Bal d'Auteuil.* Sur le terrain à droite de la chaise, on
lit : *Auteuil, g d S* 1754; au-dessous du trait carré à gauche :
Gabriel de S. aubin fecit, et sous le même trait carré, gravés
au burin, ces mots : *Gabriel de Sᵗ-Aubin fecit.* Le chiffre 2
existant sur l'épreuve possédée par M. de Baudicour lui faisait
supposer qu'il existait une autre planche.

19. *Le Salon du Louvre.* A gauche, sur le carreau du palier,
on lit : *Gabriel de S. aubin* et dans la marge : VUE DU SALON
DU LOUVRE EN L'ANNÉE 1753. Dans le second état, le titre est
précédé du mot EXACTE, et la date de 1753 est remplacée par
celle-ci en chiffres romains : MDVIILXVII.

20. *Les Nouvellistes.* A gauche, au-dessous du trait carré,
on lit : *Gabriel de S. aubin inv* 1752, et au milieu de la marge :
LES NOUVELLISTES.

21. *Conférence de l'ordre des avocats.* Sur le parquet on lit :
Gabriel de Sᵗ. aubin inv et sculp. Il y a un premier état, dont la
morsure a manqué, et qui est un nuage sur mon épreuve,
Gabriel de Saint-Aubin a écrit : *epreuve du 26 septembre* 1776,
indication gravée sur quelques épreuves, au dire de M. de
Baudicour.

22. *Les Deux Moines veillant une jeune fille morte.* La seule

et toute fourmillante d'amusants travaux,
brouillée parfois, mais se retrouvant toujours,

épreuve qu'ait vue M. de Baudicour étant entièrement privée
de marge, il déclare ignorer si cette planche porte le nom du
maître.

23. *L'Académie particulière.* A gauche dans la marge, dans
le trait carré, on lit : *de S. aubin f,* et au milieu : *l'académie
Particuliere.*

24. *L'Adresse de Perier marchand quincailler.* Dans le haut,
on lit l'adresse suivante : A LA TESTE NOIRE PERIER M^d
QUAY DE MEGISSERIE. Sur le côté du comptoir, à droite, on
lit : GD SA. et au-dessous la date 1767. On lit encore sous le
trait carré, à la suite de mots indéchiffrables : *S^t aubin.*

25. *Vignette pour une adresse.* Sur la première marche de
l'escalier que descend le petit génie portant un cylindre sur
l'épaule, on lit : *Gabriel de S^t aubin,* et sur le bord de la draperie, à gauche, le millésime 1752. Il y a un premier état,
avec une coulure d'eau-forte sur la draperie, et avant le nom
de l'aquafortiste.

26. *Le Disque.* A gauche, sur la seconde marche, on lit :
Gabriel de S^t. aubin in fecit 1757.

27. *Fontaine.* On lit, à droite, 1767, et au bas : La COLERE
DE NEPTUNE G D S A. On lit encore dans la marge, au-des-
sus du trait carré : *Gabriel de S. aubin invenit et fecit* n° 1314
du Catalogue de M. de Julienne, et dans la marge, à droite :
*Toute la fontaine est gravée par M. Canut et se trouve chez
M. Chereau, rue Saint-Jacques, aux deux pilliers d'or.*

28. *Le Facteur.* On lit à gauche, sous le trait carré : *G d S
Aubin f,* et à droite : 1760, puis au milieu, dans la marge : *la
petite poste.*

29. *La Jeune Femme à la terrasse.* Sous le trait carré on lit :
de Saint aubin invenit et sculpsit.

et presque insolente de *furia* et de *brio* dans des égratignures fines comme des cheveux,

30. *Les Deux Amans.* Au-dessous de la musette on lit : *G. de S^t. aubin.*

31. *Arlequin et Colombine.* Sous le trait carré, à gauche, on lit : *Gabriel de S^t. aubin,* et au milieu de la marge : THÉATRE-ITALIEN.

32. Le Tombeau. Cette pièce, représentant un tombeau surmonté d'un portrait de femme, d'où se lève un squelette tenant une épée, est sans nom ni monogramme.

33. Les quatre vases sur la même planche. Sur ces quatre vases est répétée quatre fois la signature *gabriel;* et au-dessous de celui qui est dans l'angle du bas, à gauche, on lit : *Cabinet de M. de Lalive de Jully, introducteur des ambassadeurs,* et la date 1754.

34. *Mérope.* A gauche, sous le trait carré, on lit : *Gabriel de Saint aubin f,* et au milieu de la marge : *Meroppe, acte 5e.* Dans le premier état, le retour de la galerie de gauche n'est qu'indiqué, l'entablement n'est pas encore formé, l'ouverture de la deuxième fenêtre de droite est blanche.

35, 36. *Deux vignettes gravées sur la même planche pour la tragédie de Tancrède.* Dans le 35, vignette de droite de la planche, au-dessus du premier carré, on lit : *Gabriel de S^t. aubin pinxit 7bre 1760,* et à droite : *idem sc. aqua fort.* On lit encore, entre les deux traits carrés : *Gabriel de S. aubin septembre 1760,* et au milieu TANCREDE, *acte* 3. 36. Au bas de la seconde vignette, on lit à gauche : *Gabriel de S. aubin pinxit 7bre 1760;* à droite, *idem sculpsit aqua fort* et plus bas, au milieu, TANCREDE, acte 5e.

37, 38, 39, 40. *Quatre vignettes pour un ouvrage sur l'Amérique dont on ignore le titre.* 37. Un chef de sauvage appuyé sur son arc. Au bas, à gauche, on lit *Gabriel de S^t.*

douces comme des rayures de pointe sèche ; et
toute menue, menue qu'elle est, cette pointe,

Aubin f 1767. 38. Sauvage courant tenant une lettre. Sur le
terrain à gauche : *gabriel de S. aubin f* 1767. 39. Jeune Euro-
péen emmené par des sauvages. A droite : 1767 *gabriel de
S. Aubin f.* 40. Un sauvage tenant dans ses mains la tête d'un
autre sauvage que l'exécuteur vient d'abattre avec sa hache.
En bas à gauche : *Gabriel de Saint-Aubin f.*

41. *On ne s'avise jamais de tout.* A gauche on lit : *g de s*
et plus bas, dans la marge, entre deux traits carrés : *gabriel
de s¹. aubin.* Sur le champ d'une bordure à tailles plates qui
entoure l'estampe est légèrement gravée l'inscription : ON NE
S'AVISE JAMAIS DE TOUT. Il y a un premier état, avant les
nuages dans le ciel, avant l'ombre portée de la tourelle, avant
l'inscription du haut.

42. *Planche destinée pour un catalogue d'objets d'histoire
naturelle.*

Cette planche, où il y a d'un côté quatre coquilles et de
l'autre sept agates herborisées, porte dans la coquille, au bas
à gauche, les initiales *G d S.*

43. Portrait de Damiens. Sur la pierre où il est garrotté est
écrit : *interieur de la tour de mongomeri.* Dans le fond, à gauche,
où on le voit écartelé par quatre chevaux, on lit au-dessous :
idée du supplice. Dans la marge, sous le trait carré, on lit à
gauche : *né le 5 juillet 1714, éxécuté le 28 mars 1757,* et au
milieu de la marge, en caractères tracés par des points : LE
SCELERAT DAMIENS. Cette pièce du cabinet des estampes,
indiquée à M. de Baudicour par Georges Duplessis, quoique
sans nom, ne laisse aucun doute sur son auteur, et par le faire
et par le caractère des écritures.

44. *Portrait de Sedaine.* Autour du médaillon on lit :
MICHEL JEAN SEDAINE M. Sur la première marche de l'angle,

elle griffe, quand elle veut profondément le
cuivre et pousse aux noirs de Rembrandt,

au bas : G S et sur la seconde : *Gabriel de St-Aubin in et
fecit.*

Aux 44 pièces qui composent dans le catalogue de M. de
Baudicour l'œuvre gravé du petit maître français, il faut
joindre encore les n°s 287 et 288 de la vente Robert-Dumesnil
(décembre 1854.) 287. *Aérostat de MM. Charles et Robert, aux
Tuilleries, en présence du duc de Chartres et de plus de 800,000 personnes.* 288. *Sainte Catherine.* Et je crois l'œuvre encore bien
incomplet.

Pour ma part, j'y apporterai quatre pièces faisant partie
de ma collection. D'abord, deux feuilles repliées du REPER-
TOIRE DES BALS *ou la theorie pratique des Contredanses par le
S de la Cuisse maitre de danse* 1762 ; deux feuilles ou plus de
quatre-vingts danseurs et danseuses de la grandeur de deux
lignes et costumés en arlequin, en pierrot, en polichinelle
en colombine, dessinent les figures de la contredanse. La
première, qui a pour titre : *La Bionni Contredanse tirée du
Waxhall hollandais*, n'a ni signature ni monogramme. La
seconde, qui a pour titre : FIGURE DE LA GRIEL, CONTRE-
DANSE, et qu'une note en marge nous apprend avoir été nom-
mée du nom d'un portier du parc de Saint-Cloud, à qui fut
accordé la permission de faire le bal, est signée en lettres
imperceptibles sur la ligne de point de la première figure :
g d S.

Une autre pièce toute petite représente un cabinet d'histoire naturelle au milieu duquel est dressée sur un piédestal
une figure d'Isis, que désigne un génie aux grandes ailes. Il a
été gravé pour l'almanach historico-physique ou *phisiosophie
des dames.* Paris, 1763. Il est sans désignation de graveur.

Enfin une dernière pièce, qui fait la 50e de l'œuvre : sous

sans aucun souci de la propreté et du *brillanté*
de la gravure du commerce. Que Gabriel pro-

un œil ouvert et entre les plateaux d'une balance relevée sont
deux médaillons accolés. Dans le médaillon à droite un homme
jette au feu les livres de Molina, Mariana, Suarez, pendant
qu'un jésuite, le dos tourné, s'enfuit. Dans le médaillon de gauche, deux écoliers sortent en gaminant d'une porte grande
ouverte de collége, un jésuite pleure de l'autre côté de la
porte au pied d'une colonne. Sur le rebord de la tablette qui
devait servir à contenir l'inscription, se sauve un renard à la
queue coupée ; la planche non terminée et teintée dans certaines parties à l'encre et au bistre ne porte pas encore la
signature ou le monogramme de Saint-Aubin.

Et parmi ces cinquante planches j'oublie encore un certain
nombre d'illustrations de l'*Histoire romaine*, dont les eaux-
fortes pures pour la *Destruction d'Albe*, le *Triomphe de Pompée*, la
Mort de Germanicus, sont bien certainement de Gabriel de
Saint-Aubin.

Les planches les plus intéressantes pour l'*Histoire des mœurs*
gravées d'après Gabriel sont : La Guinguette, *Divertissement*,
pantomime du théâtre Italien, composé par Hesse, Le carnaval
du Parnasse, deux planches gravées par Basan. Il est une
autre planche en hauteur qui n'a pas été terminée et qu'une
note manuscrite sur l'exemplaire du Cabinet des estampes dit
être gravée par Duclos d'après une peinture exécutée en 1760.
C'est une représentation des Parades du boulevard du
Temple.

Je possède de Gabriel de Saint-Aubin une curiosité qui a
tout l'air d'être unique : c'est un éventail fait pour le mariage de Marie-Antoinette en 1770. Une Renommée s'envole
d'un autel sur lequel sont posées les mains du Dauphin de
France et de la princesse d'Autriche ; sur la terre, des sol-

mène ses masques sur les chemins, ou qu'il groupe les Nouvellistes dans un café, ou qu'il noue une ronde sous les ombrages du bal d'Auteuil, c'est toujours même rayon, même tapage, même badinage, même petillement, même signature de Gabriel de Saint-Aubin à tous les coins de la planche : petites œuvres d'aventure, faites d'un rien, en se jouant, qui — elles toutes seules — méritent à Gabriel de Saint-Aubin une place dans l'histoire de l'art.

Regardez l'aristocratique et la quintes-senciée représentation du monde des chaises des Tuileries. Ce ne sont que deux étroites bandes où l'aiguille, une aiguille à coudre, a roulé quelques heures, de ci de là. Voici

dats des deux nations fêtent le mariage le verre à la main, tandis que dans le ciel des Amours roulent le plan de la der-nière guerre. A gauche, l'Hymen brise une épée et brûle avec une torche des armes ; à droite, la Guerre, à demi dévêtue de son armure a les bras croisés, et ses pieds reposent sur les tim-bales. C'est un trait à l'eau-forte presque entièrement recou-vert de retouches à la mine de plomb et à la plume. Dans la marge de l'éventail on déchiffre de l'écriture de Saint-Aubin ces deux lignes tracées au crayon : *Je prie M. Duclos de me con-server cette epreuve retouchée avec un tres grand soin.* Le trait à l'eau-forte, sans doute de Duclos, n'a jamais dû être ter-miné au burin.

cependant, sous l'ombre des grands marron-
niers, au-dessous des groupes d'*Anchise* et
d'*Arrie*, tout le beau et le joli monde d'alors,
qui vous apparaît, comme si vous le voyiez
par le petit bout d'une lorgnette retournée,
dans le train et le manége d'une promenade de
Lilliput. Par quelle magie? on ne sait vraiment.
Et l'on se demande comment dans un pareil
gribouillage, et comment sur un si petit théâtre
Gabriel a pu montrer le *Spectacle des Tuileries*.

Mais la petite merveille de Gabriel et la
planche d'art par excellence au xviiie siècle :
c'est le *Salon du Louvre en l'année 1753*. La
montée du grand escalier de l'exposition,
sur les marches le colloque de ces deux amateurs barrant le passage à la foule, avec l'arrêt
méditatif et contemplateur de cette femme à la
main si mollement abandonnée, avec l'ascension paresseuse de cette autre se faisant porter
par un bras amoureux, avec les accoudements
de toutes celles-là sur la rampe d'en haut,
derrière le petit suisse à la petite hallebarde ; la
montée du grand escalier dans toutes les attitudes de nature, dans toutes les poses naïves
d'une curiosité, le nez en l'air et l'œil déjà

aux tableaux dans toute la variété des mouvements de grâce que met l'action de gravir des
marches, en des corps et des jupes de femme :
c'est là la planche de Gabriel, et c'est toute
cette coquette mimique dessinée par les alter-
natives d'ombre et de lumière que font des
jours de fenêtre dans des tournants d'escalier, par le pittoresque éclairage en écharpe.
Un vrai tour de force que cette lumière qui
au milieu des ténèbres de l'image paraît re-
muante comme un vrai rayon de soleil, dans
la demi-nuit d'une chambre aux volets fermés ;
une lumière qui met comme un tremblement
de vie sur tout ce qu'elle baigne, sur tout ce
qu'elle effleure. Le travail est des plus simples
cependant ; rien que des rayures verticales ou
horizontales, qui prennent des courbes un peu
transversales sur les vêtements des personnages, une attaque du cuivre un peu rèche, la
dureté des noirs d'une vieille eau-forte ; et cela
fait cependant si bien, si bien, qu'il semble
avoir sous les yeux une estampe de Rembrandt
dans laquelle, un moment, aurait badiné l'esprit
du dessin français.

III

Augustin de Saint-Aubin était né le 3 janvier 1736 ; et voici son coup d'essai à seize ans : une petite planche fleurie d'Amours qui heurtent les cymbales, voltigent sur les basses, font bégayer les flûtes, se courbent sur les mandolines, secouent les tambourins ; concert charmant et de la plus amusante rocaille, qui est la carte d'entrée du *Concert bourgeois de la rue Saint-Antoine.* On avait de ces recherches en ces années de grâce. Augustin était à bonne école, à l'école de son frère Gabriel, qui le faisait dessiner, et dessiner, et, crayonnant sans repos, le tenait crayon en main, le renvoyant de temps en temps cependant aux leçons de Rubens et des vieilles estampes. Gabriel pensait qu'il fallait tourner Augustin vers la gravure sérieuse, la gravure d'histoire ; et Augustin pensait comme Gabriel. Ce fut sans doute dans cette idée qu'il entra chez Fessard ; et je lis au bas d'un petit christ en croix, petite image de dévotion à la Pompadour, je lis,

de la main d'Augustin : *J'ai fait cette drogue
la première semaine que je suis entré chez Étienne
Fessard en 1755* [1]. Et bien vite, le jeune homme
revient à son temps et se retourne vers les
billets de ses plaisirs et les jolies annonces de
ses industries. Sa récréation est là, et sa veine
heureuse, et son école buissonnière, lorsqu'il
tourne le dos aux froids dessins des antiquités
de M. de Caylus. Lui aussi, il sera un orne-
maniste de ces riens honorés et parés par
l'art, qui se prête à tout sans descendre. Il
sèmera les fleurs et les caresses de l'image sur
ces mille cartes éphémères et volantes : adresses, invitations, convocations, avis au public,
programmes de fêtes, lettres de mariage, entrées
de bal paré, factures de marchands, tableaux
du départ des coches, places au feu d'artifice,
places aux expériences du globe aérostatique,
places d'amphithéâtre à la Comédie-Française,
bouts de papier que nos pères voulaient enguirlandés du caprice des plus illustres et des
plus habiles. Belle mode, qui mourut digne-
ment avec Prudhon !

1. Œuvre d'Augustin de Saint-Aubin, annoté et légué par lui
à la Bibliothèque impériale, Cabinet des estampes.

Les grands maîtres de ces petites choses, c'étaient Moreau, et Cochin, et Choffard, le premier de tous ; Choffard, l'encadreur merveilleux qui, avec les fuites, les retours et les torsades d'un bouquet de roses dénoué autour d'un cadre Louis XVI, était toujours neuf et admirable ; Choffard, l'annonceur des uns et des autres, de l'orfévre Vallayer, du marchand graveur Aubert à l'enseigne du Papillon, du libraire Prault au quai des Augustins, de l'horloger Danthiau, du brodeur ordinaire du Roi Balzac ; l'annonceur de lui-même et de son talent dans ses deux adresses, l'une rue des Francs-Bourgeois, entre une *porte cochère et un pâtissier,* l'autre rue des Cordeliers, celle-ci dans un si joli nœud de rubans et une si aimable guirlande de roses feuillues et ouvertes ainsi que des roses trémières. Il était encore, Choffard, l'annonceur de Remy, le marchand de ratine au Vase d'or. Cassaigne, apothicaire du Roi, lui commandait, pour la couverte de ses fioles, bouteilles, boîtes, flacons, pots, la gravure de seize modèles différents qui devaient boucher de leur charmante fantaisie tous les produits de cet apothicaire artiste ;

et Fougeron, un apothicaire d'Orléans, imitait
l'apothicaire de Paris. Lui-même, Tronchin,
demandait à Choffard sa carte de visite et
l'écusson de ses armoiries : — le docteur
n'était-il pas noble de Parme et de Plaisance ?
— écusson entouré de lauriers, de lampes à
tête de coq et de plumes toutes taillées pour
les ordonnances charlatanesques. Paupe, marchand, au Cordon-Bleu, tenant magasin de
cordons bleus et rouges, lui faisait jeter un
cordon du Saint-Esprit en sautoir sur son
adresse. Tout voulait être orné et illustré par
Choffard. Tout voulait s'annoncer par le plaisir des yeux, et le répugnant même, et jusqu'au *Nouvel exutoire ou pommade épispastique
sans cantharides.* Mademoiselle Werneau, qui
vendait la véritable cire d'Espagne, priait
Choffard d'attacher le médaillon de Louis XV
très-chrétien au-dessus de l'annonce de ses
produits. Les jolis bons de piastres au porteur de la Compagnie des Indes ! la jolie mêlée
de rocaille et de fleurs ! le joli cloutis de fleurs
de lis des cadres ! et les jolies cornes d'abondance d'où dégringolent les pièces d'or ! si je
n'aime mieux cet élégant rinceau qui rondit

autour d'une invitation de bal prenant pied
dans une marotte et un masque :

Bal
Pour lundi,
A 6 hes,
Les Dames sans
Panier.

Moreau dessinait l'adresse de Chamot,
marchand tailleur, rue de la Harpe. Les
Amours qui allumaient des torches pour la
fête de l'ambassadeur de France étaient du
peintre du *Monument du costume.* De Moreau
était l'adresse de Fagard, l'horloger de l'abbaye Saint-Germain-des-Prés. Le nom de De
La Ville, entrepreneur de bâtiments, était jeté
par Moreau sur les échafaudages du Garde-
Meuble, entre les lourds camions et les mus-
culeux limousins. Et de cette société académique des Enfants d'Apollon tenue à l'hôtel
Lubert, qui lui dut le portrait d'une partie de
ses membres, Moreau traçait l'adresse sous
une tête d'Apollon rayonnante.

Le premier dessin que gravait Cochin fils,
d'après lui-même, était l'enseigne de Stras, le

fameux bijoutier. C'était encore l'enseigne de
Roberdeau, orfévre de Bordeaux ; et les deux
fois que le Dauphin se mariait, monseigneur
le Dauphin chargeait Cochin du billet du bal
paré qui était donné à Versailles ; et pour les
divertissements donnés au Roi par madame la
marquise de Pompadour sur le théâtre des
petits appartements, Cochin était choisi pour
dessiner la parade de trois pouces que jouaient
Isabelle, Léandre, Pierrot : la carte d'entrée
des petits appartements. — Gravelot dessinait
la marque des livres de M. Thiroux d'Arcon-
ville, président au Parlement ; Eisen, dans
les Amours, les boussoles, les sphères, les
astrolabes, laisse tomber l'adresse de M. Ma-
gny, ingénieur pour l'horlogerie. Et Gabriel
de Saint-Aubin, lui aussi, amusait sa pointe
autour de l'adresse de Perier, marchand quin-
caillier.

Augustin de Saint-Aubin se mit de la bande,
et y prit tout de suite son rang, en bonne place.
Il traçait pour Slodtz, dessinateur des menus
plaisirs du Roi, l'aimable encadrement du réper-
toire dramatique de la cour pendant les séjours
de Fontainebleau, sous un Louis XV rayon-

nant et sous la légende : *Aspicit et fulgent.*
Son burin faisait courir l'ornement autour du
journal de musique de M. Lagarde, maître de
musique en survivance des enfants du Roi. Il
croquait les palmiers de l'adresse d'un apothicaire de Rennes. Le libraire Quillau, de la
rue Christine, lui devait l'adresse de sa boutique ; le duc de La Rochefoucauld, l'estampille
armoriée de ses livres, à côté de laquelle —
Saint-Aubin aimait les livres — le crayon de
l'artiste bibliophile crayonnait une banderole
portée par un volant Amour, et les mots : *Ex
libris Aug. de Saint-Aubin.* Déjà Fessard ne
mettait plus guère que pour la forme, sur ces
badineries d'une main déjà savante, un imper-
tinent *direxit.* Augustin était maître à ce point
de son art qu'au bas d'une vignette qu'il gravait pour le chapitre de la peinture de Pline
l'Ancien, il pouvait écrire : *Cette planche a été
commencée et faite dans un jour.* Son succès
était complet, si complet que le duc de Chevreuse, ne sachant comment décorer les petits
tiroirs d'un cabinet d'histoire naturelle, lui
commandait quatre frises pour les coller sur
les tiroirs de son bienheureux meuble.

Dans un cadre un rien plus large, que de
menue imagination en tous ces frontispices
qui font presque des volumes précieux de tant
de méchants catalogues de vente ! Augustin
est le vignettiste par excellence des collections
à vendre : tableaux, bronzes, gravures, porcelaines, et les quatre règnes de l'histoire naturelle. Et quelle pointe assemblerait comme la
sienne, dans une galerie d'Apollon, tout ce
petit monde de *curiolets,* hommes et femmes,
s'empressant vers le beau et le rare, chapeau
bas, l'admiration et la curiosité béantes ?

Dès lors, Augustin était mûr pour son
œuvre, pour sauver, par l'image, tout cela
d'un peuple qui meurt avec lui : la vie ; tout
cela d'un siècle qui échappe à l'histoire : les
mœurs. Tailleurs de plumes, enfileurs de
phrases, jolis romanciers, brochuriers et sot-
tisiers, vous avez immortalisé, moins que lui,
l'homme et la femme du xviiie siècle. Dans
cette petite eau-forte, l'*Indiscrétion vengée,*
n'est-ce pas le chiffonnage, le parfilage et le
friponnage féminin du temps ? Et ce concerto
de trois violons, n'est-ce point la Jeunesse, et
l'Espérance toute rose d'alors, — la Jeunesse,

laborieuse et chantante, enfant gâtée de la misère et de la vocation, dont les pauvres dieux lares creux, mais heureux, sonnent gaiement de cette gaie musique italienne? Je touche là le grenier d'art où Wille et Diderot disputaient des procédés et des systèmes. Ou plutôt non : je veux y voir la chambre d'Augustin, et j'ai pour moi le talent d'Augustin, et tous les violons qui passèrent à sa vente, et son violon de Crémone! Le Palais Marchand, almanachs, guides, descriptions, me le montreront-ils mieux que cette enseigne irritante : une marchande de dentelles, jetée sur le pas de sa porte : haut tablier à brassière, coiffure basse, les beaux bras croisés sur la poitrine, en la pose amoureuse à la fois et modeste d'une madame Michonin qui se résigne? Et où donc un homme pareil pour d'un tour de pointe saisir le caractère, et, d'un rien, montrer en pied et jusqu'au fond le militaire, le financier, le seigneur [1] — et toutes les marionnettes?

1. Une petite série, non tout à fait terminée, et qui semble avoir été inspirée à Saint-Aubin par une réminiscence des *Figures de modes* gravées à l'eau-forte par Watteau. Elle se

Et touche-t-il au crayon, touche-t-il au
lavis, — le voilà peintre. Car Saint-Aubin, en
dépit de ses douze cents pièces gravées, est
avant tout un peintre du pastel et de l'aquarelle. C'est un coloriste léger et doux, un
talent d'estompe et de caresse dont les imaginations galantes [1] jouent dans une eau à
peine rosée, une eau du rose mourant des
pâles nudités de vieux saxe. C'est le peintre
de la femme, un crayonneur qui la crayonne
avec des doigts d'amoureux, un portraitiste
où il y a de l'amant. Un souffle de pastel,
un nuage d'aquarelle c'est celle-ci, c'est
celle-là, et toute la foule de celles qui ont
brigué d'être peintes par lui : grandes dames,
bourgeoises du haut monde, actrices, impures,
vivantes encore aujourd'hui dans la fleur et
le printemps de leur teint, dans l'aimable

compose de six pièces : 1° Lingère sur le seuil de sa boutique;
2° Cantatrice en grande toilette; 3° Femme dansant; 4° Seigneur dans un jardin le chapeau à la main; 5° Officier une
main passée dans sa veste; 6° Financier se promenant appuyé
sur une canne.

1. Imaginations galantes qui tournent facilement à la polis-
sonnerie, ainsi que le témoignent les deux planches libres qui
ont pour titre : *The place to the first occupier; The first come
best served.*

rayonnement de leur chair décolletée. Nul
des contemporains, que je sache, n'a donné,
comme ce Saint-Aubin, la physionomie de la
femme du temps. · Nul n'a peint comme lui la
femme du xviii° siècle dans le voluptueux de
sa grâce. Nul ne l'a saisie comme lui dans sa
séduction sensuelle et dans son charme tendre
et dans sa coquette spiritualité et dans son papillotage... Mais il faut laisser la parole à de
pareilles choses. Il les faudrait, pour toute
louange, réunis et montrés au public, ces
portraits de Saint-Aubin. Il faudrait laisser la
plume ici, et mener le lecteur à ces huit ou
dix portraits de femmes acquis par M. de Janzé
à la vente de Renouard, et à quelques autres
dessins, éparpillés, jetés au quatre vents des
collections particulières, et que notre musée du
Louvre dédaignera bien cinquante ans encore.

Après avoir tenté une petite publication
de six petites planches dessinées et sans nul
doute gravées par lui : l'Abbé blondin, la Pro-
vençale, Colin, Blaise, la Fruitière, Colette[1],

---

1. Six autres petites planches, dans le même genre, du même
format, et dont le tirage est en rouge, ont été publiées dans
le même temps.

petites planches rarissimes et qu'il n'a pas
admises dans son œuvre possédé par la Bibliothèque, Augustin de Saint-Aubin entre en
1759 en bonne connaissance avec le public. Il
lance de l'hôtel de Cluny, son logis, une série
de six dessins gravés par Duclos : *C'est ici les
différents jeux des petits polissons de Paris.* Voulez-vous voir le *Sabot*, la *Fossette* ou le *Jeu de
noyaux*, la *Toupie*, la *Corde*, le *Coupe-tête* et la
Sortie du collége, et l'enfance culottée court,
entricornée, poudrée, et la queue sautillante
entre les épaules ? Oh ! les gentilles miniatures d'hommes, dont tout le défaut est d'être
un peu trop des Amours de fleuron et de cul-
de-lampe ! L'année suivante, le succès poussant Saint-Aubin, autre féerie : *Mes gens, ou les
Commissionnaires ultramontins;* six planches,
six effigies de ces bien portants Savoyards,
aux belles dents blanches, qu'achetaient un
louis pièce les dames de la cour[1] ; et pour
fermer la procession, le vielleur du Pont-
Neuf[2], une célébrité de 1760. Mais là encore,

1. *Lettre de M. Raphael, peintre de l'Académie de Saint-Luc, à
M. Jérôme, râpeur de tabac*, 1769.
   2. Il serait de toute justice, je crois, de restituer à Saint-

le crayon de Saint-Aubin est mal à l'aise. Il
manque de ce parti pris, de ce contour mus-

Aubin une gravure, gravée par Fessard, cette même année 1760.
C'est une intéressante représentation du *Bal de Saint-Cloud*,
avec ses arbres tout enguirlandés de festons de verdure et de
lanternes de couleur. Tout seul, le *faire* de Saint-Aubin por-
terait à croire que le nom de *Saint-Poussin*, nom d'un artiste
inconnu, mis au bas, est une erreur, et cette erreur est con-
firmée par l'indication de la marge qui annonce que la gravure
se vend chez l'auteur, à la bibliothèque du Roi. » Or jamais
un Saint-Poussin n'a eu un logement à la bibliothèque du Roi,
et Saint-Aubin y habita plus de quarante ans, ainsi que l'atteste
une lettre citée plus haut.

Mentionnons encore, à la date de la même année, ainsi que
l'indique la note manuscrite et autographe de la bibliothèque
nationale, *Aug. de Saint-Aubin delin et sculps.* 1760 ; mentionnons six sujets de femmes dont je n'ai jamais vu passer une
épreuve dans aucune vente. Ce sont six dessins gravés au
trait, puis bistrés d'après un procédé ressemblant au procédé de Leprince. Cette série, qui semblait commencée avec
l'intention, abandonnée depuis, d'en faire une série des cinq
sens, représente : 1° une femme dans un bocage sentant un bouquet; 2° une femme cousant près d'un lit; 3° une femme
pinçant de la harpe; 4° une femme jouant de la guitare;
5° une femme accoudée sur une table où il y a un livre ouvert;
6° une femme assise tracassant un éventail fermé.

Une autre petite planche sans signature revient aussi de
droit à Augustin. Devant une boutique à l'étalage de joujoux,
s'abordent et se saluent des dames et des cavaliers, auxquels
un colporteur et une marchande de la rue offrent des almanachs et des oranges. La pièce, dont je ne possède que l'eau-
forte, a pour intitulé, autant que je me le rappelle : *Le Jour
de l'an.*

clé, de ce trait carré, de cette figuration ressentie, de ce dessin fort, le lot des Bouchar-
don. Il est, pour les *Cris de Paris,* bien trop
familier avec les coquetteries et les amabilités
du monde paré ; et tant pis pour les beautés
drues du peuple! fardiers et montreurs de
marmottes, il les débarbouille, il les idéalise,
il les déguise en commissionnaires du pays du
Tendre.

Ce second essai éclaira Saint-Aubin. Il
reconnut que, s'il voulait toucher à la rue, il
fallait en prendre le haut pavé, le côté aristocratique et pimpant. Ce n'était pas à la Halle
qu'il lui fallait aller, mais aux boulevards, à ce
panorama de la femme, de la mode, du plaisir,
à ce triomphe ambulant de tous les dieux de
Paris, pour lequel Paris désertait, comme trop
bourgeoise, la promenade des Tuileries. Et
que d'applaudissements quand Saint-Aubin se
fixe là! quand il publie la *Promenade des remparts de Paris,* et les *Portraits à la mode!*
Comme elles vivent, ces deux revues du boulevard, du Temple à la porte Saint-Antoine!
C'est le grand jour, un jeudi, je le parierais
rien qu'à voir les carrosses à glaces sur les

côtés, baissées et relevées à chaque minute sur un salut, et les équipages vernissés, garnis de velours, de franges, de crépines, de graines d'épinard, et flanqués de grands escogriffes, pris à la taille. Le défilé ne cesse : diligences où Vénus Aphrodite est peinte entourée d'Amours, — d'une malice! et les *allemandes*, et les *sabots*, et les *dormeuses*, et les *vis-à-vis*, et les *paresseuses*, et les *diables*, et les *culs-de-singe*, et les lestes cabriolets! C'est un étourdissement; et quel bruit! et que de bruit le long des allées carillonnantes, chantantes, sonnantes des parades, des cris de l'aboyeur des figures de cire; et mille brouhahas, et les *oh!* et les *ah!* des nez en l'air, et le *grommellement* bourdonnant des buveurs[1], et le sifflement séducteur des bouquetières et des petites marchandes de nougat, et l'écorchante harmonie des vielleuses montagnardes, et les appels grinçants des joueurs de gobelets, et le clic-clac des fouets, et les trompettes, et les tambours... C'est le monde

1. *Déclaration de la mode portant règlement pour les promenades du boulevard. L'an XLII des Bilboquets, VIII des Pantins et I des Navets.*

1. 32

d'Augustin de Saint-Aubin, le royaume des pompons et des *fanfioles* de la toilette, le monde pour lequel s'ajustent les franges, se losangent les galons, se bouillonnent les festons, se contournent les olives, s'entrelacent les brandebourgs; le monde des poufs, de la gaze, des habits ponceau tendre; mieux que tout cela, les assises en pleine rue des *adorables* et des femmes du *bon ton*. Et passez, repassez, boucles de souliers en lacs d'amour, bas couleur de chair, militaires aux moustaches papillotées, *chenillettes,* habits du matin et du soir, *vespérales, cafardins, turquoises;* passez, nœuds d'épée et bourses à la maréchale, et broderies si délicates aux basques « qu'elles sont à peine perceptibles pour les yeux d'une taupe »; vestes garnies de blonde, cavaliers à plumet blanc, *lorgneries à bout touchant et jusque sous le fichu,* financiers au petit doigt garni d'un rubis étincelant, frisures en ailes de pigeon poudrées jusqu'aux épaules, hommes à bonnes fortunes, « jouant de la boîte d'or à portrait », petits-maîtres à talons rouges, baignés d'eau de Chypre, armés de tous les colifichets de la Fresnaye, abbés... Regardez celui-ci : il vient de sauter d'un *diable* qu'il conduisait lui-même, et du milieu de la chaussée, en rabat de gaze, en manteau de soie, il est là, l'apôtre à la blonde chevelure, le délicat mangeur de petits pieds, tout entier à jouer une parade avec cette dame qui passe en son char peint et doré. Et pendant que cette petite vendeuse de fleurs, haussée sur ses talons, fait payer à un amoureux six francs le bouquet qu'elle vend douze sous aux dames ; dans ce coin penchez-vous : entre ces deux aimables, c'est une invitation à venir chasser les vapeurs du champagne du matin avec le ratafia de Neuilly.

Mais surtout voyez ce monde du boulevard, dans la *Promenade des remparts,* attablé aux tables en plein air du café Gaussin, le café en vogue, renommé pour son punch et son orchestre. Le café, le voilà, à droite, avec son grand vitrage, sur lequel courent des plantes grimpantes, son porche, abri des buveurs, enguirlandé de lanternes en barillet, et ses armes parlantes : une rose. Buveurs et buveuses s'étalent sur les chaises, et se penchent, et se renversent, attrapant, dans l'abandon de leurs poses, toutes les mines de leur temps, occupés de toutes les choses de la jeunesse et de toutes les affaires de l'insouciance, tuant le temps sans lui en vouloir, et laissant leur sourire et leur cœur aller.... Qui écoute, qui entend la musique des petites vielleuses, coiffées d'une marmotte, et la vielle attachée par ce large ruban bleu où Mercier se plaît à voir le cordon d'une majesté déchue? Au-devant des tables, les promeneurs vont tout doucement, au petit pas, tournant les yeux à droite, à gauche. En tête, dansantes et légères, les délicieuses grisettes du temps se balancent au bras de beaux soldats. Le chignon plat, leur manteau à coqueluchon attaché au cou et traînant derrière elles, deux doigts de gorge sautant au-dessus d'un corsage lacé, une rose entre les seins, et sous la robe coupée une jupe falbalassée découvrant de petits pieds perchés sur de hauts talons, elles agitent leur éventail au bout de leur bras nu, triomphantes, provocantes, impudemment jolies, effrontément jeunes, filles du peuple, du diable et de l'amour!

Un pas encore, et c'est le triomphe de

Saint-Aubin, son chef-d'œuvre et deux chefs-
d'œuvre : le *Concert* et le *Bal paré*[1]. Le monde
du xviiie siècle a trouvé son peintre, son historien, le courtisan et le confesseur de ses
immortelles grâces. Providence heureuse,
qu'il se trouve ainsi à tout âge de la vie de
l'homme, à tous les renouvellements d'âme et
de corps d'un peuple, un homme, entre tous,
marqué, désigné, prédestiné jusque par la manière de son talent à en donner le ton et
l'allure, la fleur et l'accent, l'image et le
rayon, — grands peintres qui portent leur
temps : Abraham Bosse, Augustin de Saint-
Aubin, Gavarni !

Le monde alors était un salon : l'été, dans

---

1. Ces deux dessins d'Augustin de Saint-Aubin ont été gravés merveilleusement par Duclos, et dédiés par lui, le *Bal
paré* à M. de Villemorien fils, le *Concert* à Mme la comtesse
de Saint-Briffon. Il y en a deux états terminés : le premier
avant l'adresse de Chéreau et le privilége du roi pour les deux
planches, et avant la réduction de la planche pour le *Bal.*

Les dessins furent exposés au Salon de 1773, n° 29   I es
dessins d'Augustin de Saint-Aubin, exposés depuis aux Salons
de 1775, 1777, 1783 et 1789, ne sont que portraits, médaillons,
études de têtes, figures de femmes à mi-corps, à la mine de
plomb et au crayon noir légèrement pastellé, ou dessins de
pierres gravées, à l'encre de Chine, au bistre et à la sanguine

l'après-dîner, un salon rond, où un peintre
avait posé le ciel au plafond, joli ciel où tout
ce qui va au ciel, soupirs et souvenirs, ne
trouvait que des fleurs et des jeux d'amour.
Au-dessous des trophées de musique, des
rideaux de soie à tête bretonne, tirés non de
côté, mais tout droit comme des stores, fron-
cés et falbalassés, laissaient passer par la
fenêtre la gaieté d'un beau jour. Entre les
pilastres, les bustes des déesses de la musique
couronnées de fleurs et de lierre, et le sein
nu ou soulevant la draperie, souriaient. Et en
cercle, petites mules et hauts talons sur le
carreau noir et blanc, paniers et basques çà et
là sur les bois dorés aux formes rondissantes,
autour du clavecin sonore, radieux des fantaisies de quelque Gillot, la belle compagnie écoutait. Elle écoutait quelque musique
de M. de Laborde, ce choix de chansons qui
a pour frontispice une lyre entre des lis et des
roses. O le beau moment! comme tout ce
monde cueille l'heure présente! que de bouquets et de nœuds de ruban! que de perles au
cou et de paroles à l'oreille! La harpe repose.
Le clavecin parle sous les doigts de la plus

jolie femme. A sa droite, la plus jolie personne
chante, en tourmentant un éventail. Et de
jolis hommes sont autour d'elle, assis ou debout,
tirant des pleurs d'une basse, des fredons d'un
violon, des prières d'une flûte, ou penchés,
s'empressant à tourner les feuillets de la partition. C'est cela, l'été, en ce paradis.

L'hiver, autre salon, carré celui-ci, et tout
glaces, et panneaux sculptés, et trumeaux. Des
rosaces rocaille et chantournées pendent cinq
lustres de cristal de Bohême, versant le doux
jour des bougies. Les bras et les appliques
chargés de feux leur répondent dans les glaces.
Au milieu d'une, un cartel sonne une heure
qu'on n'entend pas. Un orchestre dans une
tribune, sur le côté, couvre le bruit du temps.
Au fond, la causerie bourdonne comme une
abeille. Les diamants éclairent sur les têtes,
les enfants jouent avec des oranges, les yeux
ont des sourires. Au milieu du salon, dans la
pleine lumière, sur le parquet à dessins de bois,
vibrant sous la danse, quatre couples rayonnent
et se meuvent. Les nœuds de perruque battent
sur les collets d'habit. Les colliers noués sur
la nuque vont et viennent, les montres battent

sur les jupes. Brandebourgs à l'habit clair et manchettes de fourrure, face à face avec sa belle, celui-ci, lui prenant la main en l'air, va la faire passer sous le pont d'amour de son bras. Celui-là, le jarret tendu, tenant déjà du bout des doigts les doigts de sa danseuse, la fait volter sur elle, et contre lui; tandis que deux autres couples, presque dos à dos, mais se regardant par-dessus l'épaule, s'entrelacent et se nouent des deux mains par derrière... C'est l'Allemande, dansée d'après les principes de M. Dubois, de l'Opéra[1]. Au-devant, ce sont de belles femmes arrivant dans leurs pelisses, conduites par de vieux amis à gilet d'or; des manteaux de danseuses oubliés sur un siége; quelques mères qui regardent et applaudissent au fond d'elles; quelque minois de jeune mariée qui se retourne vers une conversation d'hommes; quelque dame menée au buffet qui est là, montrant par la porte le dres-

---

1. Voyez *Principes d'Allemande* par Dubois, de l'Opéra, gravés par Mme Annereau. A Paris, chez l'auteur, rue Mazarine, à l'hôtel des Pompes. *Almanach dansant*, ou *Positions et Attitudes de l'Allemande, dédié au beau sexe* par Guillaume, maître de danse. Pour l'année 1770. Chez l'auteur, rue des Arcis, maison du commissaire.

soir enguirlandé de roses, les pyramides de fruits, la vaisselle de Germain, et les plats de Saxe festonnés. Point de presse, point de coudoiement; simplement, le ballet de la jeunesse dansé à huit devant un petit peuple d'amis qui se reconnaissent et se saluent d'un air de tête des quatre coins du salon. Point de tapage, dans ce bruit de la joie : le plaisir est en famille. Il y a, d'un bout à l'autre de ces fêtes sereines, un bercement tranquille, une paix et une harmonie, l'harmonie même de ce monde gardant ses rangs, l'ordre heureux de cette société sans cohue, où chacun avait une place, et sa place.

Le rare talent pour peindre tant de choses! la fortune unique d'avoir fixé la physionomie de la France, en son plus joli moment, en cette minute dans l'éternité où nous avons été le peuple charmant! la fortune méritée de n'avoir laissé aux secs pinceaux de Lawrence que ces salons glacés et raides, aux formes droites, tout pleins de Necker, et l'oreille à l'avenir : les salons de Louis XVI!

Il était heureux, Augustin. _ Cet homme de travail était un très-joli garçon, une de ces aimables figures d'hommes auxquelles la poudre donnait alors je ne sais quoi de brillant, de piquant, de féminin, de mutin et de tendrement voluptueux ; si joli garçon, que cela l'aida beaucoup à devenir le mari d'une très-jolie femme.

Vieux, Augustin donna à son ami Renouard le dessin de sa coquette petite personne, en 1764. Mais, puisqu'il s'agit d'un peintre qui n'a pas de portrait gravé, ne faut-il point commencer par un portrait de lui, non de sa main, celui-ci, mais tracé en 1747 par son frère Gabriel? Augustin de Saint-Aubin a onze ans; il s'est endormi pendant que son frère le dessinait, de cet honnête sommeil d'enfant qui lui permet de dormir les jambes ballantes, sur un tabouret sans dossier, la tête plongée dans la poitrine, un bonnet de coton enfourché jusqu'aux oreilles et dressant en l'air sa mèche effarouchée : *ecco il bambino*. Ses petites mains, potelées, sortant des plis carrés d'un habit à la Chardin, se pelotonnent dans sa poitrine, et se croisent sous les brandebourgs. De sa culotte courte retombent deux petites jambes aux petits mollets ronds,

qui s'écrasent aux tournants du tabouret aux
pieds tors. Il dort ; mais le flot de ces cheveux
frisés échappé du bonnet, la belle place de ces
grands yeux fermés, ce bout de nez troussé,
l'arc de cette bouche, et cet ovale délicatement plein disent l'avenir du minois, et pro-
mettent l'homme, un délicieux homme, un
homme à croquer, comme disaient les femmes
du temps. Et l'enfant est homme fait en 1764,
précisément l'année de son mariage. Il a vingt-
huit ans. Mais qui les lui donnerait? Il a si
jeune air sous cet accommodage du matin, sous
sa perruque poudrée, aux cheveux retroussés
comme un chignon de femme. Un peu de
bistre, quelques coups de plume, et c'est lui,
assis sur une chaise, les pieds sur un barreau,
les genoux remontés, un carton sur les genoux,
la main droite en l'air, armé du porte-crayon
qui mesure, l'œil devant lui et allant du porte-
crayon au modèle. L'œil, plein d'une flamme!
et le gentil petit nez retroussé, et la petite
bouche, et le rond petit menton d'enfant!
Quelle amoureuse tête! avec laquelle tout
s'harmonise, et la cravate négligée et roulée,
et l'habit en désordre, et le fond d'où elle se

détache : ce coin de mythologie friponne,
cachée à demi sous un bout de toile, qui
semble l'horizon des idées du peintre un peu
libre du *Premier Occupant*. Ce portrait[1] dit tout,
et il dit encore pourquoi mademoiselle Louise-
Nicole Godeau s'est mariée. C'eût été mauvais
goût à la Providence d'empêcher ce mariage,
le plus charmant des mariages de convenance :
elle était belle comme il était beau, avec enjoue-
ment. Les peintres alors avaient une bonne
habitude : c'était de peindre leur femme,
quand elle n'était pas laide, sous le masque
d'une allégorie ou d'un titre. A ce jeu, nous
avons gagné le portrait de madame Greuze
dans la *Philosophie endormie* de son mari.
Elle aussi, madame de Saint-Aubin, nous la
possédons sous un faux nom de baronne ou de
marquise, nous la possédons dans toutes les
compositions amoureuses, où elle sert de modèle à son mari amoureux. C'est Louise-Nicole
qu'on retrouve dans l'estampe : *Au moins soyez
discret !* qu'on retrouve dans l'*Hommage réci-
proque*. Voici, dans cette planche, dans la

1. Acquis par nous à la vente Renouard, il a été gravé par
mon frère.

planche gravée en couleur, son fin profil, son
œil noir, son sourcil noir, ses cils noirs, ses
beaux cheveux blonds, à la fois frisottés, à la
fois retombant sur son cou en grosses boucles,
accommodées en *flambeau d'amour*. Et sous
le fichu ruché, la gorge à ravir ; et quels bras
et quelles mains ! Une adorable créature qui
montre l'idéal de la beauté au xviiie siècle,
dans sa beauté à la fois tendre et piquante, dans
son charme aimable et gai, dans cette chair
blanchement rose que semble n'avoir jamais
mordu le soleil de la campagne.

Le mariage ne ralentit pas la verve de
Saint-Aubin. L'avenir de quatre enfants bientôt nés, mais qui ne devaient pas vivre, l'ai-
guillonna de plus belle au travail. Son éducation de graveur menée à bonne fin par les
leçons de Cars, Augustin de Saint-Aubin,
membre de l'Académie, promenait son burin
de Boucher à Greuze, de Leprince à Restout,
de Cochin à Moreau, et de Moreau à Fragonard, sans pour cela négliger la place, que lui
avait fait obtenir l'abbé Barthélemy, de graveur
à la Bibliothèque, suffisant à tout, et gravant
antiquités sur antiquités, et pierres gravées

sur pierres gravées. Il allait même jusqu'à la
grande gravure, jusqu'à traduire la Léda de
Paul Véronèse; et Diderot le félicitait de sa
belle planche de la Vénus Anadyomène. Mais
sa fortune, ce fut la gravure de toutes ces
figures de morts et de vivants, d'Homère à
M. Necker. Personnages de tous les temps et
de tous les ordres, gens de l'Antiquité, de la
Renaissance, du siècle de Louis XIV et de son
siècle, rois, hommes de guerre, poëtes,
peintres, savants, maîtres de rois, prédicateurs,
sculpteurs, musiciens, toutes les renommées,
toutes les têtes couronnées de gloire, tombent
sous son burin que presse l'argent des éditeurs,
et qui se joue du temps, de la besogne, et de la
hâte. M. de la Live, l'introducteur des ambassadeurs, et l'amateur des belles choses, eut
l'idée de graver cinquante portraits des grandes
figures du siècle de Louis XIV. Il voulait y
joindre un texte qui aurait été comme une suite
aux hommes illustres de Perrault. Mais le talent
de M. de la Live était un talent d'amateur,
partant n'accouchant guère seul. Il prit pour
aide un mécanicien, très-mauvais graveur, du
nom de Charpentier. Ce Charpentier l'aida si

mal que M. de la Live eut recours à Saint-Aubin, qui tout bonnement effaça presque toutes les têtes « et les refit dans le genre de l'auteur ». Quand ce fut fait, M. de la Live ayant sans doute payé d'une façon digne de sa générosité et du talent de Saint-Aubin, Saint-Aubin voulut le remercier. Il grava à l'eau-forte madame de Létine, la belle-mère de la Live de Jully. C'est une merveille, ce portrait, cette bonne humeur de la vieillesse sous son bonnet à grandes dentelles battant l'œil, et ce chiffonnement des brides perdues dans la fourrure, et ce sourire des yeux qui parlent et de la bouche qui se tait : un bijou, où se marie la sûreté de touche d'un Mellan à la liberté d'un Fragonard, — bonne fortune admirable que Saint-Aubin rencontra presque une seconde fois dans le pendant du portrait de madame de Létine, le portrait de M. de Laborde. Inutile d'ajouter que le cadeau fut complet : les deux portraits furent signés la Live. Mais qui le crut[1] ?

---

1. Ainsi de la *Marchande de châtaignes,* gravée par le chevalier de Pommard, où il me semble que la pointe de Saint-Aubin a terriblement aidé la pointe du chevalier.

Ce burin, cette pointe surtout de Saint-Aubin, émule de ses crayons, que n'ont-ils été voués exclusivement à la femme! Ce qu'ils auraient fait, ce qu'ils auraient sauvé, — voyez cette tête adorable que quelques-uns veulent être madame de Boufflers, voyez la petite eau-forte de la princesse de Montbarrey, le portrait de la baronne de Rebecque et de bien d'autres, de madame d'Étioles, de madame Heinecken, de madame le Coulteux de Moley, la belle instigatrice du poëme des *Jardins* de Delille dans sa maison de la Malmaison, — et vous le saurez. Ceux-ci, ces trois derniers, il vous faudra les découvrir dans cette iconographie de profil que Cochin tenta de son siècle. Ils sont là, perdus, enfouis au milieu de tous ces contemporains illustres dont Saint-Aubin dessina quelques-uns, et dont il grava si grand nombre, égayant et variant de son mieux cette monotonie de la face profilée dont Carmontelle avec ses silhouettes intimes donna peut-être l'idée ; habile toujours, brillant, agréable, la taille spirituelle jusque dans la perruque des gens, un peu rapide, un peu lâché, un peu abusant de lui, mais toujours pardonné et sauvé par l'adresse, la légèreté, la lumière et l'éclair de la ressemblance.

La tâche de Saint-Aubin dans cette œuvre est énorme; ce serait à croire qu'elle l'a accaparé, et qu'elle l'a occupé absolument. Mais non. Bien souvent, des importunités venaient le distraire sans profit. L'infatigable artiste ne savait point refuser. Pointe ou crayon, tantôt c'était un portrait de jolie femme, tantôt un portrait de puissant protecteur exécuté par-dessus le fond ordinaire du travail. Ainsi, au bas d'un très-vif et très-adroit médaillon de M. de Saint-Florentin, Saint-Aubin a écrit au crayon dans l'exemplaire de son œuvre : *J'ai fait ce portrait pour l'abbé de Langeac, qui dans le temps me fit tout quitter pour le satisfaire en quatre jours. On pourrait croire qu'il a bien payé ce sacrifice, mais je n'ai jamais reçu un sou de l'abbé de Langeac, quoiqu'il ait souvent employé mes talents. Actuellement qu'il est riche, le chevalier devrait bien payer les dettes de l'abbé.*

Et puis, la Révolution arriva, changeant tout, mais ne changeant rien davantage que le crayon et le burin de Saint-Aubin. Malheureux petits poëtes surpris par l'orage! Parny se cache dans l'ombre d'un bureau; et le chantre du *Concert* et du *Bal*, le reconnaîtriez-vous? Cet autre suspect est tombé dans le gagne-pain. Les femmes à balance du tribunal de cassation, les feuilles de laurier des cartes de citoyen, les rayonnements fulgurants de la Loi, les déesses grecques des encouragements et des récompenses nationales, l'occupent aujourd'hui et le font vivre, petitement toutefois et ne le payant guère mieux de sa peine qu'il ne fut jadis payé du portrait de M. de Saint-Florentin. Il grave ce qu'on veut et des portraits encore, mais pour l'argent, à la hâte, sans souci de bien faire, ni de porter son nom descendu au commerce, ainsi que le prouve cette lettre adressée au graveur Tilliard :

« *Paris, ce 17 juin 1790.*

« *C'est d'aujourd'hui, mon ami, que nous commençons ensemble pour une nombreuse suite de planches. Vous savez que nous sommes convenus que nous pourrions facilement, l'un portant l'autre, faire par jour une planche de quatre têtes, etc. ; mais il faut s'arranger à ne pas en rester là : il n'y a rien à ménager pour accélérer, surtout dans les premiers mois; il* faut si bien s'arranger, que nous puissions nous servir de tous les bras possibles sans nuire à l'exactitude de l'exécution et sans qu'ils se nuisent l'un à l'autre. Préparez-moi le plus de planches que vous pourrez, et envoyez-les-moi à mesure; de mon côté, j'espère que rien ne languira.

« Pour ménager votre place chez vous, il me semble qu'il n'y auroit pas d'inconvénient à ce que les messieurs Varin fissent le fond à l'eau-forte chez eux; il ne s'agit que de faire la navette pour qu'ils ne manquent jamais de planches : qu'en pensez-vous? C'est lorsque les cuivres sont nuds qu'il faut les garder à vue. Tout le reste se fera chez vous ou chez moi.

« D'icy au 30 du mois il faut que nous ayons commencé et fini au moins vingt-cinq planches de deux têtes; vous voyez comme il faut marcher.

« Adieu, je compte sur votre zèle, tant à cause des engagements que j'ai contractés, que parce que cet objet intéresse toute la nation.

« Je suis de tout mon cœur votre très-humble serviteur et ami.

DE SAINT-AUBIN.

« Je vous envoye une planche dont les fonds sont achevés, sauf à les revoir après l'épreuve; faites-y mettre la lettre le plus tôt possible[1]. »

Le temps se fait dur, le travail rare, le salaire mince. Renouard lui vient comme une providence avec les portraits de ses réimpres-

1. Lettre communiquée par M. Duplessis.

sions classiques [1]. Comment vivre pourtant?
Tout à coup les prix de la vie ont sauté à
l'absurde, et le gain ne suit guère la folie de
la dépense :

« *Je vous remercie, citoyen, de votre attention; mais je
désirois avoir le plaisir de vous voir pour vous observer que
nos anciens marchés ne pouvoient en aucune manière tenir
pour les prix. Je viens de passer six semaines sur votre petit
portrait, et ma cuisinière a dépensé plus de 600ᵗ par
décade. Vous voyez que le prix que vous m'offrez ne peut
convenir. Je ne vous ferai pas payer dix et douze fois et au
taux où tout est monté, mais en conscience on peut bien porter cela à trois fois à peu près; ainsi j'espère que quand vous
me ferez le plaisir de venir me voir tout cela s'arrangera.*

« *Je vous salue de tout mon cœur.*

« *Votre concitoyen,*

« Ce 27 prairial (an III). »   « SAINT-AUBIN. »

Maudit argent ! il était rare alors ; manger
c'était un point, mais vivre, mais se loger,
trouver des écus pour le propriétaire ! Augustin avait la promesse du ministre Paré
d'un logement aux galeries du Louvre ; mais

1. Une rare planche de Saint-Aubin prouve sa reconnaissance pour Renouard : c'est la famille Renouard, cinq têtes,
sans fond, travaillées du plus fin de sa pointe fatiguée.

le logement promis est déjà conquis par de plus ingambes qu'Augustin ; et tandis qu'il dormait sur la parole du ministre au fond de sa rue des Prouvaires, son atelier de la Bibliothèque ci-devant royale lui était retiré. Sous ce coup le vieillard plia, et une plainte triste de toutes les misères de la vieillesse s'échappa de sa main :

« *Citoyen ministre,*

« *En 1777, j'ai été nommé à la place de dessinateur et graveur de la Bibliothèque actuellement nationale. Cette place est purement honorifique, il n'y a jamais été attaché ni émolument ni aucun avantage pécuniaire, si ce n'est un emplacement servant d'atelier, mais si malsain qu'on n'a pu le rendre habitable qu'à force de dépense, et en effet cela m'a coûté beaucoup d'argent en différens tems, sans que la place m'ait jamais rapporté un écu. Aujourd'hui on me retire cet emplacement, dont on a besoin, dit-on, pour les nouveaux arrangements à faire pour le service de la Bibliothèque, et certe sur cela il n'y a aucune objection à faire, puisque le service public doit passer avant tout ; mais je me trouverois dans un embarras extrême s'il fallait rendre ce lieu sans en avoir un autre où je puisse déposer tout ce qui s'y est accumulé dans un aussi long espace de tems.*

« *Depuis plus de dix ans il m'a été promis un logement aux galleries du Louvre ; j'ai sur cet objet plusieurs lettres d'expectative de différents ministres, et je vous prie de me permettre de vous les faire voir ; mais, n'ayant jamais été* averti à tems, ma mauvaise santé ne me permettant pas de faire les démarches convenables, il ne m'a été encore rien accordé; tous mes cadets plus actifs et apparemment plus méritans que moi ont été pourvus honorablement.

« Citoyen ministre, dans ce moment-cy une double raison me force à avoir recours à votre justice et à votre bonté : vous savez combien depuis six ans les artistes ont eu à souffrir, surtout ceux qui comme moi n'avoyent pas de fortune acquise : il leur a fallu faire les plus grands sacrifices pour pouvoir subvenir aux charges publiques et faire honneur à leurs affaires, aujourd'huy où le numéraire est plus rare que jamais par le fait, quoiqu'il ait l'air de reparoître; les propriétaires exigent leurs loyers en écus, la loi même les y autorise, et certes rien n'est plus fâcheux ponr les véritables artistes, qui n'ont profité en rien du mouvement du signe représentatif et des hasards de ce que l'on a si improprement apellé le Commerce. D'après cela, vous voyez combien il seroit urgent pour moi de pouvoir obtenir le plus promptement possible un logement qui m'affranchisse de la poursuite d'un propriétaire d'autant plus inexorable qu'il a eu lui-même longtemps à souffrir.

« Permettez donc, citoyen ministre, que je vous prie instamment d'avoir égard à ma demande. Si quarante ans d'exercisse dans mon art, une conduite irréprochable, un dévouement sans bornes à la chose publique, sont des titres pour mériter, je crois les avoir. Si vous l'ordonnez, je vous mettrai sous les yeux le détail des travaux que j'ai faits ou auxquels j'ai coopéré tant dans l'ancien que dans le nouveau régime; je sais que depuis un tems surtout on attache peu d'importance à l'art de la gravure, cette sœur cadette de la peinture, qui a souvent si bien servi son aînée; on n'a rien fait pour elle, absolument rien, dans l'organisation de l'Institut national des sciences et des arts. Cet oubli humiliant provient des préventions et des idées fausses que l'on a d'un art vraiment original et utile, qui exige pour le bien professer les mêmes études que le peintre pour devenir habile homme, et auquel le gouvernement devroit s'intéresser, ne fusse que sous un point de vue politique et commercial. Je n'ai garde d'imputer cet oubli à un ministre sage et instruit que la voix publique désigne comme l'ami des arts et des artistes, et qui désire les encourager par tous les moyens en son pouvoir.

« Malgré le besoin pressant que j'aurois d'être promptement soulagé et dispensé de payer un loyer en écus, je me borne cependant, citoyen ministre, à vous demander seulement une lettre d'expectative pour le premier logement qui viendra à vacquer aux galleries du Louvre; je n'ai tant travaillé toute ma vie que dans l'espoir d'obtenir un jour cette récompense qui m'est promise depuis si longtems, que je regarde comme la plus flateuse qu'un artiste puisse recevoir, et qui, dans les circonstances actuelles, me seroit infiniment, je pourrois dire absolument, nécessaire.

« A l'instant où j'achève d'écrire ce mémoire, je reçois un ordre du Conservatoire de la Bibliothèque nationale, qui m'enjoint de rendre de suite l'emplacement que j'occupe depuis quarante ans et que l'habitude me fait ne quitter qu'avec une peine infinie, quoiqu'il ne m'ait été d'aucun avantage. Mais ce qui me met vraiment au désespoir, c'est que d'une part je n'ai point de lieu où je puisse déposer tout ce que contient celui-cy, et que de l'autre ma mauvaise santé ne me permet pas d'être exposé à l'air dans cette saison-cy qui m'est extrêmement contraire, et j'y cours peut-être le risque de la vie. Venez à mon secours, citoyen ministre, vous voyez

ma détresse, faites-moi donner un emplacement provisoire tel
qu'il soit pour y mettre mes effets, et je m'engage de le
rendre à l'instant où vous m'accorderez le logement objet du
présent mémoire.

« SAINT-AUBIN. »

Sa demande ne fut pas accueillie, et il la
renouvela sans plus de succès d'année en
année[1].

Triste fin! point de repos, point de retraite pour le pauvre travailleur, qui doit mourir
burin en main et toujours aller. Il est malade,
il est infirme, au premier froid l'hiver le con-
fine dans sa chambre et le cloue au logis. Il
ne peut se traîner chez Renouard, même pour
toucher son argent. Il se hâte pourtant et

---

1. Dans une autre lettre que Saint-Aubin adresse au ministre (18 prairial de l'an IV), il dit : « *Il avoit été créé sous*
Louis XV une place de dessinateur et graveur de la Bibliothèque
nationale. A la mort du premier titulaire, en 1776, le savant abbé
Barthélemy, qui projetoit de publier une partie des médailles du
cabinet, demanda cette place pour le citoyen Saint-Aubin, l'obtint
et lui en fit obtenir le brevet, à son insçu » Dans une autre lettre
adressée au ministre Chaptal, il parle ainsi de lui à la troisième
personne : « *Il a vieilli avec honneur dans l'exercice de son art,*
qui est aujourd'hui sa seule ressource, ayant eu le malheur de per-
dre, par des circonstances de la révolution, le fruit de quarante
années de travail et de bonne conduite ; et, aujourd'hui que sa mau-
vaise santé ajoute au poids de ses années, ne lui sembleroit-il pas

s'use, suant le jour et la nuit, forçant et tuant
ce talent qui s'en va et s'éteint comme son
maître. De profils en profils, sa main court
indifférente de Diderot à Jules César, de Cicé-
ron à Pierre le Grand et de Pierre le Grand à
Hamilton. La misère taille et rogne dans le
petit musée de l'artiste ; et ses beaux livres,
ses exemplaires uniques, passent à d'autres.
Les jours succèdent aux jours, apportant la
mort peu à peu au vieillard, qui s'acharne à
vivre et se cramponne au travail. Il presse les
commandes de la belle saison pour avoir le
loisir d'être malade l'hiver. Il tousse des semaines entières et ne lâche pas son burin. Il
prend et reprend un portrait de Racine qu'à

permis d'espérer que vous ne confondrez pas sa demande avec tant
de prétentions indiscrètes ou exagérées... » Dans une autre lettre
de l'an XII, cherchant à intéresser le ministre, après lui avoir
rappelé qu'il a été reçu de l'Académie de peinture en 1771, il
écrit : «... J'ai formé plusieurs élèves qui aujourd'hui font honneur à l'art; je n'en nommerai que deux ou trois, MM. Blot, An-
celin, Duclos, Macret, etc. ; enfin j'ai soixante-sept ans, il y en
a cinquante que je travaille; aussi ma santé est fort altérée, et je
suis tous les ans six mois sans pouvoir sortir de chez moi, ce qui
me met dans une situation vraiment fâcheuse. J'avois une modeste
fortune, fruit de l'ordre et de l'économie, mais que j'ai entièrement
perdue par l'effet de la révolution. » Lettres autographes de
Saint-Aubin possédées par nous.

peine il finira. Le 2 mars 1806, il écrit à Renouard :

« ..... *Quant à moi, j'ai été si grièvement malade que je
n'ai pas donné un coup de burin de tout le mois dernier; je
ne travaille pas encore : il y a deux jours, j'ai voulu dessiner
une petite médaille d'une heure d'ouvrage, c'est tout ce que
j'ai pu faire, mais non sans peine. Je me suis trouvé heureux
dans mon malheur de n'avoir pas eu dans les mains quelque
planche après quoi vous auriez attendu, puisque je n'aurais pas
pu vous satisfaire.*

« *Il me tarde de voir revenir mes forces et le beau temps
pour terminer votre Racine que je comptois bien devoir l'être
dans le courant de février, et m'occuper un peu de celui de
ces messieurs.*

« *Pendant tout ce temps je n'ai pas gagné un écu, mais
en revanche j'en ai bien dépensé...* »

Et savez-vous à quelle peine mourra ce
talent? sur quoi viendra expirer la dernière
caresse du burin d'Augustin de Saint-Aubin?
L'agonisant fera son dernier effort sur cette
grande planche : une imagerie d'Épinal, un
tableau des rois de France, de Pharamond à
Napoléon. Il ne sait même si on ne le forcera
pas d'écrire sous chaque portrait le nom de
baptême de l'histoire : *le Bon, le Fainéant, le*

Dévot, et il supplie qu'on écarte de lui ce calice :

« *2 3 juillet 1807.*

« *Malgré mon étouffement continuel, malgré la chaleur excessive, enfin malgré tout, il faut pourtant travailler ; et c'est ce que je fais le plus que je peux. Je vais bientôt faire mordre notre troisième race, à l'exception des trois derniers de la bande, qu'il faudra faire après coup, le verny étant gâté en cet endroit ; je voudrois savoir si vous tenez beaucoup à ce qu'on mette tous les surnoms de ces rois : le Bon, le Dévot, le Bien-aimé, le Courtois, etc. ; dans la suite que vous m'avez envoyée d'après Cochin on en a supprimé beaucoup ; je voudrois bien en faire autant. C'est moins pour abréger le temps que pour diminuer l'ennui que j'éprouve en traçant ces légendes. Si vous avez un instant à me donner, je serai bien aise de vous parler sur cela. Je souhaite que vos enfants aient retrouvé tous leur santé.*

« *J'ai l'honneur de vous saluer.*

« SAINT-AUBIN. »

« *J'enverrai le 30 chez vous toucher 2 ou 300 francs, si cela ne vous contrarie pas.* »

De cette lettre à la mort de Saint-Aubin, il il y a trois mois. Il mourut le 9 novembre 1807.

IV

Mais faut-il laisser les Saint-Aubin sans parler de leur aîné, de Charles-Germain, né en 1721, qui fut dessinateur du Roi [1] ? C'était celui-ci un modeste dessinateur de fleurs et d'ornements, satisfait de dédier à madame de Chevreuse « *Mes petits bouquets* [2] », où il ose nouer gracieusement le chou de Suède et le champignon d'Angleterre, et s'amusant à ces « *fleurettes* [3] », c'est le titre d'un autre de ses cahiers ; celui de tous les frères qui s'envola le moins loin du métier paternel, peintre de

1. Le portrait de Charles-Germain de Saint-Aubin a été gravé pour la première fois par mon frère, d'après un portrait inédit possédé par nous. Ce portrait, traité dans la manière de Cochin, porte au dos : *Charles-Germain de Saint-Aubin, dessinateur du Roy, né le 17 janvier 1721, dessiné en 1769 par Mlle de Saint-Aubin sa fille pour M. Sedaine son amy.*

2. MES PETITS BOUQUETS DÉDIÉS A MADAME LA DUCHESSE DE CHEVREUSE. *Par son très-humble serviteur* DE SAINT-AUBIN. Cette suite comprend : 1° Champignons d'Angleterre; 2° Jacinthe et Grenadine; 3° le Dragon œillet du Poëte; 4° Semy double et Bruyère; 5° le Chou de Suède.

3. LES FLEURETTES DE SAINT-AUBIN, *dessinateur du Roy*, se

broderies, traçant à l'or et à la soie leur chemin sur le brocart, rival du fameux Bro en ces
inventions chargées et magnifiques, galonneur
des habits de noces des Dauphins de France,
le créateur de l'habit que portait Louis XVI, le
jour de son mariage ; effaçant par le luxe des
branchages courants et des entrelacements
rubanés la richesse des habits à brevet uniforme établis par Louis XVI, et jusqu'aux pa-
rements de l'habit fameux où nageait l'orgueil
de Villeroy, lors de sa visite avec le Roi au
czar, à l'hôtel de Lesdiguières, en 1717. Peu
de chose, après tout, que des broderies pour
l'immortalité : déjeûners de soleil et de révolution ! Mais ce Charles-Germain a eu lui aussi
son jour d'inspiration et son heure de génie,
comme pour être digne de ses frères. Le des-

composent également de cinq bouquets : 1° Chèvre-feuille ;
2° Lilas ; 3° Crins de Vénus ; 4° Aube-Épine ; 5° Petits œillets.
Une suite plus intéressante est le LIVRE DES FLEURS CHINOISES
ET DE CAPRICE, *dessinées par de Saint-Aubin,* suite qui semble
gravée par lui et qui révèle une connaissance curieuse de l'or-
nementation et de la bambouterie chinoise. On a encore de
Germain de Saint-Aubin un recueil de chiffres inventé par lui
et gravés par Marilhac, chez la veuve Chereau. Germain de
Saint-Aubin est l'auteur de l'*Art du brodeur,* écrit pour les
Mémoires de l'Académie des sciences.

sinateur technique de l'*Art du Brodeur* a fait
son *Essay de papillonneries humaines* [1]; et c'est
par là qu'il mérite de rester. Imaginez une

1. Les *Papillonneries humaines* forment deux suites, une en
largeur, l'autre en hauteur.

La suite en largeur comprend six pièces. I. Cartouche en rocaille bordé de débris d'ailes de papillon, de feuilles d'acanthe,
enlacé de guirlandes de petites fleurs. Sur une toile d'araignée
qui occupe toute l'étendue du cartouche, on lit : PREMIER
ESSAI DE PAPILLONERIES HUMAINES; puis dans le bas, au dessous de l'araignée : *Par Saint-Aubin aîné*. Dans le premier état
(Bibliothèque nationale), l'inscription dans le cartouche est
renversée. II. Sur un terre-plein, couvert de roseaux et de
plantes marines, un papillon tire un filet d'un étang dans
lequel se baigne une papillonne, à l'abri d'un grand drap soutenu par quatre piquets. Au milieu de la rocaille, on lit LE
BAIN. III. Un papillon, un balancier dans les pattes, traverse
un brin de fil attaché d'un côté à un épi de blé, de l'autre à
un roseau, tandis qu'un autre lui tend les bras pour le recevoir dans le cas d'une chute. Sur un petit écusson on lit : LE
BATELEUR. IV. Deux papillons font une partie de dames. Au-
dessus de la bordure du bas, on lit : LE DAMIER. V. Un papillon traîne une brouette dans laquelle est un papillon assis;
un troisième papillon pousse par derrière. Au-dessous du trait
carré du bas, on lit : LA BROUETTE. VI. Cette planche manquait à la collection de M. de Baudicour, d'après lequel nous
donnons la description de ces planches, qu'il possédait seul.

La suite en hauteur où le nom du graveur est inscrit sur toutes
les pièces dans le premier état, tandis qu'il est effacé dans le
deuxième et remplacé par l'adresse de Fessard, comprend également six pièces. I. Une pyramide au sommet de laquelle est un
rat, qu'entourent d'une guirlande à fleurs des papillons « ayant

pyramide moussue et ruinée; dans une niche, au milieu, un rat laissant pendre sa queue joue avec une noix; en haut un rat est perché.

des allures de figures humaines ». Dans le bas deux grands papillons font partir des pièces d'artifice. Sur la grande on lit: ESSAY DE PAPILONERIES HUMAINES, *Par Saint-Aubin;* et dans l'angle à gauche du bas : Saint-Aubin l'*aîné invenit et sculpsit.* II. Sur un théâtre, deux papillons sous la figure de Scapin et d'Arlequin dialoguent, écoutés par un troisième papillon. Dans un entrelacs de serpents servant de soubassement au théâtre, on lit : THEATRE ITALIEN. III. Sur un théâtre deux papillons, tenant des houlettes de berger, dansent au son du galoubet et du tambourin, dont jouent deux autres papillons. Sur un écusson on lit : BALLET CHAMPÊTRE. IV. Au milieu d'arabesques, deux papillons tirent l'épée, en présence de deux papillons témoins, tandis qu'un papillon, ou une *papillonne*, regarde par-dessus un paravent. V. Sous un berceau à brindilles de rocaille, un papillon menace d'un poignard une *papillonne* agenouillée. On lit sur une écusson : THEATRE FRANCOIS. VI. Une *papillonne* assise devant une table de toilette et coiffée par un papillon qui lui met des papillotes, tandis qu'un autre dans le haut fait chauffer un fer aux rayons du soleil au moyen d'un verre grossissant. Sur une toile d'araignée on lit : LA TOILETTE.

A ces deux séries, comme complément de l'œuvre gravé de l'aîné des Saint-Aubin, il faut joindre trois rarissimes pièces faisant partie de la collection de M. de Baudicour : *Le Papillon et la Tortue, les Papillons artificiers, l'Offrande à l'Amitié.* L'Offrande à l'amitié est curieuse en ce qu'une ancienne écriture a écrit le nom du maître sur la pièce non signée et a ajouté dans la marge : *Parodie d'un dessin de Boucher représentant l'Amitié, gravé par M*ᵐᵉ *la marquise de Pompadour en* 1756.

Au bas, deux grands diables de papillons, aux grandes ailes déchiquetées comme des feuilles étranges, chamarrés de taches et de dessins, soutiennent, en se balançant, Atlas baignés d'azur, un escalier de nuages d'où jaillit l'aiguille de pierre. Sur les marches roulantes, la Folie envolée a laissé tomber sa marotte, son masque et son tambour, et un collier de grelots sonne au cou d'une nuée. Des rats encore çà et là, qui courent sur le dos de cette apothéose ; jusqu'à des rats qui peignent au bout d'un nuage ! Au pied de la pyramide, c'est un trophée en éventail de tous les joujoux de l'homme et de l'enfant : petits moulins, petits drapeaux, tous les moulins à vent de l'ambition humaine ! La pyramide monte ; et dans le ciel, c'est une pluie de feu en fleurs, un sillon de plantes filantes, des paraboles d'étoiles à mille feuilles, des fusées et des gerbes d'une végétation chimérique, une Flore de caprice et de rêve zigzagant et pétaradant, — une folie, un tonnerre, un délire, à croire que ce sont toutes les *Fleurs idéales* de Jean Pillement, arrosées de poudre, qui sautent ! Cependant des papillons tournent

autour de la pyramide, comme pour l'enchaî-
ner, une guirlande de roses qui ne finit pas et
qu'ils emportent au ciel sur leur épaule : lien
de fleurs, chaîne immortelle de la terre au
ciel, et de l'homme à Dieu, qui peut-être est
l'Espérance. — Tournez la page : deux papillons, deux beaux fils, les antennes en colère,
croisent le fer. Leurs témoins causent, perchés sur une échelle d'arabesques ; et par-
dessus un paravent, la papillonne pour laquelle
on a dégaîné regarde pour savoir le papillon qui
lui restera. *Ite, comœdia est,* la Papillonnerie de
Germain de Saint-Aubin est finie ; mais c'en est
assez pour montrer le songeur et le poëte ironique qu'il y avait en cet homme, riant de
l'homme avec le Papillon et le Rat, ces deux
images de notre rien : l'Illusion et la Mort ! Et
quoi de plus ? Lui-même, ce père et parrain de
Grandville, n'a-t-il pas, moquant la gloire humaine, signé, au frontispice de ses *Papillonneries,* son nom dans une toile d'araignée [1]

1. Germain de Saint-Aubin fut inhumé à Saint-Joseph, le
18 mars 1786.

FIN DU TOME PREMIER.

I.

TABLE

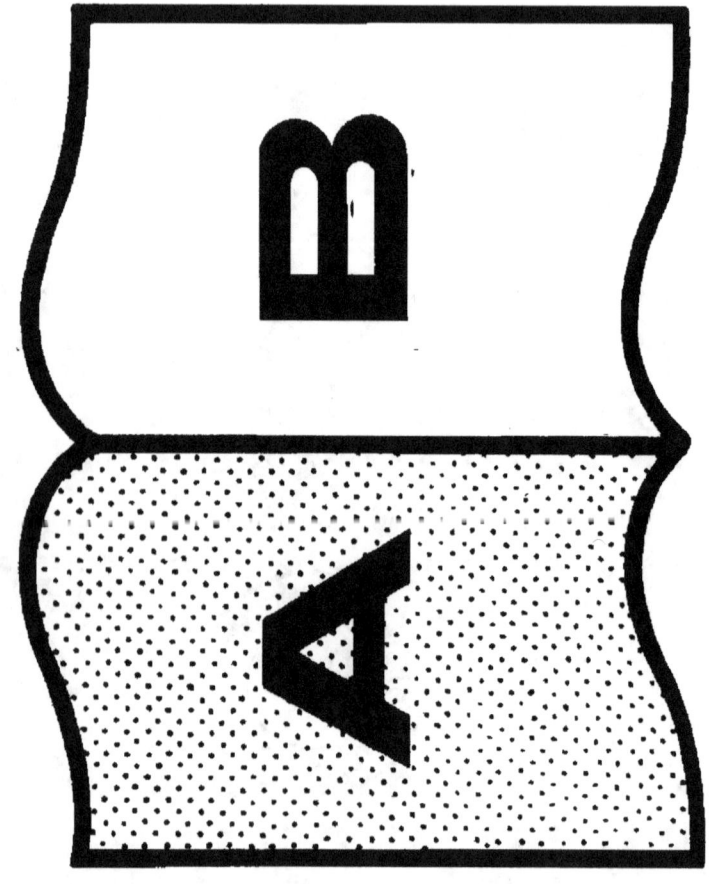

Contraste insuffisant

NF Z 43-120-14

www.ingramcontent.com/pod-product-compliance
Lightning Source LLC
Chambersburg PA
CBHW051341220526
45469CB00001B/56